조선대학교 재난인문학연구사업단
재난인문학 번역총서 09

근세 도쿠가와 일본의 재해사

* 이 책은 2019년 대한민국 교육부와 한국연구재단의 지원을 받아 수행된 것임
(NRF-2019S1A6A3A01059888)

조선대학교 재난인문학 번역총서 09

근세 도쿠가와 일본의 재해사

江戸の災害史 - 徳川日本の経験に学ぶ

에도 시대의 경험을 배운다

구라치 가쓰나오(倉地克直) 지음

김나영 옮김

한국어판 기획 / 조선대학교 재난인문학연구사업단

역락

　　조선대학교 인문학연구원이 〈동아시아 재난의 기억, 서사, 치유-재난인문학의 정립〉이라는 연구 아젠다로 교육부와 한국연구재단이 지원하는 인문한국플러스(HK+) 사업을 수행해 온 지도 벌써 5년의 시간이 흘렀다. 2단계 2년 차인 지난해에도 본 사업단에서는 '재난인문학의 정립'이라는 아젠다에 한 걸음 더 가까이 가기 위한 노력으로 학술세미나와 공동연구회(클러스터), 포럼, 초청 특강, 국내·국제학술대회 등 다양한 학술행사를 개최하는 한편, 지역사회와 연계한 지역인문학센터 주관으로 '재난인문학 강좌'와 'HK+인문학 강좌'를 다채롭게 기획, 운영해 왔다.

　　지난 5년 가운데 4년여의 기간 동안 코로나19 팬데믹이라는 길고 힘든 터널을 통과하고 나니, 지구촌 곳곳에서는 기후 재난의 징후가 훨씬 뚜렷하게 나타나고 있다. 게다가 2024년 새해 첫날을 일본의 노토 반도 대지진으로 시작하였다. 끊임없이 재난이 발생하는 상황과 마주하고 보니 재난인문학의 정립에 대한 사회적 요구나 관심은 더욱 높아졌다 할 수 있다.

　　이러한 사회적 요구에 부응하기 위한 노력으로 본 사업단에서는 그동안 꾸준히 총서 간행 작업을 추진해 왔는바, 아홉 번째 번역총서로 『근세 도쿠가와 일본의 재해사-에도 시대의 경험을 배운다-』를 발간하게 되었다. 이 책은 일본 오카야마대학[岡山大學]의 명예교수인 구라치 가

쓰나오[倉地克直] 교수의 저서 『江戸の災害史 - 徳川日本の経験に学ぶ』를 우리말로 옮긴 것이다.

주지하다시피 일본은 지진과 쓰나미, 태풍과 홍수 등의 자연재해는 말할 것도 없고, 1945년 8월의 원자폭탄 투하 사건이나 2011년의 후쿠시마 원전 사고에 이르는 사회재난에 이르기까지 재난이 빈발한 국가라 할 수 있다. 근대 이후 발생한 워낙 거대한 사회재난 때문이어서인지 그동안 전근대 사회에서 발생한 재난은 자연재해에만 이목이 쏠리기 마련이었다. 그러나 이 책이 주목하고 있는 근세 도쿠가와 일본의 시기는 '화재와 싸움은 에도의 꽃'이라고 이야기될 만큼 자연재해 못지않게 화재와 같은 사회재난이 빈번하게 발생한 시대였다. 근세 도쿠가와 막부, 에도 시대에 주목하는 이유가 바로 이것이다.

저자인 구라치 가쓰나오 교수는 일본 근세사를 전공하였다. 이 근세를 구라치 교수는 통일의 기운이 나타나는 오다 노부나가 · 도요토미 히데요시 정권 시기부터 도쿠가와 막부가 막을 내리게 되는 막부 말까지를 네 시기로 나누어 시기별 특징을 제시하고 있다. 또한 홋카이도에서부터 오키나와까지 전 일본 열도의 사례를 들어, 에도 시대에 발생한 각종 자연재해와 사회재난, 그에 대한 개인, 촌, 번, 막부(국가)의 대응을 서술하고 있다. '경험에서 배운다'를 부제로 하고 있는 만큼 재난 한가운데를 통과한 도쿠가와 막부, 에도 시대 사람들의 경험에서 많은 것을 배우려는 의도에서 저술된 책이라 할 수 있다. 그렇다고 역사의 경험을 무작정 검토하고, 그로부터 유추해야 한다고 주장하지는 않는다. 어디까지나 철저하고 적확하게 현재 상황에 대해 분석하고 나서 역사로부터 배워야 한다고 명시하고 있다. 당연하면서도 매우 중요한 지적이다. '경험주의의 함정'으로 발생한 잘못된 사례에 대해서도 본문에서 충분히 제시하고 있다.

이 책은 도쿠가와 일본에서 발생한 각종 재난의 서술에 그치지 않고, 도쿠가와 일본인들에게 빈발하는 재난을 극복할 '체력'이 있었는지를 분석하고, 재난을 극복해 오면서 만들어 낸 '생존' 시스템이 무엇이었는지 밝히고 있다. 그리고 살아남은 '생명'들이 경험한 바를 후세에게 전하기 위해 어떠한 노력을 했는지에 초점을 맞춰 서술하고 있다. 이를 위해 당시의 일기나 촌 일대기 등의 사료는 물론 문학작품, 각종 공양탑과 같은 고고학적 성과까지도 검토하고 있다. 지금도 빈번히 일어나는 재난을 다양한 분야에서 접근하고 연구하는 구라치 교수의 방법론과 재난 자체에 대한 문제 인식은 재난인문학을 정립하고자 하는 본 사업단의 문제 인식, 방법론에도 많은 시사점을 준다.

어느덧 감염병의 세계적 대유행이 끝나가고 있지만, 기후 위기로 인한 폭염이나 폭우, 태풍 등의 대재난이 지구촌 곳곳에서 발생하고 있다. 게다가 가까운 일본에서는 새해 첫날을 또 한 번의 대지진으로 맞이하였다. 이와 함께 한국에서 발생하는 지진도 그 횟수가 증가하고 있다. 이러한 상황을 고려할 때 '재난인문학' 연구의 필요성과 중요성은 갈수록 증대되리라고 본다. 특히 동아시아가 공동으로, 또는 각국이 경험해 온 재난의 기억과 역사를 새롭게 조명해야 할 이유가 매우 분명해지고 있다. 이에 본 사업단에서는 앞으로도 계속해서 본서와 같은 번역총서를 비롯한 다양한 총서의 간행을 통해 경험과 교훈의 공유를 계속해 나갈 예정이다.

끝으로, 이 번역총서가 세상에 나오기까지 언어의 경계를 넘는 작업을 위해 홀로 오랜 시간을 견뎠을 김나영 선생님과 '2월 말'까지라는 강요된(?) 일정에 맞추기 위해 밤낮으로 수고를 아끼지 않으신 역락 출판사 이대현 사장님과 편집부의 모든 선생님들께 다시 한번 깊은 감사의 말씀을 전한다. 갑진년, 푸른 용의 해이니 올해는 아무쪼록 재난의 시간은 줄고, 우리 모두 여의주를 입에 물고 승천하는 꿈을 꾸는 희망의 365일이 될 수 있기를 바라는 마음 간절하다. 우리 모두의 건승을 기원하는 바이다.

2024년 1월
조선대학교 인문학연구원 재난인문학연구사업단장
강희숙 씀.

목차

일러두기

1. '저자', '저자의 설명에 따르면'이라는 표현이 있는 경우를 제외한 모든 각주는 독자의 이해를 돕기 위해 옮긴이가 붙인 것이다.

2. 외래어의 우리말 표기는 국립국어원의 외래어표기법에 따랐다.

3. 일본어 표기는 한국인에게 비교적 익숙하거나 이해가 가능할 경우 우리말이나 한자음을 사용했다. 인명이나 지명 등 고유명사는 가능한 일본어 그대로 표기했고, 서명은 한자음으로 표기하되 경우에 따라 일본어로 표기했다.

   예) 도쿠가와 이에야스[德川家康], 비젠 국 미노 군 쓰시마 촌[備前國御野郡津村],『일본재이지 日本災異志』,『슨푸기[駿府記]』

4. 가능한 옮긴이의 간단한 설명이나 용어는 ( )를, 일본어발음의 한자는 [ ]를 사용했다.

   예) 미노 국(美濃國, 기후 현[岐阜縣] 남부), 이세오도리[伊勢踊], 이세 신궁[伊勢神宮]

5. 연호는 가능한 서기로 환산하여 표기했다. 다만 '덴쇼 대지진' 등으로 사용되고 있었으므로 '1590년(天正18)'와 같이 '서기(연호)'로 처음 연호가 등장할 때 표기했다. 그 외 본문의 날짜는 모두 음력을 의미한다.

6. 참고문헌은 원문 표기 그대로 표기한다.

   예) 〔『德川實紀』〕,〔倉地1982〕

7. 가능한 원서의 의미를 훼손하지 않도록 노력했으나 옮긴이의 역량 부족으로 오역이 있지 않을까 우려스럽다. 독자 여러분들의 너그러운 양해를 부탁드린다.

들어가기에 앞서

활동기에 들어간 일본 지진 열도

일본인들의 생활은 일본 열도 위에서 영위되고 있으며, 일본인의 삶은 열도의 자연과 떼어서 생각할 수 없다. 이 열도의 대지가 현재 활동기에 들어갔다고 이야기되고 있다.

20세기 후반은 비교적 재해가 적은 시기였다. 그런데 한신·아와지 대지진[阪神·淡路大震災]을 시작으로 변화가 나타났다. 1995년 1월 17일 새벽에 발생한 이 지진으로 6,437명이 희생되었다. 지진의 규모를 나타내는 매그니튜드(magnitude, M)는 7.3으로,[1] 도시 재해의 위엄을 여러모로 보여주었다.

그 후 발생한 큰 지진을 연대순으로 정리하면 다음과 같다.

---

1   매그니튜드(magnitude, M)는 지진의 규모로, M5이상~7M미만일 경우 중지진, M7이상일 경우 대지진으로 분류한다. M8이상의 대지진은 거대지진이라고도 부른다. 매그니튜드는 사람이 느낄 수 있는 흔들림의 강도를 의미하는 진도震度와는 다른 개념이다.

2000년 10월 6일 돗토리 현[鳥取縣] 서부 지진 M7.3

2001년 3월 24일 게이요[藝豫] 지진 M6.7

2003년 5월 26일 산리쿠미나미[三陸南] 지진 M7.1

　　　7월 26일 미야기 현[宮城縣] 먼바다 지진 M6.4

　　　9월 26일 도카치[十勝] 먼바다 지진 M8.0

2004년 9월 5일 기이[紀伊] 반도 남동쪽 먼바다 지진 M7.1

　　　10월 23일 니가타 현[新潟縣] 주에쓰[中越] 지진 M6.8

2005년 3월 20일 후쿠오카 현[福岡縣] 서부 먼바다 지진 M6.9

2007년 3월 25일 노토[能登] 반도 지진 M6.9

　　　7월 16일 니가타 현 주에쓰 먼바다 지진 M6.8

2008년 6월 14일 이와테[岩手]·미야기 내륙 지진 M7.2

　이 가운데 가장 큰 피해를 준 것은 주에쓰 지진으로, 파손된 가옥이 1만 6,985채, 사망자가 68명이었는데 대부분이 고령자였다. 3년 후인 2007년 주에쓰 먼바다에서 발생한 지진은 세계 최초로 원자력 발전소(가시와자키가리와[柏崎刈羽] 발전소)에 매우 경미한 피해를 주었다[宇佐美 외2013].

　지진에 버금가는 자연재해로 화산 분화가 있다. 2000년에 미야케지마[三宅島]의 오 산[雄山]이 분화하여 주민들은 모두 섬에서 피난해야 했고, 지금도 많은 주민이 섬으로 돌아가지 못하고 있다. 1991·1992년에는 운젠[雲仙] 후겐다케[普賢岳]가 분화했다. 분화 이후에 화쇄류火碎流가 계속 흘러내렸고, 1991년 6월 3일에는 이 화쇄류에 43명이 한꺼번에 희생되었다.

　그리고 2011년 3월 11일 도호쿠[東北] 지방 태평양 먼바다에서 지진이 일어났다. M9.0의 거대지진은 거대한 쓰나미를 일으켰고, 2만 1,935명의 사망자·행방불명자를 발생시켰다. 대재해였다. 여기에 도쿄[東京] 전력 후쿠시마[福島] 제1원자력 발전소에서 발생한 사고가 더해져 많은 주민이 고향을 떠나게 되었다.

같은 해 9월에 상륙한 태풍 12호는 호우를 발생시켰고, 이 호우로 전국에서 92명이 사망하거나 행방불명되었다. 특히 기이 반도에서는 대규모의 토사 붕괴가 일어났고, 구마노 강[熊野川]이 범람했다. 2014년 8월 20일, 히로시마 시[廣島市] 북부에서는 집중호우로 토사 재해가 발생하여 74명이 사망했다. 같은 해 9월 27일에는 등산객이 많이 있었던 온타케 산[御嶽山]에서 수증기가 폭발하여 58명이 사망하고 5명이 행방불명되었다. 그 기억들이 아직도 생생하다. 이렇게 재해 보도는 끊긴 적이 없다.

재해와 역사학

20세기에서 21세기로 넘어갈 무렵은 제2차 세계대전 이후 계속되었던 세계 정세가 크게 전환된 시기이기도 했다. '동서냉전 체제'의 종결과 함께 세계 각지에서 국지적인 분쟁이 격발했고, 시장만능주의가 칭송되었다. 이러한 가운데 국제적으로도 국내적으로도 격차 구조는 깊어졌고 심각한 '빈곤'이 확대되었다. 2001년 9월 11일, 미국에서 '동시다발 테러'가 일어났다. 뉴욕의 세계 무역센터 빌딩이 붕괴하는 모습은 충격적이었고, 이 '동시다발 테러' 사건의 전체 희생자는 3,000명이 넘는다고 전해진다. 이어서 발생한 아프가니스탄 침공이나 이라크 전쟁 이후로, 세계는 테러와 보복의 연쇄라는 진흙탕에 빠졌다.

이 사건은 21세기의 세계가 직면한 과제를 제시했지만, 그 후 세계 정치의 움직임에 우리가 유효하게 대처하고 있다고는 도저히 말할 수 없다. 2011년 3월 11일 지진 이래 발생한 재해도 21세기 우리들의 생활 문화 양상에 대해 근본적으로 되묻기를 촉구한 사건이었다.

그러나 현실은 똑바로 진전하지 않는다. 우여곡절 하는 움직임에 저항하면서 미래를 응시하지 않으면 안 된다. 그러한 냉엄한 단계는 계속되고 있고, 세계는 10년 단위로 휙휙 크게 바뀔 것이다.

지구상에 사는 한 우리들은 자연이 일으키는 재해를 피할 수 없다. 자연의 변화에 잘 대처하는 방법을 찾아내면서 살아가는 길밖에 없을 것이다. 이를 위해 과거 사람들이 자연이나 재해 등과 어떻게 지내왔는가를 역사에서 배워야 한다.

그런데 현재 재해에 관한 역사 연구의 상황은 도저히 충분하다고 할 수 없다. 지진에 한정해 보아도 관련 문헌자료 수집조차 지진학자가 앞선 상황이다. 물론 자연재해를 이해하기 위해서 자연과학의 연구 성과를 따라야 하나, 역사학 고유의 역할도 있을 터이다.

특히 자연재해는 종류에 따라 발생 등의 메커니즘이 다르므로, 자연과학에서는 연구 대상이 되는 재해별로 연구가 진행된다. 그에 비해 역사학에서는 여러 재해를 통해 사람과 사회가 어떻게 반응했는가를 종합적으로 물을 수 있다. 이것이 이른바 '재해의 사회사'다. 그리고 나아가 재해를 통해 만들어진 '생존' 시스템에 대해 검토할 필요가 있다. 이 책에서는 에도[江戶] 시대 도쿠가와[德川] 일본의 경험을 돌이켜보고 이를 고찰하고자 한다.

에도 시대는 에도에 도쿠가와 막부(幕府, 무가가 세운 정권)가 세워진 시기를 가리킨다. 도쿠가와 이에야스[德川家康]가 세이타이쇼군[征夷大將軍, 이하 쇼군]에 임명된 1603년(慶長8)부터 마지막 쇼군인 도쿠가와 요시노부[德川慶喜]가 쇼군 자리에서 물러난 1867년(慶應3)까지가 엄밀한 의미의 에도 시대다. 그렇지만 그 전후를 포함하여 좀 더 넓게 보는 것이 일반적이다.

이 책에서는 에도 시대를 네 개의 시기로 나누어, 각 시기의 특징을 명확하게 서술하려 한다. 또 각 시기의 사이에는 칼럼을 써 재해 기억과 기록에 대한 화제를 제공하고자 한다.

머리말

구체적인 서술에 앞서 일본사에서 에도 시대의 재해가 어떤 특징을 가지고 있는가, 또 도쿠가와 사회를 이 책에서 어떻게 다루고 있는가에 대해 서술하고자 한다.

재해사 속의 에도 시대

일본 열도에서는 역사상 어떤 재해가 어느 정도 일어났을까? 이를 정확히 파악하기는 매우 곤란하다. 오가시마 하타스[小鹿島果]가 정사正史와 일기 등의 문헌자료를 참조하여 1893년에 편찬한 『일본재이지日本災異志』라는 책이 있다. 남겨진 기록의 성격에 따라 사실 파악에 대한 정밀도는 다르고, 그 후 사료가 발견되거나 고고학 성과 등에 의해 더욱 많은 사례가 더해지기도 했을 터이다. 다만 여기에서는 전체 경향을 알 수 있으면 충분하므로 『일본재이지』에 따라 정리하고자 한다.

연대	기근	태풍	가뭄	서리	홍수	감염병	화재	분화	지진	쓰나미
~600(推古8)	1	—	—	—	1	2	1	—	2	—
601(推古9) ~700(文武4)	5	9	7	7	8	5	14	1	24	2
701(大寶1) ~800(延曆19)	50	43	22	13	17	36	11	4	90	2
801(延曆20) ~900(昌泰3)	48	61	28	28	33	32	74	8	487	5
901(延喜1) ~1000(長保2)	9	43	16	14	28	28	61	2	103	1
1001(長保3) ~1100(康和2)	4	27	14	9	13	20	108	2	65	2
1101(康和3) ~1200(正治2)	15	34	7	11	21	12	88	5	58	—
1201(建仁1) ~1300(正安2)	5	63	8	1	14	10	133	7	100	2
1301(正安3) ~1400(應永7)	10	22	11	6	14	10	67	6	79	2
1401(應永8) ~1500(明應9)	26	44	8	9	55	31	89	11	90	3
1501(文龜1) ~1600(慶長5)	15	24	12	7	27	17	40	23	123	3
1601(慶長6) ~1700(元祿13)	16	65	14	9	65	9	170	25	69	10
1701(元祿14) ~1800(寛政12)	14	102	10	12	85	32	205	38	39	16
1801(享和1) ~1869(明治2)	7	40	8	8	45	9	402	12	34	5
합계	225	577	165	134	426	253	1,463	144	1,363	53

출처: 小鹿島〔1893〕에 따라 작성

　　【표1】은 『일본재이지』에서 볼 수 있는 재해를 종류별로 집계한 것이다. 연대는 100년마다 구분했다. 일반적으로 시대가 흐르면 기록 자료가 점차 증가하므로 발생 건수도 증가한다고 생각하기 쉽지만, 반드시 그렇지만도 않다. 숫자에는 각각의 사정이 존재하는 듯하다.

　　기근이나 감염병은 기록이 증가하는 비율에 비해 에도 시대의 발생 수는 그렇게 많지 않다. 오히려 8, 9세기에 해당하는 고대에 확연히 많이 발생했다. 율령국가가 기근이나 감염병에 관심을 가졌던 결과일 테지만, 실제로도 많았음이 틀림없다. 에도 시대에 발생 건수가 감소하는 것은 흉작이나 질병에 대한 대책이 상대적으로 개선되었음을 예상케 한다.

화산 분화나 쓰나미에 대한 기록은 에도 시대에 많아진다. 기록이 증가하거나 사람들의 견문 범위가 넓어지기 때문일 것이다. 예를 들면 에조치(蝦夷地, 홋카이도[北海道])나 멀리 떨어진 섬의 분화에 대해 옛날에는 중앙 사람들의 눈과 귀에 소식이 닿지 않았지만, 사람들이 건너와 살며 정보가 유통되고 점차 기록되는 일도 증가했을 터이다.

지진 기록은 고대·중세에 많은 점이 특이하다. 지방의 정보가 적고, 교토[京都]의 사례가 중심인데도 그 수가 많다. 도성 안에 거주하는 귀족들은 사소한 천변지이天變地異에도 길흉을 점쳤다. 작은 흉사라도 그것을 물리치는 주술을 행했는데, 많은 지진 기록은 귀족들이 가졌던 공포심의 반영일 것이다. 이를 보면 재해를 다룰 때 심리적·정신적 측면의 중요성을 고려해야 할 필요가 있음을 알 수 있다. 한편 에도 시대에는 분화와 마찬가지로 지방에서 일어난 지진의 정보도 늘어났지만, 발생 건수는 그만큼 증가하지 않았다. 실제 피해가 있던 경우를 기록하는 현실적인 대응을 하게 되었다고 생각된다.

태풍이나 홍수에 대한 기록은 에도 시대에 오히려 많다. 생산 활동의 확대나 생산 조건에 관한 관심의 깊이가 기록의 증가로 연결되지는 않았을까? 큰 하천의 하류 지역이 경지로 개발되면서 수해를 입기 쉬워진 점도 있었을 것이다.

화재 기록도 에도 시대가 눈에 띄게 많다. 교토는 고대 이래 도시였지만, 에도 시대에 에도와 오사카[大坂]라는 거대 도시가 출현했다. 각지의 성 아래 조성된 조카마치[城下町]나² 역참 도시인 슈쿠바마치[宿場町], 항

---

2   조카마치[城下町]란 센고쿠[戰國] 시대 이래 센고쿠 다이묘[戰國大名]의 거점인 성을 중

구 도시인 미나토마치[湊町] 등 많은 도시도 탄생했다. 도시에는 가옥이 밀집해 있었고 일단 화재가 발생하면 피해도 컸다. 에도 시대에 화재 기록이 많은 까닭은 기본적으로 전국에서 도시화가 급속히 진행된 결과라 할 수 있겠다.

이를 통해 경지의 확대, 도시화라고 하는 인간들의 활동 확대와 재해가 깊은 관계에 있음을 엿볼 수 있다. 또 피해나 부흥이라는 현실적인 문제로 재해를 다루는 경향이 진행되었음을 알 수 있을 것이다.

기후 변동

한편, 재해가 지구를 둘러싼 자연환경에 크게 규정되고 있다는 점도 잊어서는 안 된다.

지진이나 분화는 지각 변동으로 일어난다. 그 가운데에는 큰 주기를 가지고 일어나는 것도 있다. 기근이나 감염병은 이상 기상으로 인해 일어나는 경우가 많다. 태풍·가뭄·장마 등은 이상 기상이다. 화재는 인위적이지만, 한랭한 기후와 계절풍 등 기상 조건에 의해 큰 화재가 된 사례도 많다. 역사기상학의 연구에 의해 기후도 큰 사이클을 그리며 주기적으로 변하고 있음이 밝혀지고 있다(前島1984, 前島·田上1982).

기근은 흉작의 결과인데, 흉작은 가뭄이나 냉해, 폭풍우 및 홍수에 의해 일어난다. 특히 가뭄이나 냉해는 심각한 피해를 가져오는 경우가 많다. 8, 9세기 고대에 기근이 많았다는 것은 앞서 살펴본 바와 같지만, 그 원

심으로 형성된 도시로, 조카[城下]라도 부른다.

인의 대부분은 심한 가뭄이었다. 【표1】에서도 가뭄이 많은 발생 건수를 차지하고 있다. 가뭄과 기근이 심해지면, 위생환경이나 건강 상태의 악화를 야기하고 감염병이 크게 유행하게 된다. 가뭄이라는 이상 기상이 가뭄, 기근, 감염병이라는 재해의 연쇄를 가져온다.

적은 비(小雨)라는 기상 현상이 즉시 가뭄으로 연결되지는 않는다. 그러나 고대에는 용수 등이 정비되지 않았다. 오사카의 가와치[河内] 평야를 윤택하게 한 사야마 연못[狹山池]과 같은 국가 프로젝트도 있었지만, 이는 한정된 특수한 지역의 일이었다. 일본 고대의 유명한 승려인 교기[行基]나 구카이[空海]의 업적으로 저수지 조영 등이 전설화된 것도 가뭄 극복이 사람들의 소원이었음을 보여 준다. 이러한 사회적 조건이 틀림없이 피해를 증폭시켰을 테지만, 본디 고대에 가뭄이라는 이상 기상이 현저했었을 것이다.

12세기가 되면 가뭄은 감소한다. 일반적으로 10~12세기는 온난한 기후였다고 전해진다. 기온은 현재와 비교해도 2~3도 정도 높았다고 한다. 이에 더불어 벼농사의 한계선이 도호쿠 지방을 점차 북진했다. 그러나 그 결과, 냉해의 영향이 정면으로 나타나게 된다. 기근의 원인으로 장마와 냉하(冷夏)가 증가한다.

이어서 14, 15세기에는 기후가 변덕스럽게 변동했는데, 15세기까지는 대설이나 한동(寒冬)의 기록은 적다. 전체적으로 온난기가 계속되고 있었다. 그러다가 16세기가 되면 급격히 한랭해진다.

여기까지가 일본 열도의 상황인데, 지구 규모에서 보면 900년~1300년 사이는 '중세의 온난기'였고, 1550~1880년까지는 한랭기였다. 이 한랭기는 최종 빙하기 이후 산악 빙하나 해빙이 가장 발달하여 '소빙기(Litte Ice Age)'라 불린다. 일본 열도의 에도 시대가 바로 이 한랭기에 해당한다.

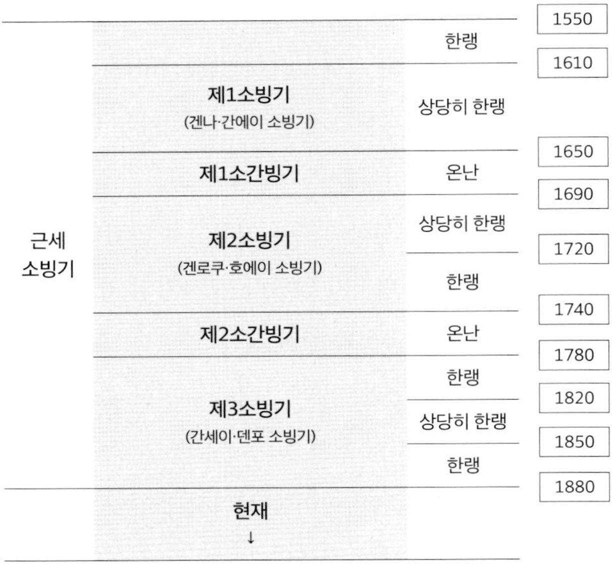

근세 소빙기			
		한랭	1550
	제1소빙기 (겐나·간에이 소빙기)		1610
		상당히 한랭	
	제1소간빙기	온난	1650
			1690
	제2소빙기 (겐로쿠·호에이 소빙기)	상당히 한랭	
		한랭	1720
	제2소간빙기	온난	1740
		한랭	1780
	제3소빙기 (간세이·덴포 소빙기)	상당히 한랭	1820
			1850
		한랭	
	현재 ↓		1880

【그림1】 에도 시대의 기후 변동

출전: 前島〔1984〕에 의해 작성

다만 같은 한랭기라 해도 그 가운데 온난과 한랭이 주기적으로 변동했던 모양이다. 역사기상학에서는 에도 시대의 기후 변동을 【그림1】과 같이 보고 있다. 【그림1】에서 40~50년 주기로 한랭한 시기와 온난한 시기가 반복되었음을 알 수 있다. 에도 시대의 기근으로 유명한 '간에이[寬永] 기근', '교호[享保] 기근', '덴포[天保] 기근'은 모두 한랭한 기상 상황이었다.

전쟁과 평화

전쟁도 사람들에게 크고 많은 재앙을 가져온다. 15세기부터 16세기에 걸친 센고쿠[戰國] 시대에는 열도 각지에서 전투가 끊임없었다. 그에 비해 에도 시대는 드물게 평화의 시대였다. 1638년에 발생한 시마바라·아마쿠사 잇키[島原·天草一揆]가 끝나고, 1864년 조슈[長州] 전쟁이 시작되기까지 220년 이상 국내외에서 본격적인 전쟁도, 대규모의 전투도 없었다. 이를 '도쿠가와의 평화'라고 부른다.

이에 비해 같은 시기의 유럽에서는 전쟁과 평화가 반복되고 있었다. 16세기에는 크리스트교도가 신교와 구교로 나뉘어 싸운 종교 전쟁이 각지에서 계속되었고, 17세기 전반에는 30년 전쟁이 있었다. 18세기가 되면 프랑스의 루이 14세가 주변국과 전쟁을 반복했고, 이는 네덜란드·영국 전쟁, 스페인 계승 전쟁으로 이어졌다. 게다가 18세기 말에는 미국 독립운동이 일어나고, 프랑스 혁명이 간섭 전쟁에서 나폴레옹 전쟁으로 전개되었다.

전쟁은 사회에 긴장을 가져오고, 평화는 긴장을 이완시킨다. 평화는 사회에 일종의 자유를 가져온다. 사회에는 여러 가지 모순이 있다. 그 모순이 사회에 긴장을 초래하고 때로는 전쟁을 일으키는데, 전쟁이 일어나면 많은 모순은 나중의 일로 미뤄지게 된다. 전쟁이 끝나면 미뤄졌던 모순이 현재화되고, 조금 지나면 모순이 다시 사회에 긴장을 가져온다. 긴장과 이완이 호흡하듯 반복된다.

전쟁으로 그때까지 축적된 사회의 부와 힘이 소모된다. 소모된 것의 회복에서 평화가 시작되고, 이윽고 새로운 축적으로 이어져 창조가 계속된다. 평화의 시대에 학술·문화·산업이 발전했다. 전쟁과 평화는 소모와 창조를 연출했고, 사회 시스템이나 생활 스타일은 나선형으로 변화하고 있었다. 그것이 유럽의 발전으로 이어졌다.

그에 비해 도쿠가와 일본에서 외견적인 평화가 200년 이상에 걸쳐 계속될 수 있었던 이유는 도쿠가와 일본이 만들어 낸 '평화 시스템'이 존재했기 때문이다. 그 내용은 다음과 같다.

첫째, 도쿠가와 쇼군을 정점으로 하는 '공의公儀'라는 시스템이다. 쇼군이 영주층의 공동 이해를 체현하여 영주 사이의 분쟁이 회피되었다[朝尾 1994]. 센고쿠 시대의 전투와 도요토미 히데요시[豊臣秀吉]의 조선 침략이라는 비참한 체험이 그 배후에 있었음은 말할 필요도 없다.

둘째, '쇄국鎖國'이라고 불리는 외교 시스템으로 대외적인 긴장을 회피할 수 있었다. 물론 완전히 폐쇄된 시스템은 아니었다. 조선, 류큐[琉球], 중국, 네덜란드, 아이누[アイヌ]는 '네 개의 창구'를[3] 통해서 연결되어 있었다[荒野1988]. 유럽 세력이 아시아에서 일시적으로 후퇴했고, 청淸이 강력히 대륙을 지배하여 동아시아에 상대적인 안정을 가져온 상황도 중요한 배경이었다.

셋째, 영주가 '무민撫民'을 영민 지배의 기조로 삼게 되었고, 표면적이라 할지라도 '인정仁政' 이념이 공유되었다. 집단으로 봉기하는 잇키[一揆]나 어떤 목적을 가지고 단체를 결성하는 도당徒黨은 금지되었지만, 원하는 바를 적어 제출하는 소원訴願 경로가 보증되었다. 도쿠가와 막부는 '무라우케제[村請制]'를[4] 실시했고, 이 제도 아래에서 촌락행정인(=무라야쿠닌[村役人])을 중심으로 어느 정도 촌의 '자주적'인 운영을 보증했다. 이렇게 지배층과 피지배층의 격돌을 완화하기 위한 시스템이 존재했다[深谷1993].

---

3   조선은 쓰시마[對馬], 중국과 네덜란드는 나가사키[長崎], 류큐[琉球]는 사쓰마[薩摩], 아이누[アイヌ]는 마쓰마에[松前]를 통하여 교역·교류하고 있었다.
4   무라우케제[村請制]는 연공 납입, 법률 준수 등을 촌 전체가 공동으로 책임지는 제도를 일컫는다.

'생명'의 환경

그러나 에도 시대가 정말 평화로웠는가. 대체 평화란 무엇인가.

확실히 전쟁은 없었지만 실로 에도 시대는 우리가 상상하는 이상으로 살아가기 힘든 시대였다.

에도 시대의 평균 수명은 정확하지 않다. 19세기 말 무렵 일본의 평균 수명은 남자 42.8세, 여자 44.3세라고 전해진다. 에도 시대도 40대 전반이라고 보아도 될 듯하다. 이 시대에 60세의 '환갑'을 축하하는 일은 드물었다. 그보다 '42세 축하'가 중시되었고, 마을에 남아 있는 '축의장祝儀帳'은 '42세 축하'가 많다. 이 축하가 누구나 하는 나이에 대한 마지막 축하였을 것이다. 물론 80세, 90세까지 산 사람도 있지만 특별한 경우였기 때문에 그들에게 영주가 포상을 내리기도 했다.

특히 어린이는 살아남기 어려웠다. 태어난 아이의 반은 5세 전에 사망했다. 많이 낳고 많이 죽었기 때문에 어느 가족에서도 평균적으로 어린이의 수는 2, 3명이었다. 또 출산은 위험을 수반하므로 출산을 전후로 사망하는 여성도 많았다. 의료·위생환경, 식량·영양 사정 등이 충분하지 않았음은 말할 필요도 없다.

그에 더하여 여러 재해가 도쿠가와 일본을 습격했다. 물론 재해는 어느 시대에나 일어난다. 그러나 과소지역과 과밀도시의 재해를 비교해 보면 알 수 있는 것처럼 같은 재해라도 사회에 미친 영향은 다르다.

에도 시대 전기에는 급격히 인구가 증가했고, 국토 개발이 진행되고 있었다. 각각의 동향을 살펴보면, 인구는 17세기에 2~2.5배 급증하는데, 18세기에는 4.5% 감소했다가, 19세기에는 8.5% 증가했다〔鬼頭1983〕. 경지는 17세기에 1.5배 증가하고, 18세기에는 거의 변화가 없거나 약간 증가했으며, 19세기에는 다시 증가로 돌아섰다. 이를 볼 때 인구도 경지도 17세기 말에 거의 포화 상태가 되었던 듯한데, 이러한 상황에서 재해가 빈발했다. 즉 에도 시대는 재해가 사회에 특별한 의미를 준 역사 단계가 아닐까?

에도 시대의 일반적인 서민 가족은 단혼 소가족이라고 한다. 평균 가족 수는 지방이나 시기에 따라 약간 차이가 있지만 4~7명 정도였다. 노동력의 중심은 한 쌍의 부부로, 자녀나 노인에게도 상응한 노동이 요구되었다. 이러한 소가족에서는 부부 가운데 한 명이 쓰러지면 바로 위기를 맞이했다. 경지가 적고 경제적인 여유가 없는 가족은 더욱 그러했다. 얼추 말하자면 에도 시대 중기에 촌에서 2대, 3대에 걸쳐 존속한 가족은 반 정도였다. 나머지는 망하거나 촌에서 모습을 감췄다. 그래도 가구 수나 인구가 유지되었던 이유는 여유가 있는 가족이 분가分家를 반복했기 때문이다. 동족 관계가 확대되고, 그러한 가족이 혼인으로 맺어지며, 그 친족 네트워크가 가족을 지탱했다.

가혹한 생활 환경과 빈발하는 재해에 의한 소모. 그로부터 회복하고 생활을 유지하기 위해 인간들은 그에 적합한 생활 태도를 몸에 익혔고, 그것이 세대를 초월하여 계승되었다. 사람들은 각자의 생활을 영위하고 여러 활동을 했다. 그 속에서 '살아가는' 힘이 축적되고 '살아가는' 시스템이 고안되었다. 문화의 창조도 '살아가는' 것의 표현이 아니었을까〔倉地2015〕.

어찌 되었든 도쿠가와 일본의 사회는 사람의 '생명[いのち]'이 자연의 위협과 우연성에 지배되었다는 점을 지적해 두고자 한다.

도쿠가와 일본인의 명함

이러한 에도 시대에는 무엇이 인간들의 '생명'을 지탱했을까? 그 설명은 일찍이 『도쿠가와 사회의 요동[德川社会のゆらぎ]』〔倉地2008〕에서 사용한 '명함'의 비유가 알기 쉬우므로, 이를 인용하여 설명하고자 한다.

만약 도쿠가와 일본인이 명함을 가지고 있다면, 거기에는 어떤 직함이 쓰여 있을까?

이는 에도 시대의 일반 서민이 자신을 타인에게 소개할 때 어떻게 자신을 표현했는가에 대한 문제다. 그 내용은 막부의 재판에 제출하는 서류나 전국을 여행하는 통행증이라 할 수 있는 쓰코테가타[通行手形]를 어떻게 작성했는가를 살펴보면 알 수 있다.

시험 삼아 한 장의 명함을 만들어 보자.

a <u>마쓰다이라 신타로님의 영지</u>[松平新太郎樣御領分]

b <u>비젠 국 미노 군 쓰시마 촌</u>[備前國御野郡津島村]

c <u>이치로에몬 아들</u>[一郎右衛門倅]

d <u>다로</u>[太郎]

밑줄 a, b, c가 d '다로'라는 인물의 직함에 해당하는 부분이다.

밑줄 a의 마쓰다이라 신타로는 현재 오카야마 현[岡山縣] 남부를 영지로 삼았던 오카야마 번[岡山藩]의 초대 번주[藩主] 이케다 미쓰마사[池田光政]다. 이 직함은 '다로'가 오카야마 번의 영민임을 보여 준다. 이 경우 영주가 다이묘[大名]지만,[5] 하타모토[旗本][6]의 영지나 막부의 영지라면 표현이 달라진다. 하타모토의 영지라면 '하타모토의 이름 + 지교쇼'로, 예를 들면 '도가와 구라노스케님의 지교쇼[戸川內藏助樣御知行所]'라고 쓴다. 막부의 영지, 즉 막부령이라면 그곳을 관리하는 다이칸(代官, 지방관)의 이름을 붙이는데, '다이칸의 이름 + 지배소'라 표현하므로 '지구사 세에몬님의 지배소[千種清右衛門樣御支配所]'라고 쓴다. 즉 최초의 밑줄 a는 영주 지배를 표시한다.

밑줄 b는 지금의 주소 표시처럼 보이지만 그렇지 않다. 여기에는 촌이나 정町이라고[7] 하는 소속 지연 단체와 신분이 표시된다. 원래라면 '쓰시마 촌 백성'이라고 쓰지만 '평민'인 '백성' 표시는 많이 생략된다. '평민'이 아닌 '에타(えた, 가죽 가공업자)'나 '셋쿄(說經, 예능인의 일종)' 등 차별받는 신분의 경우는 반드시 그 신분이 쓰여있다. 또 정을 예로 들면 '오카야마 사카에 정[榮町]'이라 쓰고, 또 집을 빌린 임차인이라면 '고치야 쇼자에몬 다나[高知屋庄左衛門店]'나, '임차인'이라고 덧붙여 쓴다. 에도 시대의 촌과 정은 일종의 법인격을 가진 신분 단체였다. 밑줄 b는 소속된 신분 단체를 표시한다.

밑줄 c는 소속한 '이에[家]'를 표시한다. 에도 시대에 개인은 '이에'를 단위로 파악되었다. 밑줄 c의 '아들' 대신 '딸'이나 '부인', '부', '모' 등 호주

---

5 도쿠가와 시대의 다이묘[大名]란, 1만 석石 이상의 영지를 소유하고 쇼군에 직속된 무가를 의미한다. 이때 석이란 석고石高를 표현하는 단위로, 석고란 해당 토지의 농업 생산력을 쌀의 양으로 환산하여 표시한 것을 가리킨다. 다이묘의 구분은 석고의 양, 쇼군과의 친소 관계, 에도 성[江戸城] 내의 좌석, 가격家格 등 여러 분류 기준이 있다.

6 도쿠가와 쇼군의 직속 가신으로 영지가 1만 석 미만인 자들을 지키산[直参]이라 부르는데, 이 중 쇼군을 알현할 수 있는 자를 하타모토[旗本], 알현할 수 없는 자를 고케닌[御家人]이라 불렀다.

7 정町은 마치 혹은 조, 초라고도 불린다. 일반적으로 주택이나 상가가 밀집된 도회 지역을 일컬을 때 '마치'라 읽고, 복합어나 행정, 거주 단위로 사용될 때는 '조, 초'로도 읽는다. 이 책에서는 '조카마치'나 '마치부교쇼[町奉行所]' 등과 같이 널리 통용되는 경우 '마치'를, 그 외에는 가능한 '정'을 사용하고자 한다.

戸主와의 관계, '하인', '하녀'라는 예속적인 지위가 적혀 있기도 한다. 밑줄 d의 '다로' 자신이 호주라면 밑줄 c가 없고 밑줄 b의 다음에 밑줄 d가 오고, 그대로 '다로'라 쓴다. 이 경우는 '다로'라는 말이 '이에'와 개인 양쪽을 표시한다.

이것이 도쿠가와 일본의 명함에 쓰인 직함이 갖는 의미다. '다로'는 벌거벗은 개인으로 존재하지 않으며, 영주 지배·신분 단체·'이에'라는 세 관계에 둘러싸여 있는 존재다. 이 세 관계에서 '다로'는 기본적으로 종속적인 위치에 있지만, 그 관계가 '다로'의 생활을 지탱하고 있었다고도 할 수 있다. 역으로 말하면, 이 세 개별적인 관계로부터 떨어지면 생활이나 '생명'은 보증되지 않는다는 의미다.

이 명함은 도쿠가와 일본 내에서 통용된다. '다로'가 운 나쁘게 표류민이 되어버렸다고 하자. 그러면 그는 밑줄 a부터 d 앞에 '일본'이나 '일본국'을 붙여 다른 나라의 관리에게 말해야 한다. 외국에 대해 '일본'을 대표하고 있는 자가 도쿠가와 쇼군이므로, 당시 국가를 '도쿠가와 일본'이라 부른다. 도쿠가와 막부나 쇼군은 국토·국민에 대한 통치권을 갖고 있어

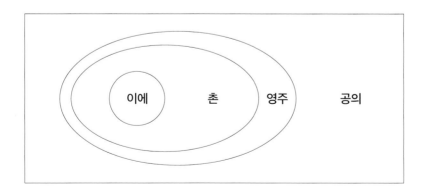

【그림 2】'생명'을 지키는 세 관계

'공의'라고 불렸다. 다만 '공의'는 '다로'와의 사이에 앞의 셋과 같은 개별적인 관계를 직접 맺지 않았다. '공의'에 의한 통치는 어디까지나 영주 지배를 매개로 행해졌으며, '공의'와 사람들의 관계는 기본적으로 '공공公共'적이었다.

도쿠가와 일본의 지역성

앞서 서술한 여러 단체 사이의 상호 관계는 그 성립을 둘러싸고 시간 차나 지방 사정에 따라 편차가 있으며, 실제로 다양한 양상을 보인다. 일본 열도는 남북으로 길고, 그 가운데 자연조건도, 역사적 유래도 다른 공간으로 나뉘어 있었다. 영주는 '공의'의 법과 질서에 따르지만, 그 범위 내에서는 자신의 영지에서 사법권을 발동할 수 있는 일종의 자치권을 인정받고 있었다. 그래서 메이지[明治] 이후의 국민 국가와 같은 통일성이 아닌, 본질적으로 분산성을 가지고 있던 사회가 도쿠가와 일본이다.

앞의 '생명'을 지탱하는 세 관계에서 볼 때 '이에'나 신분 단체의 기능에 큰 차이는 없었지만, 영주 지배에 대해서는 영주의 대소에 따라 차이가 있었다. 일국一國[8] 정도나 그 이상의 넓은 영지를 가진 다이묘와 작은 영지를 가진 다이묘, 하타모토의 영지 지배 모습은 크게 달랐다. 막부령도 전국에 산재하고 있어 모든 지역을 일원적으로 지배하기는 곤란했다. 이 때

---

8   국國은 고대 일본 율령제에 기초하여 설치된 지방 행정 구분 단위의 하나이다. 지명을 표현할 때 옛 국명으로 표현하는 경우가 많으며, 본문에서도 ○○ 국으로 표현하고 있다. 본문에 등장하는 ○○ 국에 대해서는 '미노 국(美濃國, 기후 현[岐阜縣] 남부)'과 같이 현재 해당하는 지역의 현 명칭을 표기했다.

문에 거대한 번이 일원적으로 지배하는 번 영역과, 적은 영지를 가진 다이묘·하타모토·사사寺社의 영지나 막부령이 혼재하는 비영국지대가 열도의 곳곳에 산재했다. 이것도 도쿠가와 일본의 분산성을 강화시키는 요소였다.

앞으로 구체적인 사례에 기초하여 재해와 사회의 관계를 서술하려고 한다. 이때 이러한 '지역성'에 대해서도 신경을 쓰며 읽어 주길 바란다.

재해를 둘러싼 심성

마지막으로 에도 시대 사람들이 갖고 있던 사회나 자연에 관한 생각에 대해 살펴보자.

센고쿠 시대부터 에도 시대 초에 걸쳐 '천도天道'라는 단어가 빈번히 사용되었다. '천도'는 자연·사회·인간을 현실에 있도록 존재시키고, 위치 지었다. 풍년·행복·번영은 '천도'를 거스르지 않은 결과이며, 때문에 '천도의 은혜'이다. 인간 세상은 '하늘의 아래인 천하'이며, 정치나 사람의 행동은 '천도'에 따라야 한다. '천도'에서 벗어나면 하늘의 꾸짖음인 '천견天譴'이 내려진다. 에도 시대 사람들은 그렇게 생각했다.

중세는 신불神佛의 시대였다. 중세를 극복하려 한 무사들은 신불을 뛰어넘는 권위를 '천'이나 '천도'에서 찾았다. 경작을 생업으로 하는 서민은 자연에 순응한다는 의미를 잘 이해했고, '천'을 소박하게 존숭하는 심성을 키웠다. 이리하여 '천'이나 '천도'가 사람들에게 공통된 원리로서 받아들여지게 되었다. '천'이나 '천도'에 체계성을 준 것은 유학의 '천리天理' 사상이었다. 에도 시대는 유학을 중심으로 불교도 신도神道도 하나라는 삼교일치三教一致 관념이 통속적인 사회통념이었다. 비토 마사히데[尾藤正英]

는 이러한 의식 상황을 '국민적 종교'의 시작으로 보고 있다〔尾藤1992〕.

사람들은 '천도'에 따라 살고자 했다. '천'과 '사람'은 통하고, '천도'에 따라 살면 '사람'은 '천'과 일체화될 수 있다. 그것을 살아가는 지지대로 삼은 자도 적지 않았다. 그러나 '천'은 본래 인지人知와 인력人力을 초월한다. '사람이 할 수 있는 일을 다 하고 하늘의 뜻을 기다린다'가 에도 시대 사람들의 심성이었다.

'천재天災'가 '천'이 사람에게 내린 '벌'이며 '경고'라는 관념은 중국에서 생겨나, 일본에서도 예부터 받아들여지고 있었다. '천도' 관념이 깊었던 에도 시대에는 천변지이가 악정惡政을 고치도록 촉구하는 '천견'이라는 생각도 퍼졌다.

현재는 천황이 바뀌면 연호가 바뀌는 '일세일원一世一元'제이지만, 메이지 전에는 그러한 제도가 없었기 때문에 같은 천황이라도 때때로 연호를 바꾸는 개원改元을 했다. 특히 천변지이로 개원하는 일이 많았다. 개원은 '천명天命'에 따라 정치를 고치는 자세를 보이는 행위였고, 서민은 개원으로 '천명'이 바뀌기를 기대했다.

일본의 민속에 '빠른 정월'이라는 풍속이 있다. 재해 등이 계속된 흉년에 정월을 빨리 쇠어 그 흉년이 빨리 끝나도록 하는 민속이다. 이렇게 해가 바뀌는 것을 '요나오리[世直り]'라고 부른다. '요나오리'는 리셋(reset, 재출발)의 의식이다. 여기에는 과거를 없는 셈 치고 새롭게 다시 살아가려는 결의가 내재되어 있다. 재해로 인한 개원도 서민에게는 '요나오리'였다.

재해가 계속되면 '천견'론이 강해지고 사람들의 불안은 심해지며 '요나오리'에 대한 기대는 높아진다. 그 양상에도 주시하며, 도쿠가와 일본의 재해 상황이나 그에 대한 국가·사회와 인간의 대응을 시간의 흐름에 따라 되돌아보고자 한다.

제1부

도쿠가와 일본의 성립과 재해

1. 게이초 시기의 재해

．

게이초[慶長] 연간(1596~1615)은 세기가 바뀌고, 도요토미 씨[豊臣氏]에서 도쿠가와 씨[德川氏]로 정권이 교체된 시기였다. 동시에 자연재해가 빈번히 일어난 시기였다. 재해를 기억하려고 하는 움직임이 시작되었고, 정치와 자연의 동요가 겹치며 사람들의 불안은 증대했다. 그 불안이 돌발적인 집단행동을 초래했다. 후에 수많은 사람이 이세 신궁[伊勢神宮]에 참배하는 오카게마이리[御蔭参り]로 이어지는 이세오도리[伊勢踊]가 유행했다.

세키가하라 전투 이전

센고쿠 시대 후기에 해당하는 16세기에는 앞서 서술한 것처럼 열도의 기후가 급격히 한랭해졌다. 곡물의 결실은 시원치 않았고, 거의 격년으로 각지에서 기근이 발생했다. 굶주림과 싸우면서도 전투가 반복되었다. 전쟁터에서는 '곡물 강탈'이나 '납치'가 횡행했다. 영지 확대를 위한 전쟁은 식량과 노동력을 확보하려는 목적도 있었다.

오다 노부나가[織田信長]에 의해 나타나기 시작한 천하통일의 기운은 도요토미 히데요시가 계승했다. 1590년(天正18)에 발생한 오다와라[小田原] 전투에서 고호조 씨[後北條氏]를 멸망시킨 히데요시는 그 여세를 몰아 도호쿠 지방을 평정하고 전국을 통일시켰다.

그 5년 전인 1585년 11월 29일에는 덴쇼[天正] 대지진이 일어났다. 진원은 미노 국(美濃國, 기후 현[岐阜縣] 남부) 중부로, 규모는 M7.8로 추정되고 넓은 범위에서 활단층이 움직였다. 피해는 중부 지방 전역에서 긴키(近畿, 교토 주변) 지방 동부에 이르렀다. 지진 열도가 활동기에 들어갔음을 알려준 지진이었다.

1592년, 히데요시는 조선 침략을 개시했다. 한반도 각지에서 전투를 벌인 히데요시의 군대는 조선 사람들과 국토에 큰 피해를 주었다. 그뿐 아니라 전쟁은 일본의 영주나 민중에게도 고난과 소모를 강요했다. 초반에 빠르게 진격했던 히데요시 군대도 명明의 군대 지원, 조선 수군의 반격, 의병의 저항 등으로 점차 후퇴하지 않을 수 없었고, 애매한 '휴전' 상태로 4년 동안 조선의 남부에 머물렀다.

1596년(文祿5) 6월 27일, 히데요시는 화의를 위해 일본에 온 명의 사절을 후시미 성[伏見城]에서 만났다. 그 뒤 윤7월 13일 늦은 밤, 아리마[有馬] ― 다카쓰키[高槻] 구조선構造線을 기진단층起震斷層으로[9] 하는 M7.5의 대지진이 일어났다. 새로 축조된 후시미 성이 무너졌기 때문에 후시미 지진이라 불린다. 후시미 성을 축성하고 있던 1592년 12월, 히데요시는 당시 교토쇼시다이[京都所司代]였던[10] 마에다 겐이[前田玄以]에게 '후시미 공사는 나

9   5km 이내에 근접한 활단층은 함께 움직여 큰 지진을 발생시킬 가능성이 있는데, 그룹화한 활단층군 가운데 합계의 길이가 10km 이상인 활단층 그룹을 기진단층 (seismogenic fault)이라 한다.
10   교토쇼시다이[京都所司代]란 교토 및 주변 여러 지역의 사법·민정을 담당하는 역직役職을 의미한다.

마즈(鯰, 메기)를 조심해야 한다'라고 편지를 보냈다(桑田1943). 이 편지가 지진과 메기를 연결시킨 가장 오래된 사료로 전해진다. 수년 전에는 덴쇼 대지진이 있었고, 그 후에도 교토나 에도에서 지진이 계속 일어났기 때문에 히데요시가 걱정하고 있었는데, 그것이 현실화된 것이다. 한신·아와지 대지진을 일으킨 노지마(野島) 단층은 이 단층대의 연장선 위에 있다. 교토에서는 히데요시가 세운 호코지(方廣寺)의 대불大佛이 붕괴했고, 많은 사원의 건물도 무너졌다.

분고 국(豊後國, 오이타 현(大分縣))에서도 7월 무렵부터 지진이 계속되었다. 윤7월 9일(12일이라고도 함: 저자)에는 벳부 만(別府灣)을 진원으로 하는 M7.0의 지진이 일어나 쓰나미가 발생했다. 이 쓰나미로 만 내에 있던 우류지마(瓜生島)가 가라앉았고, 벳부 촌(別府村)도 수몰되었다. 그래서 후에 벳부 촌이 서쪽으로 이동하여 재건되었다는 전승이 생겨났다. 시기적으로 보아 이때 발생한 분고 지진 쓰나미가 후시미 지진과 연동되는 것처럼 보이지만, 이 지진 쓰나미에 대한 동시대의 자료는 남아 있지 않은 듯하다(櫻井2012).

9월, 명과의 화의는 깨지고 히데요시는 재차 조선 침략을 결심했다. 조선의 땅에서 전투가 반복되고 참극이 거듭되던 중, 1598년(慶長3) 8월 18일에 히데요시가 사망하여 조선에 출병해 있던 군대에는 귀환 명령이 내려졌다.

세키가하라 전투 이후

히데요시 사후, 도요토미 정권 내의 권력 투쟁이 격화되었다. 1600년

9월에는 이시다 미쓰나리[石田三成]를 중심으로 하는 서군과 도쿠가와 이에
야스의 동군이 미노 국 서부에서 격돌했다. 이른바 세키가하라[關ケ原] 전투
다. 이때 승리한 이에야스가 1603년에 쇼군이 되어 도쿠가와 막부를 열었다.

다음 해 1604년 12월 16일, 보소[房總] 반도에서 규슈[九州] 남부까지
의 태평양 연안에 쓰나미가 밀려와 큰 피해를 입었다. 스루가(駿河, 시즈오카
현[靜岡縣] 중부) 먼바다와 기이 수도[紀伊水道][11] 먼바다를 진원으로 하는 도카
이[東海] 지진과 난카이[南海] 지진이 동시에 발생했다고 전해지는데, 지진
의 실상은 지금도 명확하지 않다. 지진에 의한 진동은 심하지 않았던 듯한
데, 지진의 진동은 작지만 큰 쓰나미가 일어나는 '쓰나미 지진[津波地震]'이
었을 가능성도 있다. 쓰나미 기록으로는 시코쿠[四國] 지방의 아와 국(阿波
國, 도쿠시마 현[德島縣]) 도모우라[鞆浦]에서 높이가 약 30m에 달했다고 전해
지고, 시시쿠이우라[宍喰浦]에서는 1,500여 명이 사망했다고 한다. 『아자리
교인 오키부미[阿闍梨曉印置文]』에 따르면 도사 국(土佐國, 고치 현[高知縣])의 사
키하마[崎濱=佐喜濱: 저자]에서는 50명, 그 가까운 포구에서는 400여 명, 간
노우라[甲浦]에서 350여 명이 사망했다. 다만 들은 바에 따르면 '남쪽에 면
한 지역은 모두 바닷물이 들어왔는데, 서북쪽에 면한 지역에서는 지진만
있었고 바닷물은 들어오지 않았다', '미래에도 영구히 말로 전하기 위해
이처럼 써 둔다'라고 교인은 기록했다.

이에야스 주변의 동시대 기록인 『당대기[當代記]』에는 이 쓰나미에 대
한 각지의 정보를 수록하고 있다. 하마나 호수[濱名湖]의 동쪽 마이사카 숙
[舞坂宿]에서는 '갑자기 큰 파도가 덮쳐 와서' 100채 가운데 80채가 떠내려

---

11   기이 수도[紀伊水道]는 기이 반도 서부 연안과 시코쿠[四國] 동부 연안에 낀 해역을 의
      미한다.

가고 많은 사람이 사망했다고 한다. 이세 국(伊勢國, 미에 현[三重縣])에도, 간토[關東][12]에도 같은 '큰 파도'가 습격했다. 기록자는 『태평기太平記』의 기사를 인용하여 244년 전인 1361년 6월 24일 셋쓰 국[攝津國]의[13] 나니와노우라[難波浦]에서도 같은 일이 있었다고 전하고 있다. 계통적으로 기록을 검색하지는 않았으나, 우연히 『태평기』의 기사를 생각해 냈을 것이다. 다만 이번의 '큰 파도'로 여러 지역의 내해에는 큰 피해가 없었고, 셋쓰 국의 효고[兵庫]에서도 큰일은 발생하지 않았다고 한다. 『당대기』에는 앞서 '유신酉申(丙申=1596년 오기인가: 저자)' 지진으로 '다른 곳보다 많이 흔들렸기 때문인가'라고 '그 지역 사람'이 말하고 있다고 서술되어 있다. 앞서 언급한 1596년 후시미 지진으로 크게 흔들렸던 곳은 이번에는 오히려 흔들리지 않았다는 의미로, '그 지역 사람'은 셋쓰 국의 주민을 가리킨다. 지식인은 문헌으로부터 과거를 상기하고, 민간인은 체험을 비교하여 지진에 대한 인식을 얻으려 하고 있다. 그 대비가 매우 흥미롭다.

쓰나미가 발생하고 3년이 지난 1607년 3월 1일, 이에야스를 모시게 된 유학자 하야시 라잔[林羅山]은 이에야스가 있는 슨푸(駿府, 시즈오카 시)로 가기 위해 교토에서 출발했다. 같은 달 5일 미카와 국[三河國]에서 도토미 국[遠江國]으로 넘어가 하마나 호수의 서쪽 시라스카[白須賀]에 머물렀다.[14] 그날 밤 파도가 높았던 모양이다. 숙소 사람은 '큰 파도'가 두려워 벌벌 떨고, 말이 울고 개도 짖었다. 숙소의 주인이 와서 "원숭이 해의 지진은 바닷

---

12 간토[關東]에 대해서는 시기적으로 차이가 있으나, 에도 시대 초기 이후 대개 하코네[箱根] 관소關所의 동쪽 지역을 지칭한다. 근대 이후 도쿄[東京]를 중심의 간토 지방을 국한하는 표현으로 사용된다.

13 셋쓰 국[攝津國]은 오사카 부[大阪府]와 효고 현[兵庫縣] 일부에 해당한다.

14 미카와 국[三河國]은 아이치 현[愛知縣] 동부이고, 도토미 국[遠江國]은 시즈오카 현[靜岡縣] 서부에 해당한다.

물이 매우 넓고 크게 밀려와 인가를 침수시키고, 소와 말을 죽였다. 급히 산으로 올라간 자만이 죽지 않았다. 그래서 오늘 밤 이처럼 두려움에 떨고 있다"라고 말했다. 그 이야기를 듣고 라잔 역시 잠을 이룰 수 없었다(『羅山 先生文集』). 3년 전 라잔은 교토에 있었으니, 그때 지진을 떠올렸을 것이다. 해변의 숙소에 머무르며 숙소의 주인에게 생생한 체험을 들은 라잔은 쓰나미의 공포를 추체험할 수 있었다. 재해의 기억을 공유하려는 움직임이 시작되고 있었다.

게이초 산리쿠 지진 쓰나미

1611년(慶長16) 3월 27일, 히데요시가 옹립한 고요제[後陽成] 천황이 양위하여 고미즈오[後水尾] 천황이 즉위했다. 다음 날 이에야스는 도요토미 히데요시의 아들인 히데요리[秀賴]를 니조 성[二條城]에 불러 회견했다. 다이묘들은 이 회견을 이에야스가 히데요리를 복종시키려는 의식으로 받아들였다. 4월 12일에는 이에야스가 교토에 있는 다이묘들을 니조 성에 불러 3개 조의 '조문'을 보여 주고, 이에 대한 서약서를 제출시켰다. 이보다 앞선 1605년에 이에야스는 쇼군의 자리를 아들 히데타다[秀忠]에게 물려주고 오고쇼[大御所]가 되었는데, 전국 통치를 위해 이에야스는 빠질 수 없는 존재였다. 1611년 이후, 도쿠가와 막부의 지배 체제는 한층 더 강화되었고, 도요토미 측의 고립은 심해졌다.

1611년에는 도호쿠 지방에서 지진이 연속으로 발생했다.

8월 21일에 M6.9의 아이즈[會津] 지진이 일어났다. 와카마쓰 성[若松 城]의 석벽이 모두 무너지고, 성의 중심 건물인 혼마루[본丸]에 있는 가장 높은 망루인 천수각天守閣도 파괴되었다. 영내에서는 2만여 호의 가옥이 무너졌고, 사망자가 3,700명에 달했다고 전해진다. 지진의 진동으로 영내 각지에서 산사태가 발생했고, 아이즈 분지를 흐르는 큰 하천은 토사로 막혔다. 촌이나 경지는 수몰되었고, '사방 약 28㎞' 정도의 야마자키 호수[山崎湖]가 생겨났다. 이 호수의 물을 빼고 경지로 복원하기 위해 아이즈 번[會津藩]은 30년 이상을 소요했다고 한다(『家世實紀』).

이어서 10월 28일 산리쿠[三陸][15] 지방에서 M8.1의 지진 쓰나미가 발생했다. 지진으로 인한 피해 상황은 잘 알 수 없지만, 쓰나미의 피해는 막대했다. 센다이 번[仙臺藩]의 영지에서 1,783명이 익사했고, 소와 말 85필이 익사했다고 전해지고 있다. 『슨푸기[駿府記]』에는 난부[南部]와 쓰가루[津輕] 지방의 해변에서 사람과 말 3천여가 익사했다고 기록되어 있다.[16] 11월 말일, 센다이 번의 번주 다테 마사무네[伊達政宗]는 슨푸를 방문하여 이에야스에게 그 해 처음으로 잡은 명태를 헌상했다. 공교롭게도 이에야스는 부재 중이었다. 이에야스의 측근이자 긴자(金座, 막부의 화폐 주조소)의 주재자였던 고토 쇼자부로[後藤庄三郎]가 마사무네로부터 들은 이야기를 후에 이에야스에게 전했다.

지진 당일, 마사무네는 물고기를 구하기 위해 사무라이 두 명을 보냈다. 두 사람이 어부에게 낚싯배를 띄우도록 명령했는데, 어부가 오늘은 파도의 형세가 이상하니 배를 띄우기 어렵다고 거부했다. 이를 들은 사무라

---

15 산리쿠[三陸] 지방은 아오모리 현[靑森縣] 전 지역, 이와테[岩手縣] 전 지역, 미야기 현[宮城縣] 일부, 아키타 현[秋田 縣] 일부에 해당하는 지역을 가리킨다. 옛 국명으로는 리쿠오노쿠니[陸奧國], 리쿠추노쿠니[陸中國], 리쿠젠노쿠니[陸前國] 이렇게 세 개의 국이 있었던 지역을 가리킨다.

16 난부[南部] 지방은 아오모리 현 동부와 이와테 현 중부에 해당하고, 쓰가루[津輕]는 아오모리 현 서부에 해당한다.

이 한 명은 출항을 포기했지만, 다른 한 명은 주군의 명령을 받고 이를 행하지 않으면 주군을 속이는 것이 된다며 예닐곱 명의 어부에게 강요하여 배를 띄웠다. 배가 수 km 떨어진 먼바다에 나갔을 때, 해면이 하늘처럼 올라가고 큰 파도가 산처럼 밀려와 사무라이와 어부들은 혼비백산할 만큼 놀랐다. 그래도 배는 침몰하지 않고 겨우 편평한 곳으로 나왔다. 배에 탔던 사람들이 마음을 진정하고 눈을 떠보니 어부가 사는 마을 근처에 있는 산 위의 소나무 옆이었다. 이 소나무에 배를 묶고 썰물 때 보니 묶은 곳이 소나무의 가지 끝이었다. 마을에 돌아가 보니 한 채의 집도 남기지 않고 모두 유실되었다. 출항을 포기했던 사무라이도, 남았던 어부도 도망가지 못하고 익사했다. 주군의 명을 따라 먼바다에 나간 사무라이에게는 마사무네가 봉록을 주었다고 한다.

마사무네가 말한 소나무는 센간마쓰[千貫松]라 불리며, 그 전승을 전하는 센간 산[千貫山]이 지금도 남아 있다. 이처럼 '배를 묶었다'라는 전설은 다른 곳에서도 전해지고 있으므로 이 이야기가 마사무네의 허풍이었다는 설도 있는 모양이다. 이 전승의 진위는 알 수 없지만, 그것을 전하는 지명이나 사물과 함께 지역 사람에 의해 이야기가 계속 전해 내려왔다는 점이 중요하다〔岩本2013〕.

'쓰나미'라는 단어의 등장

다테 마사무네가 이에야스 측근의 필두인 혼다 마사즈미[本多正純]에게 말한 바에 따르면, 마사무네의 영내에서 익사한 사람은 '5천 명'이었다. 해변의 인가는 모두 파도에 쓸려나갔다. 이것을 '세상에서는 쓰나미[津波]

라고 부른다'고 『슨푸기』에 기록되어 있다. 이 기사가 지진에 의한 '쓰나미'라는 단어의 첫 등장으로 보인다. 『일본재변통지日本災變通志』를 저술한 이케다 쇼이치로[池田正一郎]에 따르면, 그때까지 쓰나미는 '오시오[大波]', '다카시오[高波]', '보초[暴潮]', '보초[暴漲]', '다카나미[高波]', '사카나미[逆波]', '가이쇼[海嘯]' 등으로 불렸다고 한다[池田2004]. 모두 바다 물결의 이상한 모습을 표현할 뿐이며, 특정한 단어가 사용되지 않았다.

그에 비해 '쓰나미'라는 단어는 '쓰[津]'에 역점을 두고 있다. '쓰'는 항구를 말하여, 큰 파도(波)가 항구(津)를 덮치는 상황을 가리킨다. 센고쿠 시대의 어휘로 쓰인 『갑양군감甲陽軍鑑』에서는 강에서 홍수가 발생하여 강의 항구가 떠내려간 것을 '쓰나미'라 표현하고 있다. '쓰나미'는 원래 인적 피해를 의식한 단어로 추정된다. 이 단어가 지진으로 발생한 큰 파도가 항구나 해변의 촌에 피해를 입혔을 때에도 사용되게 되었다. 『슨푸기』에서 '세상에서 말한다'라고 했으므로 우선 민간에서 사용되었을 터이다. 지진으로 발생한 큰 파도는 일반적으로 높은 파도와는 비교할 수 없을 정도로 격렬하다. 그 경험을 전하는 데에는 고유의 단어가 필요했다. '쓰나미'는 지진으로 발생한 높은 파도를 가리키는 말로, 에도 시대를 통하여 점차 사회에 받아들여졌다. 중국에서 유래한 말인 '가이쇼'라는 문자에도 '쓰나미'라고 읽는 법이 표기되었다.

게이초 시기는 큰 지진이나 쓰나미가 집중했던 시기였다. 자연의 위협에 할 수 없이 몸을 맡기는 부분도 적지 않았지만, 그 경험을 기억으로 전하려는 노력도 시작되고 있었다. 이때부터 재해에 대한 민간의 사회적 대응 양상이 기록에 나타나게 된다.

이세오도리 유행

1614년 8월, 이세 국에 있던 이세오카미[伊勢大神]라는 신이 같은 국의 노가미 산[野上山]으로 옮겨간다는 탁선(託宣, 신의 계시)이 있어 기이한 일이 많이 일어났다고 한다. 20일 정도 지나 신이 야마다[山田]에 돌아왔다는 탁선이 있었다. 이를 받아들인 여러 촌의 사람들이 남녀노소 할 것 없이 화려한 복장을 하고 춤을 추며 앞다투어 이세 신궁에 참배했다. 야마다에서는 귀한 자 천한 자 할 것 없이 사람들이 모여 춤을 췄다. 이를 이세오도리[伊勢踊]라 한다. 9월이 되자 슨푸에서 '지금 무쿠리와 전투를 하게 되니 신풍神風이 격렬하게 분다'라고 하는 이세오카미의 탁선이 있었다는 소문이 퍼졌다. 여기서 '무쿠리'는 몽골을 가리키는 말로, 몽골과 고려가 일본 원정에 나섰을 때 사용된 '무쿠리(ムクリ, 몽골)·고쿠리(コクリ, 고려)'라는 용어와 관련이 있다. 히데요시가 조선을 침략한 일에 대한 보복이 두려웠던 것일까. 이미 널리 퍼진 사회 불안을 배경으로 대외 위기의 언설言說도 나타나게 되었음이 틀림없다. 이세에 참배하는 자는 끊이지 않았고, 이 무렵 이세오도리는 교토·야마토[大和]·오미[近江]·미노에도 널리 퍼졌다.[17] 이상에 대해서는 『당대기』의 기사에 따랐다. 오사카에서는 도요토미 측과 도쿠가와 측이 일촉즉발로 대립하고 있었고, 이윽고 오사카의 겨울 전투[大坂冬の陣]가 일어났다.

다음 해 3월 이세오도리는 슨푸에서도 크게 유행했고 그 후 도호쿠 지방까지 퍼졌다. '고쓰지키네기[乞食禰宜]'가 이세오카미가 날아서 옮겼다고 말하고 다니고, '중국인(唐人)'에게 부탁하여 폭죽을 터뜨리며 민중을 부

---

17   야마토[大和]는 나라 현[奈良縣], 오미[近江]는 시가 현[滋賀縣]에 해당한다.

추기고 있다[『駿府記』]. '오하라에[御祓]'를[18] 앞세운 오도리가 여러 촌에 계속 퍼져갔다. 이렇게 하지 않은 지역은 '기근·역병'이 유행할 것이라고 위협받았다[『山本豊久私記』]. 헤이안[平安] 시대부터 비명횡사한 인물을 '고료[御靈]'로 제사 지내고, 제사를 지내지 않으면 다타리[祟り] 즉 재앙이 내려진다는 신앙이 있었다. '고료'도 무시오쿠리[虫送り]처럼[19] 촌에서 촌으로 이어지며 전국으로 퍼져갔다. 이세오도리도 마찬가지였다. 사회 불안을 배경으로 일어난 오르기아(orgia, 집단적 광기)라고 해도 좋은데, 아직 '다타리 신[祟り神]' 관념이 남아 있었던 모양이다. 한편 재액으로부터 도망쳐 '복이 오기'를 구하는 '요나오리'에 대한 염원이 숨어있다고도 볼 수 있다. 예부터 '다타리 신'에 대한 사람들의 신앙은 양의적이었다.

이에 앞서 1604년에는 이세오카미가 오미 국 제제[膳所]로 옮겨 가 사람들이 이세에 참배하는 사건이 있었다. 다카오 가즈히코[高尾一彦]는 이 사건이 에도 시대 최초의 오카게마이리라고 서술했다[高尾1969]. 1604년과 1614년은 각각 도요토미 히데요시가 도요쿠니다이묘진[豊國大明神]이라는 신으로 추대된 지 7년, 17년째에 해당하는 해였다. 이를 계기로 도쿠가와 체제에 대한 불만이 표면화된 것은 아닌가라고 다카오는 말한다. 막부는 이러한 움직임을 질서를 어지럽히는 행위로 보고 1615년에 이세오도리를 금지했다. 그러나 다음 해에도 이세오도리는 계속 유행했기 때문에 막부는 다시 금지령을 내렸다. 권력 기반이 아직 불안정한 도쿠가와 막부는 이와 같은 민간의 움직임에 과민했다.

18 오하라에[御祓]는 신사의 신직神職 가운데 하나인 네기[禰宜]가 신사 행사에서 사용하는 액막이 도구를 의미한다.
19 무시오쿠리[虫送り]란 종이나 북을 치며 횃불 행렬을 하여 농작물의 해충을 몰아내는 행사를 가리킨다.

2. 이에미쓰의 '미요하지메'와 간에이 기근

3대 쇼군 이에미쓰[家光]는 '태어나면서부터 쇼군'이라 전해진다. 조부 이에야스나 부친 히데타다처럼 실력으로 쇼군이 되지 않았다. 이에미쓰의 정치적 향방이 도쿠가와 막부의 장래를 결정했다고 해도 좋다. 그가 쇼군이었던 시기는 간에이[寬永] 연간(1624~1644)부터 쇼호[正保]·게이안[慶安] 연간(1644~1652)에 해당한다. 이 시기 정치에 큰 영향을 준 것은 시마바라·아마쿠사 잇키[島原·天草一揆]와 그에 이은 간에이 기근이었다.

시마바라·아마쿠사 잇키

1615년 5월에 오사카 성[大坂城]이 함락되고, 도요토미 체제는 최종적으로 붕괴했다. 도쿠가와 막부의 2대 쇼군인 히데타다는 같은 해 7월 후시미 성에 다이묘들을 불러 모아, 그들을 통제하기 위한 법령인 무가제법도[武家諸法度]를 반포했다. 다음 해 4월 오고쇼 이에야스가 사망하고, 후에 그는 '도쇼곤겐[東照權現]'이라는 신으로 모셔졌다.

같은 해 7월, 센다이에서는 M7.0으로 추정되는 지진이 일어나 센다이 성 혼마루 석벽이 붕괴되었다. 1619년 3월에는 고니시 유키나가[小西行長]가 세운 히고(肥後, 구마모토 현[熊本縣])의 무기시마 성[麥島城]이 M6.0의 지진으로 무너졌다. 분고의 오카 성[岡城]에서도 성곽이 파손되었다고 한다.

1622년에 히데타다는 이에미쓰에게 쇼군의 자리를 물려주고 스스로 오고쇼가 되었다. 이에야스·히데타다 시대와 같이 오고쇼·쇼군 이원정치가 행해졌다[朝尾1994].

1632년 1월에 히데타다가 죽자, 쇼군 이에미쓰 아래로 권력이 집중되었다. 권력이 일원화되자 이에미쓰는 '미요하지메[御代始め]'를 실시했다.[20] 이에미쓰는 '미요하지메'로 구마모토를 영지로 삼고 있던 가토 다다히로[加藤忠廣]의 영지를 몰수하고, 서국에서 대규모로 다이묘의 영지 교체를 실시했다. 1633년 1월에는 지역 정세를 파악하기 위해 순견사巡見使를 여러 지역에 파견하고, 다음 해에는 이에미쓰가 직접 30만 명의 군대를 거느리고 교토에 갔다. 이에미쓰는 교토의 니조 성에 여러 다이묘를 모아두고, 다이묘들의 영지 지배를 인정하는 공식문서인 영지주인장領地朱印狀을 발급했다.

1635년 5월에는 외국 선박의 입항을 나가사키[長崎]·히라도(平戶, 나가사키 현 북서부)로 제한하고, 일본인의 해외 도항을 금지하는 법령을 내렸다. 6월에는 무가제법도가 개정되어 다이묘가 에도에 일정 기간 머물면서 봉공奉公하다가 영지, 즉 구니모토[國元]로 돌아가는 참근교대參勤交代가 제도화되었다. 다음 해, 닛코[日光] 도쇼구[東照宮]의[21] 대대적인 개조가 완료되고, 통신사通信使라고 명칭을 바꾼 조선 사절이 처음으로 닛코에 참배했다.

---

20   미요하지메[御代始め]란 쇼군으로 취임한 후에 실시한 첫 정치 행위를 가리킨다.
21   도쇼구[東照宮]란 도쿠가와 이에야스를 모신 신사로, 도치기 현[栃木縣]의 닛코[日光], 시즈오카 현의 구노잔[久能山], 도쿄의 우에노[上野]에 있다.

이러한 일련의 정책을 통해 일본 열도를 통치하는 무가의 공권력인 도쿠가와 '공의'가 성립했다.

1637년 10월 히젠[肥前][22] 시마바라 지방에서 백성이 봉기하여 시마바라 성을 공격했고, 이에 호응하여 히고 아마쿠사 지방의 백성도 도미오카 성[富岡城]을 공격했다. 이 사건이 시마바라·아마쿠사 잇키다.

도쿠가와 막부는 게이초 말년 무렵부터 크리스트교에 대한 금지와 탄압을 강화했다. 겐나[元和] 연간(1615~1624)에는 개종을 거부한 크리스트교 신자가 각지에서 처형되었다. 연공年貢 수탈을 강행하려는 영주가 연공을 납부하지 못한 백성을 크리스트교 신자로 지목하여 처형한 일도 있었다. 이러한 탄압으로 크리스트교를 버렸던 신자들이, 영주의 혹정酷政을 계기로 다시 크리스트교 신자가 되어 혹정에 힘들어하는 백성들과 결집하여 봉기한 상황이었다.

막부는 규슈 지방의 여러 다이묘 군대를 동원하여 하라 성[原城]에서 농성하고 있는 잇키 세력을 공격했는데, 강고한 저항으로 많은 사상자가 발생했다. 3개월에 가까운 농성전 끝에 1638년 2월 하라 성은 함락되었고, 2만 수천 명으로 전해지는 잇키 세력은 닥치는 대로 살해되었다.

이 잇키는 막부와 다이묘들에게 충격을 주었다. 막부는 이른바 '쇄국鎖國' 정책을 강화했고, 영주들은 혹정이 잇키를 불러일으킨다는 위기감을 강하게 느꼈다. 잇키 평정 후에 막부의 다이칸으로 아마쿠사에 파견되었던 스즈키 시게나리[鈴木重成]가 영민의 궁핍한 모습을 지나치지 못하고 연공 반감을 청하고 자살했다는 전승이 반은 전설화되어 있고 진위는 정확하지 않다. 그러나 그러한 전설이 주민에 의해서 믿어졌다는 점이 중요하

---

22   히젠[肥前]은 사가 현[佐賀縣]과 이키[壹岐]·쓰시마를 제외한 나가사키 현 전체에 해당한다.

다. 훗날 시게나리는 '스즈키 신사[鈴木神社]'에서 제사 지내진다. 영주도 과중한 연공 수탈을 억제하고 백성의 존립을 보증하는 '무민撫民'을 당면 과제로 의식하지 않을 수 없는 상황이었다.

오시마 고마가타케의 분화

북쪽의 에조치에서도 쇼군 이에미쓰의 '미요하지메'로 인한 변화가 나타나고 있었다.

당시 에조치는 '오시마[渡島]'라고 불렸는데, 중세 시대 이주자나 그 거주지를 '와타리토[渡黨]'라고 부른 것과 관련이 있다. 에조치에 대한 정보는 14세기 무렵 열도 중앙에 전해졌다. 도호쿠 지방의 무장 집단이 에조치에 산재, 정착하게 되었기 때문이다. 다만 이 지역이 열도의 정치 체제에 명확하게 자리 잡게 된 시기는 오시마에 정주하며 지배하고 있던 가키자키 씨[蠣崎氏]와 도요토미 히데요시의 관계가 형성된 이후다. 도쿠가와 막부가 이 관계를 이어갔고, 가키자키 씨는 마쓰마에[松前]에 거성을 두고 마쓰마에 씨로 성을 바꿨다.

1633년에 이에미쓰가 파견한 순견사는 마쓰마에 번에도 갔고, 이때 마쓰마에 번이 지배하는 일본인 거주지역 '화인지和人地'와 아이누가 거주하는 '에조치'의 구분이 명확해졌다. 그리고 이 경계지에서 아이누의 수장이 '우이마무[ウイマム]'라는 알현 의식을 했다[菊池1991]. 막부와 마쓰마에 번의 입장에서 보면, 일종의 복종 의례였다. 한동안 막부는 '쇄국' 정책을 강화했지만, 같은 시기에 도쿠가와 일본의 북쪽 경계를 정하는 작업이 진행되고 있었다.

1640년 6월 13일에는 오시마 고마가타케[駒ヶ嶽]가 분화했다. 고마가타케 근처는 '화인지' 밖으로, 아이누가 거주하는 지역이었다. 격심한 폭발이 2, 3일 계속되었고, 종일 어두운 밤과 같았다. 마쓰마에 주변에도 화산재가 쌓였다. 13일에는 우치우라 만[內浦灣]에 쓰나미가 밀려와 '5백여 명'의 아이누가 익사했다고 한다(『德川實紀』). 처음으로 열도에도 널리 알려진 에조치의 거대한 화산 재해였다. 대량으로 떨어진 화산재는 생활 기반을 파괴했고, 복구는 쉽지 않았을 것이다. 사람들은 곤궁했다. 1643년에는 세타나이(瀬田內, 홋카이도 세타나 군瀬棚郡) 방면의 아이누가 봉기했다. 마쓰마에 번의 부당한 교역 관행에 대한 반발이 원인이었지만, 배경 가운데 그 분화의 영향도 있었던 것은 아닌가라고 기쿠치 이사오[菊池勇夫]는 보고 있다(菊池1997).

간에이 기근

1639~1641년(寛永16~18) 서일본에서 소 역병이 유행한다. 서일본에서 소는 경작이나 운송에 빠질 수 없었기 때문에 농업 생산에 타격을 받았다.

예를 들면 현재 구마모토 현에 해당하는 히고 국의 양상은 다음과 같았다.

이 지역에 54만 석의 영지를 가지고 있던 구마모토 번은 1635년 7월, 8월에 연이은 태풍, 다음 해에는 장마와 해충이 발생하여 계속 흉작이었다. 1637년에도 다시 충해가 발생하여 심각한 상황이었는데, 인접한 시마바라·아마쿠사에서 잇키가 일어났다. 게다가 소 역병이 발생하여 더욱 타격을 주었다. 같은 히고 국 내의 아시키타 군[蘆北郡] 쓰나기[津奈木] 데나가[手永]의 경우, 1633년에 224마리였던 소가 1641년에는 9마리로 격감했다고 한다〔新熊本市史編纂委員會2001〕. '데나가'는 20개 정도의 촌으로 구성된 구마모토 번의 행정단위로 소조야[惣庄屋]가 관할했다. 번주 호소카와 다다토시[細川忠利]는 규슈 전체에서 2~3만 필의 소가 병사했다고 막부에 전하고 있다〔藤田 1982·83〕.

동일본에서는 1640년부터 냉해의 조짐이 보이기 시작했다. 무사시국[武藏國][23] 가와고에[川越]의 소금 상인이었던 에노모토 야자에몬[榎本彌左衛門]은 『에노모토야자에몬 오보에가키[覺書]』라고 하는 자전적인 기록을 남겼다. 기록에 따르면 1641년 1월 1일 큰 눈이 내린 이후, 봄에 7번이나 눈이 내렸다고 한다. 이는 전년도에 발생한 오시마 고마가타케 분화의 영향이라고 전해진다. 이와 같은 상황은 1641년·1642년에도 계속되어 훗날 '미우마[巳午]의 아사餓死'라고 불리게 되었다. 서일본에서는 소 역병에 이어 1640년에 가뭄, 다음 해는 큰비와 홍수가 발생하여 1640~1641년에 걸쳐 기아의 양상은 심각해졌다.

이 상황을 막부의 다이로[大老][24] 사카이 다다카쓰[酒井忠勝]는 '50년, 100년 내에도 드문' 기근으로 인식하고 있다. 백성의 피폐를 무시하고 연공 수납을 강행하면, 시마바라·아마쿠사와 같은 잇키도 발생하기 쉽다. 1641년 5월이 되자 막부는 다이묘들에게 귀국 명령과 함께 '작년의 경작 손실'로 인해 '여러 지역 주민 등이 곤궁'하므로 '무민'에 노력하라는 지시를 내렸다. 또 막부는 임시로 '기킨부교[飢饉奉行]'라고 불릴 법한 조직을 만

---

23 무사시 국[武藏國]은 도쿄 도[東京都]·사이타마 현[埼玉縣]·가나가와 현[神奈川縣]의 동북부에 해당한다.

24 다이로[大老]는 도쿠가와 막부 최고의 역직으로, 상설직은 아니지만 경우에 따라 세워졌다. 정무 일반을 책임지는 로주[老中] 가운데 한 명이 임명되었다.

들어 다음과 같은 조치를 취했다고 후지타 사토루[藤田覺]는 서술하고 있다〔藤田 1982·83〕.

첫째, 쌀값 상승의 원인 가운데 하나가, 막부 창고의 관리와 연공미 출납을 담당하는 구라부교[藏奉行]의 부정에 있다고 보고 이를 처벌했다. 또 에도·가미가타[上方][25] 등의 막부 창고에 수납된 연공미인 구라마이[藏米]를 조사했다.

둘째, 가미가타의 구라마이나, 각지의 성에서 저장한 조마이[城米]를 에도에 보내 쌀 유통의 확대를 꾀했다.

셋째, 미곡 확보를 위해 각지의 막부령에 대해 작황을 조사했다.

넷째, 에도·교토·오사카 등 직할 도시에 들어온 기민飢民이나 거지들을 돌려보내도록 했다.

다섯째, 각 번의 에도 저택에서 사용하는 쌀은 각자의 영지에서 가져오도록 명했다.

여섯째, 부식미副食米 대여, 죽의 보시, 볍씨 대여, 공사 진행 때 후치마이(扶持米, 쌀로 지급하는 급여) 지급 등 직접 곤궁한 백성을 구하는 조치를 다이칸 등에게 지시했다.

이러한 조치는 검약이나 술 주조 제한 등을 명한 고사쓰[高札]를[26] 설치하는 것과 동시에, 각지의 다이묘·하타모토에게도 지시되었다.

---

25 가미가타[上方]란 교토·오사카를 중심으로 하는 기나이[畿內] 및 주변 지역을 가리킨다. 기나이란 수도(조정)가 있는 주요 도시의 주변 지역을 의미한다. 고키나이[五畿內]라는 표현을 사용하기도 하는데, 기나이를 둘러싼 5개 국으로 야마시로(山城, 교토 부[京都府] 남부), 야마토, 가와치(河內, 오사카 부 동부), 이즈미(和泉, 오사카 부), 셋쓰를 의미한다.
26 고사쓰[高札]는 법령이나 행정지침 등을 쓴 나무 게시판을 의미한다.

'인정'으로의 전환

　　귀국한 다이묘들도 기근 대책을 마련했다. 이러한 가운데 종래의 정치를 반성하고 '백성의 자립'을 목적으로 한 농정農政으로의 전환을 꾀하게 된다.

　　오카야마 번은 현재 오카야마 현 동남부에 해당하는 비젠 국과 빗추국[備中國, 오카야마 현 서부]의 일부를 영지로 갖는 도자마 다이묘[外樣大名]의[27] 큰 번이다. 막부가 인정한 영지는 31만 5,200석이다. 번주 이케다 미쓰마사는 시마바라·아마쿠사 잇키의 동향에 적지 않은 관심을 가지고 크리스트교 백성의 동향을 주시하고 있었다. 막부가 귀국을 지시하자 미쓰마사는 급히 오카야마로 돌아와 막부의 법령을 바탕으로 조속히 기근 대책을

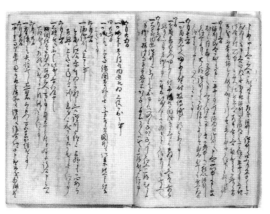

【사진 1】「이케다 미쓰마사 일기」 1642년 5월 26일.
소장·사진 제공: 하야시바라 미술관[林原美術館].

27　도자마 다이묘[外樣大名]란 세키가하라 전투 이후 도쿠가와 가문에 복속한 다이묘를 가리킨다.

세웠다【사진1】. 미쓰마사는 이를 '시오키(仕置, 정치)'의 '시카에(仕替, 개혁)' 라고 보고 다음과 같은 대책을 시행했다〔倉地2012〕.

첫째, 시오키 가로家老를 필두로 역직役職을 정비하고, 역직에 임명되면 각자에게 서약서를 제출시켜 역직에 대한 자각을 높이도록 했다.

둘째, 오사카에서 은을 빌려 곤궁해진 가신들을 먼저 구제했다. 그 뒤에 급여로 급지給地 즉 영지를 받은 가신인 급인給人이 급지의 백성을 자의적으로 지배하지 않도록 경계했다.

셋째, 흉작임에도 불구하고 부적절하게 평년보다 높은 연공을 부과한 군다이(郡代, 지방관)를 파면하고, 군다이 아래서 지방 행정을 담당하는 고오리부교[郡奉行]를 타일러 백성의 실정에 상응하는 지배를 하도록 했다.

넷째, 임시로 구미카시라(組頭, 조 단위 가신단의 장)에게 촌을 돌도록 하여 지방 관리(役人)의 정치를 감찰시켰다.

다섯째, 백성들로부터 '투서(目安=소원)'을 받아 관리의 부정을 단속했다. 한편 도당이나 잇키와 같은 백성의 움직임은 엄격하게 처벌했다.

여섯째, 종래의 농촌 법령을 모아서 '오세이다사루 법식[被仰出法式]' 44개조를 공포하고 매우 세심하게 농정을 지시했다.

그러나 이러한 시책의 의도는 가신들에게 좀처럼 이해받지 못했고, 급지에서는 급인의 자의적인 지배가 계속되었다. 1654년 7월에 오카야마 지방은 홍수로 큰 피해를 입었다. 미쓰마사는 이것을 정치 개혁을 촉진하는 '하늘의 때' 즉 천재일우의 기회라고 보고 '인정仁政'의 시행을 결의했다.

우선 농정을 최일선에서 담당하는 고오리부교·군다이를 미쓰마사의 마음에 드는 자로 교체했다. 촌락행정인의 최상위층인 오쇼야[大庄屋]를 폐지하고, 각 촌의 촌락행정인인 쇼야[庄屋]는 '투표' 등으로 촌사람들에게 인기 있는 자를 선발했다. 또 '투서함(諫箱)'을 설치하여 계속해서 백성이 제출하는 '투서'를 중시했다. 연공도 번의 직할지와 급인의 급지를 구별하지 않고 '동일한 연공률'로 부과하여 통일적인 농정을 꾀했다.

자기비판을 하는 영주

'인정'으로의 전환은 미쓰마사에 그치지 않는다.

1655년 미카와 국 나카지마 번[中島藩]의 번주 이타쿠라 시게노리[板倉重矩]는 영내에 13개조 법령을 내렸다. 그 내용은 늙은 과부·고아, 거지·히닌[非人]·병자 그리고 신상을 알 수 없는 자의 구제, 영아 유기·낙태 금지, 소송 장려 등 '무민'에 관한 것인데, 그 제1조에 다음과 같은 내용이 있다.

> 지금까지 이러한 방면의 정치가 좋지 않았기 때문에 죽어가는 부모·불편한 처자도 거두어 부양할 수 없었다. 또 선조와 부친에게 물려받은 전답을 잃고 삶이 궁핍해졌다는 말을 듣고 너무 불쌍하다는 생각이 들었다. 까닭에 지금부터는 도리에 어긋난 정치를 바꾸어 부모는 부양하고, 처자도 양육하며, 전답도 팔지 않도록 올바른 정치를 할 것이다.

시게노리는 부친 시게마사[重昌]와 함께 시마바라·아마쿠사 잇키에 참전했다. 막부가 파견한 사자였던 시게마사는 1월 1일 총공격에서 전사했다. 시게노리는 농민 저항의 대단함을 몸으로 느꼈을 터이다. 이에 나쁜 정치를 자기비판하며 '인정'으로의 전환을 백성에게 약속한 것이다. 시게노리는 후에 막부 내에서 교토쇼시다이, 로주(老中, 막부 정무를 총괄하는 역직)

를 역임했다. 그는 유학자인 구마자와 반잔[熊澤蕃山]과 야마가 소코[山鹿素行]에게 수학한 '학자'로 미쓰마사와 뜻을 같이하는 자였다[倉地1996]. 막부 각료나 다이묘 사이에서 '인정'을 지향하는 분위기가 퍼졌다.

재해가 계속되면서 영주는 가신과 백성의 자립을 양립시키도록 요구받았다. 처음 도쿠가와 '공의'는 지배자인 무가의 결집체로 형성되었다. 그것이 백성을 의식한 사회적 공권력으로서의 기능을 중시하게 된다. 계기가 된 사건이 시마바라·아마쿠사 잇키와 뒤이어 발생한 간에이 기근이었다.

간에기 기근이 한창이었던 1643년 2월, 이즈[伊豆] 제도의 미야케지마[三宅島]가 분화했다. 섬의 서쪽에 위치한 아코 촌[阿古村]은 가옥이 모두 불탔고, 동쪽의 쓰보타 촌[坪田村]에는 화산탄火山彈이 날아와 가옥이 전부 파괴되었다. 다음으로 큰 분화는 1835년에 일어났다. 이때도 아코 촌·이가야 촌[伊ヶ谷村]이 피해를 입었다. 이들 지구地區는 2000년 발생한 분화로도 큰 피해를 입었다. 5년 동안의 섬 전체 피난이 해제된 후, 아코 지구에는 촌행정을 담당하는 임시 청사가 세워졌지만, 쓰보타 지구의 일부는 여전히 화산가스 고농도 지구로 접근이 제한되고 있다.

3. 재해와 도시

이어서 조오[承應]·메이레키[明曆] 연간(1652~1658)은 4대 쇼군 이에쓰나[家綱] 치세의 전기, 간분[寬文]·엔포[延寶] 연간(1661~1681)은 그 후기에 해당한다. 이 시기에 도쿠가와 막부의 정책이 전국에서 시행되었다. 서회항해로(西回り航路)와 동회항해로(東回り航路)가 개발되고, 에도·교토·오사카라는 삼도三都를 중심으로 한 국내 시장이 성립했다. 에도 시대에 발생한 재해의 특징은 도시화와 깊은 관계가 있었다. 그 관계성이 명확히 드러나는 시기가 바로 이 시기다. 그에 수반하여 부유층에 의한 구제 활동이 시작되었고, 재해를 둘러싼 풍문도 사회 문제가 되었다.

메이레키 대화재

에도 시대는 도시화 시대였다. 에도·교토·오사카라는 세 도시를 시작으로 각지에 조카마치[城下町]가 만들어지고, 사찰이나 신사 문 주변의 몬젠마치[門前町]나 항구의 미나토마치[湊町]도 발전했다. 현재 도시는 이 시대의 시가지에서 시작된 것이 많다. 이 시대의 도시라 하면, 역시 에도를 들지 않을 수 없다.

에도의 도시 건설은 도쿠가와 이에야스의 영지가 간토 8개 국으로 교체되어 에도를 거처로 삼은 1590년에 시작된다. 그러나 1601년에 발생한 대화재로 상가가 많은 마치야[町屋] 대부분이 소실되었고, 1603년부터 새로운 도시 건설이 다시 시작되었다. 이 해 이에야스가 쇼군에 임명되었고, 대규모의 성곽 건설은 오테쓰다이후신[御手傳普請] 즉 다이묘의 조력 공사로 시행되었다. 1607년에는 5층의 천수각을 완성했다.

1641년, 게이초 이래의 대화재라 불리는 오케 정[桶町] 화재가 일어났다. 97개의 정이 소실되고 수백 명이 사망했다고 전해진다. 그 후에도 도시는 계속 확대되었고, 1653년에는 인구 증가에 따른 물의 수요 증가에 대응하기 위해 다마가와[玉川] 상수上水가 만들어졌다.

1657년(明曆3)에는 1월 1일부터 화재가 발생했다. 같은 달 18일 혼고[本郷] 고초메우라[五丁目裏] 혼묘지[本妙寺]에서 불이 시작되었는데, 마침 거센 북서풍이 불어 간다[神田]·아사쿠사[淺草] 방면으로 불이 번졌다. 다음날 19일에는 고이시카와[小石川] 덴즈인[傳通院] 앞의 신타카조 정[新鷹匠町]과 고지 정[麴町] 고초메[五丁目]에 이어 반 정[番町]에서 화재가 발생하여 에도 성 혼마루·천수각을 시작으로 에도의 정 대부분을 태워버린 대화재가 되었다. 이른바 메이레키 대화재다. 『무강연표武江年表』에는 화재로 인한 사망자가 10만 7,046명이라고 기록되어 있다.

처음 사카이 다다카쓰 등 막부 각료들은 모반을 기획한 자의 방화가 아닌지 의심했다[『德川實紀』]. 헤쓰기 쇼자에몬[戶次庄左衛門]의 조오 사건(承應事件, 1652)이나 유이 쇼세쓰[由比正雪]의 게이안 사건(慶安事件, 1651)과 같은 모반 계획이 발각된 사건이 발생한 지 겨우 5, 6년이 지났다. 민심의 안정이 급선무였다. 화재가 진압된 후 큰 눈이 내려, 화재로 길에 나앉은 사람들 가운데 동사한 자도 많았다. 막부는 1월 20일부터 아사쿠사의 막부 창고에서 쌀을 방출하여 죽을 배포했다. 두 차례에 걸쳐 배포했는데, 기간은 연장되어 2월 12일까지 계속되었다. 에도 정 전체에는 싼 가격에 미곡을 팔도록 명령이 내려지고, 부흥을 위해 금 16만 냥兩이 하사되었다. 저택을 재건하는 무가의 경우, 석고石高가 10만 석 이하 1만 석 이상의 다이묘에게는 무이자로 돈을 빌려주고, 1만 석 미만에서 100석까지의 막부 가신에게는 하사금을 주었다.

또 화재로 사망한 무연고자를 모아 무덤을 만들어 장례를 지내고 절을 세웠다. 훗날의 에코인[回向院]이다. 막부는 조조지[增上寺]의 주지 기오쿠[貴屋]에게 300냥을 주고 성대한 법회를 치르도록 했다.

대화재 후 막부는 방재를 위한 도시 개조에 착수했다. 성 안에 있던 도쿠가와 일족인 고산케[御三家]의[28] 저택을 성 밖으로 옮겼고, 그와 함께 무가의 저택을 이전했다. 다이묘도 가미야시키[上屋敷] 외에 나카야시키[中屋敷]나 시모야시키[下屋敷]를 두는 경우가 많아졌고,[29] 무가의 구역은 넓어졌다. 사원을 교외로 이전하기도 하고, 상가가 많은 마치야 지역에는 큰 도로와 화재 방지를 위한 공터가 설치되었다. 스미다 강[隅田川]에 료코쿠바시[兩國橋]가 세워지고, 혼조[本所]·후카가와[深川] 방면으로 무가 저택이나

---

28   고산케[御三家]란 오와리[尾張]·기이[紀伊]·미토[水戶]의 세 도쿠가와 가문을 의미한다. 쇼군가에 후계자가 없을 때 후계자를 배출하기 위해 이에야스[家康]가 세 아들을 세워 만든 가문으로, 쇼군가 다음의 가격을 갖는다.

29   야시키[屋敷]란 저택을 의미하는 말로, 다이묘들은 가미야시키·나카야시키·시모야시키를 두는 경우가 많았다. 가장 격이 높은 가미야시키[上屋敷]는 현 번주와 그 가족 등이 거주하며 공공적 성격이 강한 저택이고, 나카야시키[中屋敷]는 은거한 번주나 후계자가 거주했는데 화재 등으로 가미야시키를 사용할 수 없을 경우에 사용하는 예비 저택이기도 했다. 시모야시키[下屋敷]는 주로 해안이나 강 주변에 위치하여 영지인 구니모토[國元]에서 올라오는 물품 등을 보관하는 창고와 같은 역할을 하거나, 근교에 위치하여 별장의 역할을 하기도 했다.

마치야가 넓어졌다. 1666년 영국 런던에서도 대화재 발생을 계기로 화재 방지를 중점에 둔 도시 개조가 시행되었다. 그 후 에도와 런던은 거대 도시로 발전했다.

또 메이레키 대화재 후에는 상설 전문 소방대인 '상근 소방(定火消)'이 설치되었다. 그때까지 소방대는 '다이묘 소방(大名火消)'만 있었다. '다이묘 소방'이란 막부가 다이묘에게 명령하여 막부의 중요 시설을 담당하는 '쇼쇼 소방(所所火消)', 에도 성의 정해진 방위에 출근하는 '호가쿠 소방(方角火消)', 임시로 명한 '마시 소방(增火消)' 등을 가리킨다. 이에 비해 '상근 소방'은 막부 직속 소방대로 하타모토가 임명되었고, 그들은 와카토시요리[若年寄]의[30] 지시에 따라 활동했다[池上1978].

재해와 정보

격렬한 재해에 사람들은 인지를 뛰어넘는 '힘'의 움직임을 느꼈다. 재해가 발생하면 '괴이怪異'한 양상이 전해지고, 있을 수 없는 소문이나 정치 비판이 들려온다.

메이레키 대화재로 혼마루가 타버렸기 때문에 쇼군 이에쓰나는 니시노마루[西丸]로 거처를 옮겼다. 그러나 사람들 사이에서는 너무나도 큰 화재에 놀라 쇼군이 우에노[上野]의 도에이 산[東叡山]으로 피난했다던가, 가와고에나 고가[古河]로 옮겨갔다는 유언비어가 떠돌았다[『德川實紀』]. 막부는 오사카에 사자를 파견하고, 가는 도중에는 쇼군의 안녕을 각지에 전

---

30   와카토시요리[若年寄]는 로주 다음의 지위에서 정무와 하타모토 통솔 등을 담당하였다.

했다. 교토·나가사키 등 직할 도시에도 파발을 보냈다. 유언비어가 확산되어 사회의 불안이 퍼지는 것을 경계했다.

이 시기에 '시와키 우타 / 고고로즈쿠시노 분고도노 / 에도니쓴토 이즈와요카로후[吝き雅樂 / 心づくしの豊後どの / 江戸につんと伊豆はよかろふ]'라는 라쿠슈[落首]가[31] 유행했다. 그 내용은 '인색한 우타, 마음을 다한 분고 님, 에도에 없는 이즈는 좋겠다' 정도로 해석될 수 있다. '우타'는 사카이 다다키요[酒井忠淸], '분고'는 아베 다다아키[阿部忠秋], '이즈'는 마쓰다이라 노부쓰나[松平信綱]를 의미하는 말로, 모두 막부의 로주를 가리킨다. 사카이는 구두쇠로 묘사되고 아베와 노부쓰나에게는 호의적이다. 오노 미즈오[大野瑞男]는 '이즈는 좋겠다'라는 부분에 해당되는 '伊豆はよかろふ'를 '있다면 좋겠다'라고 읽었다[大野2010]. 'つんと'는 부정어와 함께 '전혀 ~없다 혹은 ~않는다'라는 의미이므로, '에도에 없으면 좋다'라고 비꼬는 의미일 것이다. 이 라쿠슈를 통해 민중이 에도나 막부에 정이 떨어졌음을 알 수 있다.

대화재 이후 2월, 교토에 최초의 출판·언론 통제령이 내

【사진 2】 메이레키의 대화재.
출전: 『무사시아부미』 하권.
소장·사진 제공: 일본 국립국회도서관.

---

31 라쿠슈[落首]는 풍자나 비판, 조소 등을 포함한 익명의 노래나 교카[狂歌] 등으로, 교카는 풍자와 익살을 주로 내용으로 한 짧은 노래를 의미한다.

려졌다. 화재로 많은 책이 타서 서적 출판 수요가 높아질 것을 예측한 조치라고 곤타 요조[今田洋三]는 말한다〔今田1981〕. '괴이'한 이야기나 정치 비판을 억압하려는 조치였을 것이다. 4년 후인 1661년에 통속소설인 가나조시[仮名草子] 『무사시아부미[むさしあぶみ]』가 교토에서 간행되었다【사진 2】. 이는 아사이 료이[淺井了意] 작품으로 메이레키 대화재의 실상을 생생하게 묘사했다고 평가된다.

메이레키 대화재가 일어나기 8년 전, 1649년 6월 21일 밤에 M7.0의 부슈 대지진[武州大地震]이 일어났다. 에도 성의 석벽과 벽이 파손되고 사망자가 50여 명이었다고 한다. 이때 일과 관련하여 흥미로운 이야기를 에노모토 야자에몬이 남겼다.

당시 교토에 있던 야자에몬은 23일에 처음으로 지진 이야기를 들었다고 한다. 에도에 '어둠이 들어갔다'라는 소문이었다. 사실인지 어떤지는 확인할 수 없지만, 정보의 전파가 경이로울 만큼 빠르다. 그가 교토에서 가와고에로 돌아오는 도중 들은 바에 따르면 가케가와[掛川]가 흔들림의 경계였다고 한다. 에도에서는 지진 때 교토에서 열하나의 '불가사의가 있었다'라는 소문이 나돌았다. 소문은 히에이 산[比叡山]에서 아타고 산[愛宕山]으로 빛나는 것이 날았다던지, 니조 성에서 등불이 2개씩 동쪽으로 날아갔다던지 하는 말도 안 되는 '괴이'였지만, 동국의 지진과 교토의 '불가사의'를 연결하려는 민중의 심성을 엿볼 수 있다. 야자에몬은 그러한 풍문은 교토에서 들은 바 없으므로 '모두 거짓이다'라고 단언하고 있는데, '에도에서는 히토쓰가키[一つ書]를 쓴 종이가 퍼지고 있다'라고 기록한 점이 주목된다〔『榎本彌左衛門覺書』〕. 이 '히토쓰가키'를 쓴 종이가 이른바 가와라반[瓦版]이 아닐까. 가와라반이란 찰흙에 글이나 그림 등을 새겨 기와처럼 구운 판으로 찍어낸 인쇄물을 가리킨다. 최초의 가와라반은 1615년 오사카 전투를 전한 것으로 알려져 있는데, 부슈 대지진의 가와라반은 발견되지 않은 모양이다. 야자에몬의 증언이 그 존재를 시사한다고 생각한다.

재해→괴이→유언流言이라는 반응은 중세에도 확인되는 전통적인 심성인데, 이것이 매스컴화하는 것은 도쿠가와 사회다운 현상이다.

'히닌' 신분의 성립

도시에는 재해 때 주변의 유랑민이 유입된다. 그에 수반하여 도시 주변에 '히닌[非人]' 사회가 형성된다. 일반적으로 '히닌'이란 형벌장이나 감옥의 잡일, 정 내나 강·도로 근처의 쓰레기 정리, 유랑민('노히닌[野非人]') 단속 등의 역할을 담당하며, 정으로부터 그에 대한 급료를 받고, 정의 문을 지키면서 돈을 받는 권리를 가지고 있었다. 그 때문에 히닌은 '에타' 등과 같이 취급되고, 백성과 조닌(町人, 도시에 거주하는 상공업자) 등 '평민'으로부터 차별받는 존재였다.

에도의 경우, 간에이 기근 때 기민이 많이 유입되어 움집에 체류한 '고지키(乞食, 거지)' 가운데 '대장'이 나타났고, 그 대장이 '히닌'의 조직을 만들었다. 이를 에노모토 야자에몬도 『오보에가키』에 기록하고 있다.

메이레키 대화재 때, '구루마젠시치[車善七]'나 '시바노마쓰에몬[芝の松衛門]'이 '히닌'을 고용하여 '무연고' 사체를 수집했다. 그들이 '대장'이다. 게다가 엔포 시기(1670년대)가 되면 호우와 홍수가 계속되었는데, 그때마다 '히닌 움집'이 세워지고 '히닌' 단속이 반복되었다. 그 가운데 '신히닌[新非人]'이 증가했다[峯岸1996].

오사카에서는 도요토미 히데요시가 조카마치를 건설한 이래, 정 구역의 확대와 함께 오사카 히닌의 대장인 조리[長吏]에게 연공을 내지 않는 땅을 주고 '가이토[垣外]'로 삼았는데, 겐나 연간(1620년대)까지 4곳의 '가이토'가 성립했다. 이곳 역시 간에이 기근 때 유입된 유랑민이 체류하며, 조리의 지배 아래에서 '공공 업무'를 담당하고 있었다. '가이토'에는 신분 집단 내부의 규율인 '고지키 규칙(乞食の法度)'이 있고, 조리의 부하 가운데에는 '개종한 크리스트교 신자'나 '한센병 환자'도 있었다〔岡本·內田1976〕.

지방의 조카마치도 같은 상황이었다. 예를 들면, 오카야마의 경우는 1654년에 발생한 홍수와 기근으로 기민 유입이 증가하자 '야마노 고지키[山の乞食]'에게 기민을 단속하도록 명했다. 다음 해는 성 밖의 산기슭에 고지키의 거처가 마련되어 '고잔 고지키[古山乞食]'가 성립했다. 1674·1675년에 전국에서 기근이 발생하자 '히닌 조사'가 시행되고 갈 곳이 없는 기민은 '고지키' 신분으로 편입되었다. 이 과정에서 증가한 '고지키' 때문에 '신잔[新山]'이 세워지고, '료잔 고지키[兩山乞食]'라고 불리게 되었다. 1681년에 발생한 기근 때에도 '버려진 아이'를 포함한 37명이 '산'에 보내졌다〔倉地1982〕.

유랑하는 기민은 '노히닌'이라고 불리며, '히닌' 집단이 단속하는 대상이었다. 붙잡힌 '노히닌' 가운데에는 '히닌 움집'에 수용되어 생명을 부지한 자도 있었다. 물론 그곳에서 생을 마친 자도 적지 않았다. 그들은 '히닌 움집에 더부살이'하면서 '움집'에서 관리되었다. 신분적으로는 과도적인 존재였다. 일찍이 '움집'이 철수되면 많은 이는 고향에 돌려 보내지만, 일부는 그대로 '히닌 데카[手下]'로 편입되었다. 그들이 '신히닌'으로 불리며, 후에 '히닌' 신분으로 고정되었다.

이리하여 '히닌' 사회는 치안 유지 기능을 담당하면서, 한편으로는 공동 조직을 상실한 사람들의 최종적인 구제 조직이 되었다. 그러나 이들은 '평민'과는 차별되는 신분이며, 범죄자가 형벌로 들어가게 되는 세계이 기도 했다. 이것이 신분제 사회 도쿠가와 일본의 현실이었다.

간분·엔포 시기의 재해

간분·엔포 시기는 1651년에 취임한 4대 쇼군 이에쓰나 치세의 후반에 해당한다.

이 시기는 각지의 번정藩政도 정비되고, '백성의 자립'을 목표로 한 '무민' 정책 아래 촌의 질서도 성립했다. 촌의 질서는 촌의 세금을 부담하는 본백성本百姓이 중심이 되어 만들어졌다. 해상교통로가 정비되면서 전국 시장도 형성되어 갔다. 그러나 이 시기에도 재해는 그치지 않았다.

1661년 1월에는 교토에서 대화재가 발생했다. 니조 간파쿠[二條關白] 저택에서 화재가 발생하여 천황의 궁성인 긴리 고쇼[禁裏御所]와 상황의 궁성인 센토 고쇼[仙洞御所]를 시작으로 많은 공가公家 즉 귀족의 저택과 상가가 많은 마치야가 소실되었다. 이 때문에 4월에 '간분[寬文]'으로 개원했다. 3월과 윤8월에는 아사마 산[淺間山]이 분화했다.

1662년 5월 1일에는 M7.6의 오미 대지진이 발생했다. 비와 호[琵琶湖] 서안이 침하했고, 에치젠[越前]·와카사[若狹]·오미·교토에서 심각한 피해를 보았다.[32] 이 무렵부터 6월까지 각지에서 호우, 홍수 피해가 발생했다. 9월 20일에는 휴가[日向]에서[33] 사도와라[佐土原] 지진이 발생했다. 오비

---

32   에치젠[越前]은 후쿠이 현[福井縣]의 중서부, 와카사[若狹]는 후쿠이 현의 남서부에 해당한다.
33   휴가[日向]는 미야자키 현[宮崎縣]과 가고시마 현[鹿兒島縣] 북동부에 해당한다.

번[飫肥藩] 영지에서는 해안이 침하하고 쓰나미가 일어났던 모양인데 주변 약 32㎞가 바다에 잠겼다.

1663년 7월에는 에조의 우스 산[有珠山]이 분화했다. 산의 형상이 무너지고 많은 아이누 집락이 타버렸다. 이 재해로 발생한 곤궁함이 1669년 샤크샤인[シャクシャイン] 봉기의[34] 원인이 되었다고 한다[菊池1991].

1666년 1월에는 오사카에서 대화재가 발생했다. 어시장인 자코바[雜喉場]에서 발생한 화재로 마치야가 2,000채 가까이 소실했다[『德川實紀』, 단 12월 7일 경]. 전년 1월에는 오사카 성의 천수각이 낙뢰로 소실되었다. 7월에는 각지에서 호우가 계속되어 홍수가 일어났는데, 기소 강[木曾川] 줄기의 제방이 무너져 미노 국·오와리 국(尾張國, 아이치 현[愛知縣] 서부)에서 대홍수가 발생했다.

1668년 2월 1일, 4일, 6일에는 에도에서 연속으로 화재가 발생했다. 이것이 에도 간분 대화재다. 『무강연표』에는 무가 저택 3,100여 채, 마치야 127정 정도, 사원 129채, 백성 집 170채가 소실되었다고 전해진다.

1673년 5월에는 교토에서 대화재가 발생하여 천황의 궁성인 긴리고쇼가 다시 불탔다. 이에 9월에 '엔포[延寶]'로 개원했다. 간분 연간은 교토 대화재로 시작하여 교토 대화재로 끝났다.

1674년에는 각지에서 호우와 홍수가 계속되어 흉작인 곳이 많았고, 다음 해는 봄부터 여러 지역에서 기근이 발생했다. 각지에서 기민이 유랑하고, 교토 등 도시에는 '히닌 보시'가 행해졌다. 1676년 11월 7일에는 에

---

34 샤크샤인[シャクシャイン] 봉기는 마쓰마에 번의 불공평한 교역 방침에 반대하여 아이누의 수장 샤크샤인이 일으킨 봉기를 가리킨다. 시부치야리(染退, 홋카이도 신히다카 정[新ひだか町]의 일부인 옛 시즈나이 정[靜內町])의 수장이었던 샤크샤인은 홋카이도 전체의 아이누를 규합하여 마쓰마에 씨에 대항했지만, 마쓰마에 번이 승리했다. 이후 마쓰마에 번의 아이누 지배가 강화되었다.

도의 유곽인 신요시와라[新吉原], 12월 26일에는 간다에서 화재가 발생하여 대화재가 되었다.

1677년 3월 12에는 M7.5의 리쿠추[陸中]³⁵ 지진이 발생하여 미야코[宮古]·오쓰치[大槌]·오나하마[小名濱]에 쓰나미가 밀려 들어왔다. 10월 9일에는 보소 먼바다에서 M8.0의 지진이 발생하여 이와키[磐城]부터 보소 반도에 걸쳐 쓰나미가 덮쳤다.

1680~1682년에는 기나이·서일본에서 기근이 발생했다. 나가사키에서는 황벽종黃檗宗의 승려가 소후쿠지[崇福寺] 등에서 보시를 했다. 대장경 간행을 막 마친 황벽종 승려 데쓰겐 도코[鐵眼道光]는 오사카 상인의 협조를 얻어 1682년 2월 13일부터 오사카 즈이류지[瑞龍寺]에서 보시했다. 여기에는 매일 수천 명에서 2만 명에 이르는 기민이 몰려들었고, 이는 한 달 이상 계속되었다. 데쓰겐은 부유한 자로부터 쌀과 은을 기부받아 교토에도 보시를 넓힐 계획이었지만, 기근 가운데 만연한 역병에 걸려 3월 20일에 사망했다.

그보다 앞서 1680년 5월 8일에는 쇼군 이에쓰나가 40세의 나이로 사망했다. 원래 병약했지만, 특히 말년에는 자주 병에 걸려 정무를 '권신權臣'에게 '위임'하는 일이 많았다고 한다. 『덕천실기德川實紀』에도 간분·엔포 기간에는 '권력을 손에 넣고 쥐락펴락하는 자들이 위세를 떨치고 쇼군을 둘러싸고 있어 아랫사람들의 의견이 전달되지 않는다'라고 기록되어 있다. 이케다 미쓰마사가 1668년 다이로 사카이 다다키요에게 보낸 '직언直言'에도 같은 인식이 나타나고 있으며, 그대로라면 '잇키'나 '대란大亂'에 이른다는 위기의식이 표현되어 있었다〔倉地2012〕.

---

35   리쿠추[陸中]는 이와테 현 대부분과 아키타 현 일부 지역을 가리킨다.

재해 보도 문학의 등장

『무사시아부미』

메이레키 대화재를 주제로 한 가나조시 『무사시아부미[むさしあぶ
み]』는 최초의 재해 보도 문학이라고 해도 좋다. 이 책은 메이레키 대화재
로 집을 잃고 세상을 비관하는 남성이 대화재의 참상을 전하는 내용이다.
주인공인 그 남성은 출가하여 '라쿠사이보[樂齋房]'라 이름 짓고 유랑한 끝
에 교토의 기타노텐만구[北野天滿宮]에 도달했다가, 그곳에서 옛날 알고 지
내던 상인과 만나 질문에 답하는 형태로 화재의 참상을 전한다. 여기서 이
책의 출판 목적이 에도 대화재의 체험을 가미가타 사람들에게 전하는 데
에 있음을 알 수 있다. 발행소는 교토 데라마치[寺町] 고노 미치키요[河野道
淸]이며, 간행은 1661년 3월이다.

저자인 아사이 료이[淺井了意]는 셋쓰 국의 진종眞宗 오타니파[大谷派]
의 사가寺家에서 태어나 간에이 말년부터 교토에 살고 있었다. 이 시기 료
이에게는 에도 3부작이라고 해도 좋을 작품이 있었다. 『무사시아부미』 외
에 『도카이도 명소기[東海道名所記]』와 『에도 명소기[江戶名所記]』다.

이 가운데『도카이도 명소기』는 별기別記가 없고 출판 연도와 출판한 서점도 알 수 없다. 이 책은 여러 지역을 유랑한 '라쿠아미[樂阿彌]'라는 승려가 에도에서 교토로 가는 동안의 명소를 소개하는 내용이다. '라쿠아미'는 에도를 출발하기 전에 정 전체를 구경하고 에도 명소를 소개하는데, 거기에 메이레키 대화재에 관한 기술은 거의 나오지 않는다. 유일하게 유곽 요시와라[吉原]에 대해 대화재 후에 현재의 위치로 옮겼다고 기록할 뿐이다.

그에 비하여『에도 명소기』에서는 대화재로 소실했다거나 대화재 후에 이전하여 재건했다는 서술이 히가시혼간지[東本願寺]·아사쿠사 호온지[淺草報恩寺]·다이유잔 가이젠지[大雄山海禪寺]·아사쿠사 야쿠시[淺草藥師]·아사쿠사 세간지[淺草誓願寺]·니시혼간지[西本願寺]·가라스가모리 이나리[烏森稻荷]·고이시카와 곤고지[小石川金剛寺] 등에서 확인할 수 있다. 특히 주목되는 부분은 에코인에 대한 기술이다【사진3】. 이 책에서는 13쪽에 걸쳐 대화재의 양상을 소개하고 있고, 내용이나 피해 숫자 등이『무사시아부미』와 일치한다.『무사시아부미』와 『에도 명소기』는 명확하게 대응하고 있다.『에도 명소기』는 1662년 5월에 간행되었고, 출판 서점은 교토 고조[五條] 데라마치 고노 미치키요다.『에도 명소기』라는 틀에서 다 쓰지 못한 대화재의 상황을『무사시아부미』라는 단독 작품으로 먼저 출판한 것으로도 볼 수 있다.『무사시아부미』에는 다수의 그림이 들어가 있다.

【사진 3】에코인.
출전:『에도 명소기』제4권.
소장·사진 제공: 일본 국립국회도서관(초판).

출판 서점 '고노 미치키요'

사카마키 고타[坂卷甲太]는 출판 서점 고노 미치키요가 에도 3부작을 기획하고, 취재를 위해 에도에 가도록 료이를 재촉한 것이 아닌가라고 서술하고 있다[坂卷·黒木1988]. 흥미로운 추정이다. 다만『도카이도 명소기』는 그 결이 다른 책과 다르고,출판 서점도 알 수 없다.『무사시아부미』와『에도 명소기』의 관계를 고려해도 처음부터 3부작으로 기획되었다고 보기 힘들다.

료이가 취재를 위해 에도에 간 시점은 대화재로부터 3년이 지난 1660년으로 보인다[坂卷·黒木1988]. 에도에서 문헌이나 체험자 취재를 통해 대화재의 정보를 수집하고 교토에 돌아와서 집필했을 것이다. 그 기술을 여러 기록과 비교한 미즈에 렌코[水江漣子]는『무사시아부미』의 기록성을 인식하고, 료이는 현실에 높은 관심이 있었다고 평가하고 있다[水江1972]. 가나조시는 풍자가 특징이지만『무사시아부미』에서는 료이가 철저하게 보도하고 있는 점이 인상적이다. 그만큼 강한 충격을 받았던 모양이다.

이치코 나쓰오[市古夏生]에 따르면 1657년 1월에 간행된『본조무가근원本朝武家根元』의 간행 기록에 에도토오리[江戸通] 가나스기[金杉] 잇초메[壹丁目] 서점 미치키요[本屋道清]라고 인쇄되어 있다고 한다[市古1977]. 이치코는 이 '서점 미치키요'와 '고노 미치키요'가 동일 인물로, 에도의 출판 서점 '미치키요'가 메이레키 대화재로 쫓겨나게 되자 교토로 옮겼다고 추정하고 있다.『본조무가근원』은 메이레키 대화재와 같은 달에 출판되었다. 그러면『무사시아부미』의 '라쿠사이보'에게는 '서점 미치키요'의 모습이 반영되고 있다고 할 수 있다.

그 외에 '미치키요'의 출판물로는 1656년 4월에 간행된『신판 헤이안 성 동서남북 정 및 낙외 지도[新板平安城東西南北町幷洛外之圖]』가 있고, '고노 미치키요'에게는 1657년 3월에 간행된 『신판 오사카 지도[新板大坂之圖]』가 있다고 한다. 이 시기는 대화재 2개월 후다. 대화재로 에도에서 쫓겨나게 된 출판 서점이 교토에 옮겨 바로 출판하는 모습은 조금 상상하기 어렵다. 에도에 있었던 서점은 교토 '고노 미치키요'의 출점이었을지도 모른다. 어떻든 메이레키 대화재로 인해 에도의 활동이 정지되었을 가능성이 높다. '고노 미치키요'에게 있어 대화재가 큰 전기였음은 틀림없다.

『무사시아부미』는 긴박한 필체가 인상적이다. 거기에는 료이의 깊은 감상이 묻어있다. 출판 서점과 작자 양쪽의 열의가 최초의 재해 보도 문학을 낳았다고 할 수 있다.

『가나메이시』

아사이 료이는 재해를 테마로 한 작품을 하나 더 남겼다. 1662년의 오미 대지진을 취재한 『가나메이시[かなめいし]』 세 권이 그것이다. 확인되는 간행본 가운데 가장 오래된 것은 1670년으로 출판 서점은 불분명하다. 지진 직후인 8월에는 집필되었다고 추정한다[土田1971]. 지진 피해가 컸던 곳은 오미·와카사 지방이었다. 이 책은 해당 지역에서 일어난 일을 채록하고 있는데, 대부분은 교토의 일로 교토에 살던 료이가 직접 보고 들은 바를 모아 수록한 듯하다.

상권과 중권은 재해 상황을 객관적으로 묘사했다기보다 지진 때의 일화를 모은 내용으로, '라쿠사이보'와 같은 안내자도 등장하지 않고 말장난이나 흉내가 많은 가나조시다운 작품이다. 이 작품에서는 자신의 행동까지도 속이고 감추는 료이다운 정신도 엿볼 수 있다.

하권에서는 이전 책들의 필체와 달라진다. <1>에서는 과거의 지진 사례를 열거했다. 그리고 '이것(분로쿠 5년 후시미 지진: 저자)에 의한 것은 지금 노인은 기억하고 있다'라고 서술하고 있다. 60년 전부터의 일을 기억하는 사람은 있지만, 그 이전의 일은 아는 사람도 없다. 그래서 일부러 기록한다는 의미다. 또 지진의 원인에 대해 여러 설을 제시한 후에 '이런저런 말이 있지만, 이것을 멈추는 수단은 없다'라고 썼다. 자연에 대해 인간은 무력하며 모두 '하늘의 뜻'이라는 의미일 것이다.

마지막의 <3>이 되면 '신보[新房]'라는 인물이 등장한다. 그는 '세상을 떠도는 바보'다. '세계가 멸망해야 하는 경계다라고 떠든다'. 세상 종말의 시작이라는 말은 일종의 종말관인데, 이것을 '바보 같은 이야기'로 웃기고 있다. 그러나 이러한 표현도 료이가 가장 잘하는 일종의 숨김으로 반은 그의 진심으로 보인다. 게다가 <4>가 되면 '신보'는 '가시마노고토후레[鹿嶋の事触れ]'의 흉내를 낸다. '가시마노고토후레'란 그 해 풍흉을 가시마 다이묘진[鹿嶋大明神]에게 고한다고 칭하며 떠도는 예능인을 말한다.

'신보'는 '이번 지진은 오곡의 풍년으로 백성이 번영하는 징조다'라고 고한다. 그리고 '가시마묘진께서 오제룡五帝龍을 순종시켜 꼬리와 머리를 한 곳으로 구부리게 하고, 가나메이시 즉 요석要石을 두었기 때문에 아무리 흔들어도 인간 세계는 멸망하는 일이 없다'라고 선언한다. 일본 열도가 용에 둘러싸여 보호되고 있다는 도상圖像은 중세 이래 널리 유포되고 있었다(黑田2003). 용은 사람의 손으로 쫓을 수 없다. 때로는 난폭하게 지진을 일으킨다. 이 용을 가시마의 신이 가나메이시로 누르고 있다. 그래서 인간 세계는 안심할 수 있고, 풍년이 들고 번영한다는 의미다.

재해 보도 문학은 민중의 '요나오리' 소망을 대변하기도 했다고 할 수 있다.

제2부

재해와 '공공'공간의 확대

1. 쓰나요시의 등장과 재해

도쿠가와 쓰나요시[德川綱吉]가 쇼군이 된 시기를 널리 '겐로쿠[元禄] 시대'라 부른다. 이 시기는 여러 의미에서 사회의 전환기였다. 17세기에서 18세기로 변하는 시점이기도 한데, 이 시기는 큰 자연재해가 반복적으로 일어났다. 그 가운데 '공의公儀'의 지휘 아래, 번이나 민간의 힘을 동원한 구제 시스템이 마련되었다. 아울러 직접적이며 개별적인 관계를 뛰어넘는 '공공公共'적인 공간에서 사람들의 활동이 활발하게 나타났고, 사람들의 의식도 변화했다.

덴나의 정치

도쿠가와 쓰나요시는 1680년 8월에 형 이에쓰나의 뒤를 이어 쇼군이 되었다. 4개월 뒤, 쓰나요시는 미요하지메로 다이로 사카이 다다키요를 면직했다. 이때까지 막부의 정치는 후다이 다이묘[譜代大名][1] 가운데 대

---

1   후다이 다이묘[譜代大名]란 세키가하라 전투 이전부터 도쿠가와 가문을 따르던 자들

대로 막부의 중직을 세습한 문벌 후다이[門閥譜代]가 중심이 되어 행해졌다. 다다키요의 면직 처분은 기존의 정치를 바꾸고자 하는 쓰나요시의 강한 의지를 보여 준 사건이었다. 쓰나요시의 전기 정치는 '덴나[天和]의 정치'라고 불리며, 문벌 후다이 중심의 정치를 쇼군 전제화專制化에 의한 소바요닌 [側用人]² 정치로 전환했다고 평가되고 있다(辻1963). 그러나 그 영향은 정권 운영 방법에 그치지 않고, 정책 내용부터 국가의 모습에도 미쳤다. 개혁의 방향은 크게 두 가지로 정리할 수 있다.

첫째, '공의' 아래 강력히 통합된 사회의 창출을 목표로 삼았다.

우선 무가의 통제를 들 수 있다. 쓰나요시 시대에 가신을 단속하지 않았다거나 소행이 불량하다는 등의 이유로 영지가 몰수되거나 교체된 다이묘의 사례는 46건에 달했다. 처벌된 사례는 도자마 다이묘가 17건, 후다이 다이묘가 29건으로 후다이 다이묘의 수가 훨씬 많았다. 또 부정이 적발되어 처분을 받은 다이칸의 사례도 51건이었다. 쓰나요시가 내세운 '정치의 선악을 감찰하고 상벌을 엄격·명료하게 한다'라는 원칙이 철저해지고, 막부 기구의 중앙집권화와 다이칸 및 여러 관리의 관료화가 진행되었다. 특히 재정 경제 정책을 담당한 간조카타[勘定方]의 위치가 막부 내에서 향상되었고, 그를 통괄하는 간조부교[勘定奉行]의 권한이 강해졌다.

서민에 대해서도 출판이나 종교 활동에 대한 통제가 심해지고 사치를 단속하는 한편, 효자·절부節婦를 표창하는 등 도덕 교화에도 힘을 쏟

로, 로주 등 막부의 요직을 담당한 다이묘를 의미한다.

2   소바요닌[側用人]은 쇼군의 명령을 로주에게 전달하거나 로주의 상신을 쇼군에게 전달하는 역할을 담당했다.

았다. 악명 높은 '동물애호령(生類憐れみ令)'이나[3] '복기령服忌令'[4] 등을 통해 '인'과 '예'의 질서를 확대하여 민간 사회의 통합을 강화하려고 했다(塚本 1983).

'무가제법도'나 서민을 대상으로 하는 고사쓰에 '충효'나 '예의'가 기재되었다. '인'이나 '자비'와 함께, 신분이나 계층을 뛰어넘어 모든 사람이 공통의 사회의식을 갖는 것을 목표로 삼았다. 그리고 쓰나요시는 본격적으로 유학을 장려했다.

둘째, '공의', 그것의 강화를 꾀했다.

영지 몰수·교체와 함께 토지를 조사하여 발견된 증가분을 막부령으로 삼았다. 간토에서도 하타모토령·막부령의 토지 조사와 영지 변경을 행했다. 하타모토가 다스리는 영지인 지교치[知行地]에 대한 권한을 제한하고, 하타모토에게 에도에서 거주하도록 명령했다. 이러한 조치로 이에쓰나 시대에 300만 석이었던 막부령이 400만 석을 돌파했다.

또 쓰나요시가 행한 겐로쿠 국지도[元禄國繪圖] 개정 사업에서는 심화된 국토관을 볼 수 있다. 3대 쇼군 이에미쓰가 만든 쇼호 국지도[正保國繪圖]에서는 국토를 영지의 집적으로 보는 국토관이 강했다. 쇼호 국지도의 경우, 촌에는 석고와 함께 영주 이름을 쓰고, 여러 지역 가운데 막부령과 사령私領이 다이칸과 영주별로 집계되어 지도의 여백 부분에 정리되었다. 반면, 겐로쿠 국지도에는 영지에 관한 기록을 삭제하여 영지별로 표기하는

---

3   동물애호령(生類憐れみ令)은 쓰나요시가 내린 법령으로, 가축은 물론 어류, 곤충 등 모든 생물에 대한 살생과 학대를 금지하여 살생금지령이라고도 한다.

4   복기령服忌令은 부모 이하 친족의 사망으로 일정 기간 복상服喪하며 근신하도록 한 법령이다. 이 근신 기간에는 문을 닫고 출사하지 않으며, 생선이나 고기를 먹지 않고, 머리를 밀지 않고, 신사참배를 하지 않는 등 제약이 발생했다. 죽음을 추모한다는 의미보다 부정(不淨, 穢)이 상위자에게 전해지지 않도록 근신한다는 의미가 강하다.

요소를 없앴다〔杉本1999〕. 국지도는 국토를 표현하고, 그 국토를 쇼군이 통치한다는 관념이 선명해졌다. 이러한 국토관이 영지에 포함되지 않은, 즉 주인이 없는 토지는 '공의'의 것이라는 의식을 지탱하게 되었다.

일본 열도를 통치하는 공권력으로서의 '공의'라는 성격이 보다 전면적으로 대두되었다.

재해와 '괴이'

위로부터 사회를 통치하려는 움직임은 아래에 긴장을 심화시키고, 엄격한 통제 정치 아래에서 불만이 여러 형태로 축적되었다.

앞서 언급한 '하늘의 꾸짖음'을 의미하는 '천견天譴'론은 옛 중국에서 들어와 일본 열도 사람들에게도 널리 받아들여지고 있었다. '천견'론에서는 재해를 악정의 결과이며, 대란의 조짐이라고 생각한다. 그 증거는 재해와 함께 일어나는 여러 '괴이'한 현상에서 알 수 있다. 그러므로 특히 '괴이'를 말하는 것은 악정을 비판하는 행위였다.

도다 모스이[戶田茂睡]의 『어당대기御當代記』는 쇼군 쓰나요시 시대의 일을 기록했는데, 모든 편이 재해와 '괴이'에 대한 서술로 가득하다〔塚本1998〕. 시작은 쓰나요시가 쇼군이 된 직후 발생한 1680년 윤8월 6일의 태풍과 홍수다. 이 해에는 '혜성이 나타나고, 태풍이 불고, 노란 나비 십수만 마리가 날아오'는 '괴이'가 계속되었다. 이에 '노란 나비는 난세의 징조'라는 말이 퍼졌다. 그 후 1682년까지 3년 동안 장마나 폭풍우·홍수가 열도 각지를 덮쳤고, 여러 지역에서 기근이 이어졌다. 이때도 앞서 언급한 것처럼 나가사키나 교토·오사카에서 황벽종 승려들이 죽을 보시했고, 궁핍한 사람들은 겨우 굶주림을 견뎠다.

1682년 12월 28일, 에도의 저지대에 위치한 상업지구인 시타마치[下町] 일대를 태워버린 큰 화재가 발생했다. 이 화재로 집을 잃고 나앉게 된 야채상인 오시치[おt]는 피난처에서 소년승을 처음 보고, 그를 다시 만나고 싶다는 생각에 다음 해 3월에 불을 질러 처형되었다고 한다. 이러한 전승으로 이 대화재를 '오시치 화재'라고 한다. 『어당대기』에는 그 후 1683년 2월까지 약 두 달 동안 매일 밤낮으로 5, 6번, 많을 때는 8, 9번의 화재가 있었고, 모두 방화였다고 기록되어 있다. 방화를 단속하기 위해 막부는 나카야마 나오모리[中山直守]를 '방화범 단속원(火付改)'으로 임명했다. 정마다 불을 감시하는 망루를 설치하고, 방화를 감시하도록 명령했다.

1683년 5월 23일, 24일에는 연일 닛코에서 M6.5의 지진이 발생했다. 9월 1일에도 M7.0의 지진이 발생했다. 이때 무너진 토사가 그 후 내린 호우로 인해 토사류土砂流가 되어 흘렀고, 닛코의 정에는 큰 홍수가 발생했다. 9월 상순에는 시나가와[品川]와 시바[芝] 일대의 해면에 노란 나비가 매우 많이 날았다. 이에야스를 모시는 닛코에서 연속적으로 재해가 발생하니 쓰나요시의 생모生母인 게쇼인[桂昌院]은 '난세가 멀지 않았다'라며 탄식했다고 한다.

1684년 2월 14일에는 이즈의 오시마[大島]가 분화했다. 오시마는 오사카의 전투 전후에도, 시마바라·아마쿠사 잇키 때에도 분화했다. 이를 이유로 이번 분화도 '난'이 일어날 전조가 아닌가하고 사람들 사이에는 불안이 퍼져갔다.

겐로쿠 간토 대지진과 쓰나미

1703년(元禄16) 11월 23일 오전 2시 무렵 M7.9~8.2로 추정되는 거대한 지진이 간토 지방을 덮쳤다. 사가미[相模] 트러프(trough)[5] 부근에서 발생한 플레이트(plate)[6] 경계 지진으로 진원역震源域은[7] 사가미 만에서 보소 반도 먼바다까지로 생각된다. 보소 반도에서는 격심한 지각 변동이 발생하여 반도 남단에서는 6m 정도 융기했고, 25km 떨어진 북단은 1m 정도 침강했다. 또 각지에서 토사 붕괴도 발생했다. 지진 직후에 사가미 만부터 보소 반도에 이르는 지역에서 10m가 넘는 쓰나미가 발생했다. 도쿄 만 우라야스[浦安]나 에도 시나가와에서도 2m의 쓰나미가 있었다(內閣府2013).

쓰나요시 측근인 야나기사와 요시야스[柳澤吉保]에게 각지의 피해 상황이 전해졌다. 요시야스의 일기인 『낙지당연록樂只堂年錄』 등을 바탕으로 피해 상황을 정리한 것이 【표2】다. 이 가운데 오다와라 번의 영지는 지진·쓰나미에 더하여 조카[城下]에서 발생한 화재로 피해가 심각했다. 사망자는 약 2,300명, 전체 파손된 가옥이 8,000채를 넘겼다. 그 외에 가마쿠라[鎌倉]에서는 약 600명이 떠내려가 사망했고, 이즈 반도의 이토[伊東]에서도 약 780명이 떠내려가 사망했으며, 특히 우사미 촌[宇佐美村]에서는 380여 명이 희생되었다고 한다. 이즈 오시마에서도 10m 전후의 쓰나미가 발생하여, 북부 오카다 항[岡田湊]에서 가옥 58채가 유실되고 56명이 떠내려가 사망했다고 한다.

---

5   트러프(trough)란 해저에 있는 길고 움푹 파인 지형으로 평탄한 바닥과 급경사면을 가지고 있지만, 해구보다는 얕은 지형을 가리킨다.
6   플레이트(plate)는 지구의 겉 부분을 둘러싸고 있는 두께 100km 안팎의 암석 판을 가리킨다.
7   진원역震源域은 지하에서 지진이 발생한 구역을 가리킨다.

【표2】겐로쿠 간토 대지진의 피해 상황

지역	사망자(명)	전체 파손(채)	부분 파손(채)
고후령[甲府領]	83	345	281
오다와라령[小田原領]	2,291	8,007	—
보소[房總] 반도	6,534	9,610	—
에도후 내[江戸府内]	340	22	—
스루가[駿河]·이즈[伊豆]	397	3,666	550
여러 국(諸國)	722	774	160
합계	10,367	22,424	991

오다와라 번에서는 지진 직후부터 조카마치에서 보시가 이뤄지고, 동시에 도카이도[東海道]의[8] 숙역宿驛이나 조스케고[定助郷][9] 촌에는 대부금과 후치마이를 지급했다. 막부는 오다와라 번의 오쿠보 씨[大久保氏]에게 1만 5천 냥을 빌려주고 원조했는데, 그 절반에 해당하는 7천 5백 냥은 가신들의 구제금으로 사용되었다. 천수각을 비롯한 성곽의 피해도 심각하여 수복 공사는 18년 후인 1721년에 종료되었다. 또 번에서는 겐로쿠 지진의 희생자를 공양하기 위해 황벽종의 지겐지[慈眼寺]를 창건했다.

앞의 【표2】를 보면 에도는 큰 피해를 입지 않았으나, 가옥이나 창고가 파괴되어 300명 이상의 사망자가 발생했다. 이보다는 오히려 지진 후 6일이 지난 11월 29일에 발생한 대화재로 더 많은 희생자가 발생했다. 당일 오후 8시 무렵 고이시카와의 미토 번[水戸藩] 가미야시키에서 화재가 발생하여 혼고에서 야나카[谷中]까지 에도 동부의 중심지가 불탔다. 료로쿠

---

8   도카이도[東海道]는 에도 시대의 다섯 개의 큰 도로(五街道) 중 하나이다. 교토와 에도를 잇고, 그 사이에 53개의 역이 설치되었다.

9   조스케고[定助郷]란 숙역宿驛의 상비 인마가 부족할 때 보충할 의무가 있는 인근의 향촌을 일컫는다.

바시[兩國橋]라는 다리가 불타 무너졌기 때문에 도망칠 곳을 잃은 피난민 1,739명이 사망했다고 『무강연표』에 기록되어 있다. 사망자는 3,000명에 달했다고 한다. 이 화재를 세간世間에서는 미토님 화재나 지진 화재라고 불렀다. 막부는 부흥을 위해 미토 번에 1만 냥을 하사했는데, 그 밖의 눈에 띄는 구제 조치는 취하지 않았다.

보소 반도는 쓰나미의 피해가 심각했다. 조세 촌[長生村] 히토쓰마쓰 [一松]의 혼코지[本興寺]에는 2m에 가까운 거대한 위패가 있는데, 위패에는 700명에 가까운 이들의 계명戒名이 쓰여 있다. 그 본산에 해당하는 모바라 [茂原]의 주센지[鷲山寺]에 세워진 공양탑에는 '히토쓰마쓰고[一松鄕] 845명' 을 시작으로, 다른 9개의 촌을 합친 익사자 '2,150여 명'의 계명이 새겨져 있다. 모두 구주쿠리하마[九十九里濱] 저지대에 있던 촌들로 집도 사람도 쓰 나미에 쓸려나갔다. 아와 군[安房郡] 모우라 촌[眞浦村]에서는 지진에 의한 산사태로 28명이 사망했고, 쓰나미로는 80여 명이 익사했다〔內閣府2013〕.

기억과 공양

겐로쿠 대지진이나 쓰나미와 같은 재해에 대해 당시 사람들이 떠올 릴 만한 재해 기억은 없었다. 『원정간기元正間記』는 '에도 초기 대지진'으 로, 에도 막부 이래 처음 있는 일이라고 기록되어 있다. 한편 막부의 『류에 히나미키[柳營日次記]』에는 '게이안 2 기축년 부슈 대지진이 있었고, 이후 이번이 처음이다'라고 쓰여 있는데, 54년 전인 1649년 6월 21일에 발생한 부슈 대지진을 상기하고 있다. 이 지진의 규모는 M7.0으로, 50여 명의 사 망자가 발생했다. 쓰나미도 일어나지 않았다. 부슈 대지진을 겐로쿠 대지진과 비교할 수 없지만, 지진에 직면하여 생각난 기억은 그 정도였다.

　보소 지방에서는 26년 전 엔포 쓰나미의 기억이 전해지고 있었다. 쓰나미는 1677년(延寶5) 10월 9일에 무쓰[陸奧] 남부부터 히타치[常陸]·보소 지방을 습격했다.[10] 이와키타이라 번[磐城平藩]의 영지인 오나하마 주변에서는 가옥 약 550채가 휩쓸려 나갔고, 120여 명이 익사했다. 지바 현[千葉縣] 조세 군[長生郡] 시라코 정[白子町]에 전해지는 이케가미 료하쿠[池上了伯]의 「일대기一代記」에 엔포 쓰나미는 654m 밀려 들어와 1,090m 정도 퍼졌다고 쓰여있다. 체험자도 많이 생존하고 있었음이 틀림없다. 그들은 지진 후에 쓰나미가 오는 것을 알고 있었는데, 겐로쿠 쓰나미는 '개벽 이래 이 연안에 말이 전해지지 않는다'라고 할 정도로 심각했었다. 그 모습이 '해안부터 언덕에 4㎞ 정도 들어와서 조류가 빠져나간 것은 6㎞ 정도'라고 기록되어 있다. 이 쓰나미는 엔포 쓰나미의 수 배에 달하는 규모였던 것이다.

　료하쿠의 「일대기」에는 엔포 쓰나미의 51년 전에도 같은 쓰나미가 있었다고 쓰여있다. 구주쿠리 정[九十九里町] 아오[栗生]의 이타카[飯高] 가문 문서에도 같은 전승이 보인다(『新修日本地震史料·第2卷別卷』). 51년 전은 1626년에 해당하는데, 그 해와 그 전후의 해에 보소 지방에 쓰나미가 있었다는 확실한 기록은 발견되지 않은 듯하다. 「일대기」에 등장하는 51년 전의 쓰나미는 1633년에 발생한 오다와라 지진을 가리키는 것일까? 6, 70년 이상 넘어가면 구두에 의한 전승은 불확실해질 수밖에 없다.

　이토의 우사미 촌에 있는 교렌지[行蓮寺]의 공양탑은 겐로쿠 쓰나미 60주기에 해당하는 1762년에 치러진 시아귀(施餓鬼, 무연의 망자를 위한 공양)

10　무쓰[陸奧]는 아오모리·이와테·미야기·후쿠시마 각 현과 아키타 현 일부 지역이고, 히타치[常陸]는 이바라키 현[茨城縣]의 북동부를 가리킨다.

【사진 4】교렌지 겐로쿠 지진 쓰나미 공양탑(뒷면).
사진 제공: 저자 촬영.

행사에 맞춰 세워졌다【사진4】. 겐로쿠 쓰나미 이후에 사람들은 70년 전 1633년에 일어난 오다와라 지진을 생각해 냈다. 오다와라 지진 때는 얼마 지나서 쓰나미가 왔지만, 겐로쿠 쓰나미는 지진 발생 직후에 왔기 때문에 사람들이 방심하여 많은 희생자가 나왔다고 한다. 이야기로 전승되는 기억은 70년 후에는 이미 애매한 상태였을 것이다. 그 과오를 반복하지 않기 위해 우사미 촌은 겐로쿠 쓰나미 60주년을 계기로 새롭게 공양탑을 세웠다.

보소 반도에도 겐로쿠 쓰나미의 공양탑이 다수 남아 있지만, 많은 경우 건립 연대를 알 수 없다. 다만 7주기에 해당하는 1709년에 세워진 마쓰가야[松ヶ谷] 지장당地藏堂의 지장존地藏尊 석상 등이 연대를 알 수 있는 것 가운데 오래되었다. 공양탑에는 희생자의 계명이 새겨진 경우도 많다. 한 사람 한 사람의 추억과 함께 피해의 기억이 전해진다. 700명에 가까운 계명을 새긴 혼코지의 위패는 개개 '생명'의 기억이자 동시에 촌의 집단적 기억이었다.

모우라 촌의 이도쿠인[威德院]에 있는 공양탑은 겐로쿠 지진 후에 세워진 듯하다. 탑이 닳아 없어졌기 때문에 50주기에 해당하는 1752년에 재건되었는데, 그것도 닳아 없어져서 130주기에 해당하는 1831년에 옛 비석을 본떠 새로운 석탑을 세웠다. 그 석탑이 지금 남아 있다〔『新修日本地震史料·第2卷別卷』〕. 기념 주기를 반복함으로써 기억은 갱신되어 전해진다.

소문과 '요나오리'

재해 후, 소문에 대한 통제는 메이레키 대화재 때 시작되는데, 소문과 통제가 '다람쥐 쳇바퀴 도는 듯' 반복되는 현상은 겐로쿠 지진 때부터 본격화한다.

막부는 지진 직후인 11월 28일에 '수상한 자'가 배회하며 '허언'을 유포하고 있으므로 발견 즉시 신고하도록 지시했다. 그러나 '허언'은 그치지 않았고 최근에는 '노래·교카' 등을 만들어 유포하는 자도 있어, 다음 해 3월에 다시 단속하도록 마치부레(町觸, 명령서)를 내렸다〔『御觸書寬保集成』〕.

이와 관련하여 『원정간기』에는 교카나 농담을 몇 개 채록하고 있다. "사루가쿠[猿樂]나 덴가쿠[田樂]만 좋아한 미토 재상, 된장을 바른다"라는 교카는 미토님 화재의 책임을 묻는 교카다. 당시 '미토 재상'은 미토 번의 3대 번주인 도쿠가와 쓰나에다[德川綱條]로, 사루가쿠나 덴가쿠를 좋아한다는 부분은 쓰나에다가 전통 예능인 노가쿠[能樂]에 빠져 있음을 의미한다. 그런데 덴가쿠는 된장을 발라 먹는 음식을 가리키기도 하므로, 교카에서 '된장을 바른다'라는 표현이 등장한 것이다. '된장을 바른다'란 면목을 잃었다는 뜻으로 해석할 수 있다. 즉, 위의 교카는 예능에 빠진 도쿠가와 쓰나에다가 체면을 잃었다고 비판하는 내용으로 볼 수 있다.

겐로쿠 지진이 일어나기 전에 아코[赤穗] 낭사浪士가 기라[吉良] 저택을 습격한 사건이 발생했다.[11] 당시 요네자와 번[米澤藩]의 번주 우에스기

---

11 1701년 발생한 아코 사건[赤穗事件]을 가리킨다. 에도 성에서 칙사 접대 업무를 보던 중 막부 의례를 담당하던 기라 요시나카[吉良義央]와 아코 번주藩主 아사노 나가노리 [淺野長矩] 사이에 시비가 일어나 나가노리가 요시나카를 찌른 사건이 발생했다. 성 내에서 칼을 뽑았기 때문에 나가노리는 당일 할복 명령을 받았고, 상대 요시나카는 저택 이사라는 처벌에 그쳤다. 주군을 잃고 낭사가 된 가신들이 다음 해 요시나카를 살

쓰나노리[上杉綱憲]는 기라 요시나카[吉良義央]의 친자식이었기 때문에 사후 처리에 고생했는데, 지진 부흥 사업 때는 하코네[箱根] 주변의 도카이도 복구를 돕도록 막부의 명령을 받았다. 그러한 상황을 비꼰 교카가 "이번 하코네 산의 조력, 또 큰 돌[大石]에게 곤란해진 탄조[彈正]"이다. 탄조는 쓰나노리를 가리키고, '큰 돌'은 지진으로 무너진 큰 돌과 아코 낭사의 대표인 오이시 구라노스케[大石內藏助]를 의미한다. 두 경우 모두 쓰나노리가 막부에 휘둘렸을 뿐이었기 때문에 암암리에 막부를 비판하는 교카로 읽힌다.

"좋은 방향으로부터 좋은 도시오토코[年男] 지진이 와서, 만자이라쿠[萬歲樂]를 외치며 축하하는 세상으로 바꾼다"라는 교카는 어구가 조금씩 다른 형태로 몇 개인가 기록에 남아 있다. '도시오토코'란 새해맞이 청소 등을 하는 남성을 가리키고, '만자이라쿠'는 아악의 곡명 혹은 액막이 주문을 의미한다. 즉 이 교카는 청소하듯 지진이 온 후 만자이라쿠를 외칠 만큼 좋은 세상으로 바뀐다는 의미로 해석되는데, 당시 널리 유행했을 것이다. 이는 지진 후 '요나오리'를 바라는 민중 의식을 단적으로 표현하고 있다.

겐로쿠 지진은 나고야[名古屋]도 흔들었던 모양이다. 오와리 번[尾張藩]의 무사 아사히 사다에몬[朝日定右衛門]은 '18년 전 8월 16일 진시辰時(오전 7~9시) 지진에 의해 흔들린 일이 있었다. 오래되었다'라고 『앵무롱중기鸚鵡籠中記』에 썼다. 18년 전 지진은 1686년에 발생한 미카와 도토미 지진으로 M7.0이었으며, 아쓰미[渥美] 반도의 피해가 컸다. 아사히는 이를 매우

해하여 주군의 복수를 했는데, 막부는 아코 낭사들에게 할복 처분을 내렸다. 가신들이 주군의 복수를 하여 충의를 다한 상징적인 사건으로, '가나데혼 주신구라[仮名手本忠臣藏]'와 같은 가부키[歌舞伎], 조루리[淨瑠璃] 등 많은 문학·연극·대중 예능의 소재로 사용되었다.

가까운 지진으로 상기했다. 겐로쿠 지진의 상황에 대해 아사히는 각지의 정보를 수집했는데 '큰 나무(大樹)에도 불상사가 있었다'라는 소문도 있었다. 큰 나무는 쇼군을 가리키므로, 쇼군이 지진으로 다쳤다는 뜻으로 해석된다. 아사히는 '허언일 것이다'라고 기록했는데, 쇼군의 부상을 '천견'으로 생각하면, 이러한 소문도 쓰나요시의 정치에 대한 비판으로 생각해도 좋을 듯하다. 비판이나 불만을 회피하기 위해서는 분위기를 새롭게 할 필요가 있었다. 리셋은 위정자의 요구도 있었다.

　1704년 3월에 연호를 겐로쿠에서 '호에이[寶永]'로 개원했다.

호에이 대지진과 쓰나미

　겐로쿠 지진의 기억이 생생한 1707년(寶永4) 10월 4일, 간토 지방부터 규슈 지방에 걸친 넓은 범위에서 큰 지진이 발생했다. 이 지진은 난카이 트러프 연안에서 발생한 플레이트 경계 지진으로, 최근 연구에서는 진원역이 서쪽으로는 시코쿠 먼바다부터 동쪽으로는 오마에자키[御前崎] 먼바다까지 이르는 광범위한 지역에 미쳤다고 추정하고 있다(內閣府2014). 규모는 M8.6으로 역사지진에서 최대 규모였다. 지진 후 규슈 서부부터 도카이도 지방까지 쓰나미가 밀려 들어왔다.

　겐로쿠 대지진과 같이 막부에 신고된 피해 상황을 【표3】으로 정리했다. 영주마다 내용이 자세하거나 그렇지 않은 경우가 있으므로 정확한 상황을 파악하기는 곤란하지만, 대략적인 상황은 이해할 수 있다. 지진으로 발생한 진동에 의한 피해는 각지에서 확인되는데, 특히 가이[甲斐]·시나노[信濃]·미노·오와리·미카와·야마토 등 내륙 지역에서도 큰 피해가 발생했다는 점에 주목하고 싶다.[12] 기이 반도나 시코쿠·규슈 서부는 쓰나미에 의한 피해가 심각했다.

【표3】호에이 대지진 피해 상황

지역	사망자(명)	부상(명)	전체 파손(채)	부분 파손(채)	유실(채)
가이[甲斐]	24	62	7,651	—	—
시나노[信濃]	10	—	590	801	—
미노[美濃]	—	—	666	473	—
스루가[駿河]·이즈[伊豆]·도토미[遠江]	121	18	15,115	10,170	2,611
오와리[尾張]·미카와[三河]	25	2	6,448	4,613	294
이세[伊勢]·시마[志摩]·기이[紀伊] 일부	1,143	81	3,764	4,492	2,158
오미[近江]	—	—	136	1,306	—
야마시로[山城]	—	—	12	162	—
야마토[大和]	83	3	5,301	4,807	—
오사카 정 내[大坂町中]	534	—	1,061	—	—
셋쓰[攝津]·가와치[河内]·이즈미[和泉]	44	14	5,762	10,035	64
아와지[淡路]·하리마[播磨] 셋쓰 일부	9	222	214	11	—
기이	689	—	690	619	1,896
이즈모[出雲]·이와미[石見]	—	—	118	—	—
비젠[備前]	—	—	—	8	—
아키[安藝]·빙고[備後]	—	—	60	82	—
사누키[讚岐]	29	3	1,387	12	—
아와[阿波]	420	—	230	—	700
이요[伊豫]	26	53	946	578	333
토사[土佐]	1,844	926	4,863	1,742	11,170
분고[豊後]	37	—	400	273	409
히고[肥後]	—	—	470	—	—
휴가[日向]	7	—	420	346	26
계	5,045	1,384	56,304	40,530	19,661

---

12   가이[甲斐]는 야마나시 현[山梨縣], 시나노[信濃]는 대부분이 나가노 현[長野縣]에 해당한다.

기이 반도에서는 구마노나다[熊野灘] 측에 10m가 넘는 쓰나미가 밀려 들어왔다. 기이 나가시마[長島]에서는 정 전체와 500여 명이 떠내려가 사망했다. 오와세[尾鷲]의 다섯 포구에서도 가옥 500채 이상이 유실되었고, 530여 명이 떠내려가 사망했다. 기이 수도 측에서도 쓰나미는 6~7m에 달했고, 유아사 촌[湯淺村]·히로 촌[廣村]은 '모두 바다'가 되어 유아사 촌에서 50명, 히로 촌에서는 600여 명이 떠내려가 사망했다. 이나미우라[印南浦]에서는 300명 이상, 돈다 강[富田川] 하구 주변에서 87명, 스사미우라[周參見浦]에서 134명이 익사했다.

아와 국의 남부도 큰 쓰나미가 덮쳤다. 시시쿠이우라에서 11명, 아사카와우라[淺川浦]에서 170여 명, 무기우라[牟岐浦]에서 100여 명이 각각 떠내려가 사망했고, 가옥도 남김없이 떠내려갔다.

가장 피해가 컸던 곳은 도사 국이었다. 번이 막부에 보고한 바에 따르면 완전히 파괴된 항구가 61곳, 4곳은 반파되었고, 촌의 경우 완전히 파괴된 곳은 42곳이고, 32곳은 반파되었다. 또 유실된 가옥이 1만 1,167채, 무너진 가옥이 5,608채, 파손된 가옥은 1,000여 채, 손상된 전답이 4만 5,657석 정도, 유실되거나 파손된 배가 768척이었다. 그 외에 부상자가 926명, 사망자가 1,844명 발생했고, 548마리의 소와 말이 죽었으며, 조카마치의 반 이상에는 조수가 밀려 들어왔다.

분고 수도 양쪽은 해안선이 복잡한 리아스식 해안부로 쓰나미에 의한 피해가 컸다. 이요 국(伊豫國, 에히메 현[愛媛縣])의 우와지마 번[宇和島藩] 영지에서는 257채의 가옥이 유실되었고, 8명이 떠내려가 사망했으며, 조카에도 조수가 들어왔다. 휴가 국에서는 노베오카 번[延岡藩] 영지에서 5명, 분고 국에서는 사이키 번[佐伯藩] 영지에서 23명이 각각 떠내려가 사망했다.

오사카의 산고[三鄕]에서는 1,061채의 가옥이 무너지고, 534명이 사망했다. 지진이 발생하고 2시간 정도 지난 후에 쓰나미가 발생했다. 쓰나미로 강 입구에서부터 역류하여 항구에 계류하고 있던 큰 배가 도톤보리[道頓堀]나 닛폰바시[日本橋]까지 밀고 들어왔다. 유실된 배는 300척, 떠내려가 사망한 자는 1만 명이 넘었다는 기록도 있다.

나고야의 아사히 사다에몬 역시 전국의 상황을 수집하고 있었다. 오사카와 도카이도 길목의 역참 상황을 자세히 전하고 있다. 그에 따르면 도토미에서는 시라스가·아라이[新居]가 남김없이 무너졌고, 역참의 반은 바다에 잠겼다고 한다.

구휼과 부흥

지진 쓰나미가 발생하고 난 후에도 며칠 동안 여진이 계속되고, 많은 사람은 높은 곳의 야외에서 지내고 있었다. 처음에는 남은 식량을 긁어모아 주변인들에게 나눠주며 함께 견뎠다. 얼마 지나 고치 번[高知藩]과 기이 번[紀伊藩]·도바 번[鳥羽藩]에서는 피재민에게 구휼미를 지급했다. 오아세 조[尾鷲組]에서는 촌락행정인인 오쇼야 정도의 호농豪農이 쌀을 공출하고, 나가시마 붓코지[佛光寺]에서는 주지승이 본산으로부터 돈을 빌려 난민에게 보시했다. 오아세 조나 붓코지는 모두 기이 번의 영지에 속한다. 규슈의 노베오카 번·사이키 번은 조카가 침수되었기 때문에 성문을 열어 조닌들이 성내로 피난할 수 있도록 조치하고, 피난민에게는 죽을 보시했다. 연공 감면과 다음 해의 볍씨 대여 등 재해 흉작 때에 취해진 대책은 어느 번에서나 행해졌다.

오사카에서는 마치부교쇼[町奉行所]가 지진 후의 치안 유지와 물가 억제 등을 내용으로 하는 마치부레를 내렸지만, 구휼미나 부흥 자금 대여 등은 행하지 않았다. 구휼은 정에 따라 상호 부조나 사원에 의한 보시에 맡겨졌다. 이러한 활동은 부유한 조닌의 협조에 의한 것으로 생각되는데, 그 실상은 잘 알 수 없다. 산고의 주요한 다리도 파괴되었는데, 그 복구도 정의 비용으로 충당되었다.

부흥은 피해 상황에 따라 여러 가지 방식으로 행해졌는데, 특히 인적 피해가 큰 점이 매우 곤란했다. 오아세 조는 부흥을 위해 번으로부터 자금이나 대나무를 제공받았지만, 2년 후에도 복구된 가옥은 122채에 그쳤고, 복구 예정인 8채를 제외하고도 512채의 사람들이 여전히 움집 생활을 하고 있었다. 80%의 피재민이 '가설 가옥'에서 생활하는 상황이었다.

그러한 가운데 희생자에 대한 공양이 사람들의 마음을 지탱했으리라 생각된다. 지진이 발생하고 3년이 지나서 나가시마 붓코지에 '쓰나미 유사탑津波流死塔'이 세워졌다. 이를 통해 500여 명을 공양하고, '이후 대지진 때는 각오해야 할 것'이라는 교훈을 새겼다. 이나미우라의 인조지[印定寺]에는 13주기에 해당하는 1719년에 세운 큰 위패가 있다. 앞면에는 희생자 162명의 계명이 쓰여있고, 뒷면에는 쓰나미의 양상이 생생하게 기록되어 있다.

시코쿠 지방에도 각지에 공양탑이 남아 있다. 아와 국의 아사카와 우라에는 지진 발생 5년 후인 1712년에 세운 지장존 석상이 있고, 희생자 140여 명을 공양하고 있다. 같은 시기의 도모우라 공양비는 게이초 쓰나미 공양비에 호에이 때의 경험을 더하여 조각되었다. 가까운 희생자를 추도하고, 쓰나미의 기억이 후세에 전해지도록 각지에서는 이러한 공양탑을 세웠다.

호에이 후지 산의 대분화

호에이 대지진이 발생하고 49일이 되는 11월 23일 오전 10시 무렵, 후지 산[富士山]이 분화했다. 호에이 지진이 발생한 다음 날인 10월 5일 오전 6시 무렵에 후지 산 동쪽 기슭에서 M6.5 정도의 큰 여진이 일어났으니, 대지진이 분화를 일으켰을 가능성은 크다. 당시 사람들도 지진과 분화를 연결하여 의식하고 있었다. 분화는 10일 이상 계속되었다. 산기슭에는 화산탄이 떨어지고, 스바시리 촌[須走村]은 75호 가운데 37호가 타고 다른 집도 모두 쓰러졌다. 화산재는 서풍을 타고 보소 지방까지 널리 날아가 쌓였다.

이 분화로 가장 큰 피해를 본 곳은 오다와라 번이었다. 오다와라 번은 겐로쿠 지진 쓰나미로 괴멸적인 타격을 받은 직후였기 때문에 사태는 심각했다. 번주는 2년 전인 1705년 로주에 취임한 오쿠보 다다마스[大久保忠增]였다. 막부는 무이자로 돈을 빌려주는 배차금拜借金으로 1만 5천 냥을 빌려주었다. 그런데 번은 영지 내를 돌면서 촌 측에 자력으로 부흥하도록 재촉했을 뿐이었다. 어쩔 수 없이 영지 내의 104개 촌은 상의하여 에도에 가서 소원을 제출하는 출소出訴를 하기로 했다. 이 움직임에 놀란 번은 2만 표俵의 구휼미와 2만 7천 냥의 복구 지원금을 지급한다고 촌마다 알렸다〔永原2002〕.

그러나 다음 해가 되어도 부흥은 늦어지고 진행되지 않았다. 이에 막부는 피해지를 몰수하여 직접 부흥시키는 과감한 조치를 취했다. 막부는 오다와라 번의 영지 절반이 넘는 5만 6,384석 정도를 막부령의 삼고, 대신 오쿠보 가문에게는 미노·미카와·이즈·하리마(播磨, 효고현 남서부)의 4개 국에서 같은 양의 석고를 주었다. 오다와라 번의 지번支藩인 오기노야마나카 번[荻野山中藩]의 영지와 하타모토 이나바 마사토키[稻葉正辰]의 지교치 일부도 몰수되었다.

　　막부에서 부흥을 담당한 자는 간토 다이칸카시라(關東代官頭, 군다이)였던 이나 다다노부[伊奈忠順]였다. 이나는 경지는 촌의 자력으로 복구하고, '공의'는 치수 등 대규모 공사를 담당한다는 방침을 가지고 있었다. 이에 1708년 윤1월, 오카야마 번·고쿠라 번[小倉藩] 등에 '소슈[相州]¹³ 준설 조력 공사'의 명령이 내려졌다. 공사의 내용은 사카와 강[酒匂川]·가나메 강[金目川]의 준설과 제방 수복으로, 실제 공사는 조닌이 하청을 받아 시행했다. 청부 금액은 8만 5,500냥이었는데, 조력 명령을 받은 다이묘가 석고에 비례하여 비용을 부담했다. 인부는 하루에 은 2몬메[匁] 5훈[分]을¹⁴ 주고 피해 지역의 주민들을 고용했다. 이는 피재민 원조의 의미도 있었다. 공사는 4개월 정도로 끝났다.

　　그런데 같은 해 6월 하순에 큰비가 내려 사카와 강의 오구치[大口] 제방이 터져버렸다. 상류에 쌓였던 회토灰土가 한꺼번에 강으로 흘러 들어와 토사류가 되어 제방을 무너뜨렸는데, 10월에 막부가 직접 공사하여 즉시 복구했다. 그리고 다음 해 8월 다시 조력 공사를 시행했다. 이때 사카와 강은 이세[伊勢] 쓰 번[津藩]의 도도 씨[藤堂氏]에게, 가나메 강은 도토미 하마마쓰 번[濱松藩]의 마쓰다이라 씨[松平氏]에게 각각 조력을 명했다. 또 1710년 4월에는 사가미 강[相模川]의 조력 공사를 야마가타 번[山形藩]의 홋타 씨[堀田氏] 등에게 명했다.

─────────────

13　소슈[相州]는 사가미 국[相模國]를 가리키는 말로, 가나가와 현 대부분에 해당한다.
14　에도 시대의 화폐는 금·은·동전이 사용되어 삼화제三貨制라고도 부른다. 동일본 지역에서는 주로 금을 사용했고, 교토·오사카를 중심으로 한 서일본에서는 은이 중심이었으며, 동전은 지역 구분 없이 사용되었다. 그래서 세 화폐의 공정 교환 비율이 정해지는데, 겐로쿠 개주 이후 금 1냥(兩, '료'라고 읽음)=은 60몬메[匁]=동전 4칸몬[貫文]이었다. 은화의 단위는 1칸[貫, 칸메貫目]=1,000몬메=10,000훈이었다.

이들 큰 하천의 공사와 별도로 중소 규모의 하천이나 용수로 복구는 촌들이 협조하여 시행했다. 막부는 촌에서 제출한 소원에 따라 하천 준설에 참여한 인부에게 후치마이를 지급하고, 촌내의 용수로를 준설한 인부에게도 후치마이를 지급하며 조금씩 많은 사람에게 후치마이를 배포했다〔古宮2009〕.

제국고역금

피해 입은 지역을 막부령으로 삼은 것 외에 막부가 취한 또 하나의 조치는 제국고역금諸國高役金의 부과였다. 1708년 윤1월 '부슈(武州=무사시)·소슈·슨슈(駿州=스루가) 3개 국에 모래가 쌓여 있다. 촌의 구제, 이런저런[旁] 일'을 위해 전국의 막부령과 사령에 촌마다 석고 100석당 금 2냥을 내도록 막부가 명령했다. 다만 촌에서 직접 걷으면 시간이 걸리므로 다이묘의 영지에서는 즉시 영주가 대신 지출하여 3개월 이내에 납입하도록 지시했다(『御觸書寬保集成』). '공의'의 권한에 의거하여 전국에 일률적으로 부흥 자금을 징수하려고 한 조치다. 이 고역금은 기한 내에 48만 8,770냥과 은 1칸 870몬메가 모였다. 후지 산의 분화와 그로 인한 피해의 참담함이 여러 지역에도 알려졌을 터이다.

고역금의 사용처는 잘 알 수 없다. 당시 막부의 재정을 담당한 간조부교 오기와라 시게히데[荻原重秀]에 따르면, 고역금의 본래 목적인 분화 재해 부흥 자금으로 사용된 금액은 16만 냥 정도고, 남은 32만 냥은 막부의 금고에 들어갔으며, 그 가운데 24만 냥은 에도성 기타노마루[北の丸] 조영비로 유보되었다고 한다(『折りたく柴の記』). 부흥 자금보다 그 외의 비용이

많은 이유는 무엇일까? 앞의 고역금 공고를 보면 '이런저런 일'이 핵심인데, 원래 한자의 '旁'은 '이런저런'이나 '무엇이든'이란 의미이다. 처음부터 막부는 고역금을 직접 피해를 입은 곳의 구제를 위해서만이 아닌 막부 재정의 부족분을 보충하는 등 여러모로 사용할 생각이었음을 알 수 있다.

이 제국고역금은 막부가 전국의 촌에 일률적으로 부과한 임시세금이었다. 이렇게 막부가 직접세를 부과하기 시작한 시기는 쓰나요시 정권기이며, 그 최초는 도다이지[東大寺] 대불전 재흥 사업이었다〔杣田2003〕.

도다이지의 대불전은 센고쿠 시대 말기인 1567년에 마쓰나가 히사히데[松永久秀]의 공격으로 불타 없어졌다. 그 후 오다 노부나가·도요토미 히데요시·도쿠가와 이에야스가 부흥을 꾀했지만 실현할 수 없었다. 이를 실현한 자가 도다이지 류쇼인[龍松院]의 승려 고케[公慶]였다. 고케는 1685년부터 여러 지역에서 모금을 시작하여 1만 1,178냥 정도를 모아 대불의 머리 부분을 주조하고, 1692년 3월에는 대불의 개안 공양을 실시했다.

이어서 고케는 대불전 재흥에 나섰는데 이는 더욱 큰 사업이었다. 이를 위해 고케는 지조쿠인[知足院] 류코[隆光]를 통하여 막부의 지원을 부탁했다. 류코는 쓰나요시의 모친인 게쇼인이 깊이 귀의한 진언종眞言宗의 승려였다. 고케는 1694년에 막부로부터 여러 지역을 돌며 모금해도 좋다는 허락을 받았다. 1699년에는 막부령의 촌에서, 1701년에는 사령의 촌에서도 석고 100석당 금 1부(步=1/4냥)를 징수했는데, 이것이 제국고역금의 시작이었다. 이 모금 활동으로 금 12만 4,171냥, 은 84칸 51몬메 정도를 모았고, 1709년에는 대불전이 재흥되었다. 현재 남아 있는 대불과 대불전은 이 겐로쿠 시기의 사업으로 재흥된 것이다.

도다이지의 대불은 고대 이래 국토안온國土安穩·만민안락萬民安樂의 상징이었다. 그 재흥은 사람들의 구제 소망을 충족시키고, 국토를 통치하는 '공의'에게 적합하면서 동시에 해야만 하는 사업이었다. 재해 복구도 공권력인 '공의'에게 부과된 과제였다. 그러한 사업을 제국고역금이라는 '공의'에게 적합한 세제稅制로 실현했다는 점에서 쓰나요시 정권의 획기성이 있다고 할 수 있겠다.

조력 공사와 배차금

후지 산 호에이 분화로 인한 부흥 사업을 진행하는 가운데, 때때로 하천 수복을 위한 조력 공사의 명령이 내려졌다. 그 의미에 대해서 살펴보고자 한다.

원래 조력 공사란 막부가 실시하는 공사를 다이묘에게 돕도록 명령하여 시행하는 공사를 일컫는데, 평상시의 군역軍役이라고도 말할 수 있다. 조력 공사는 영지 지배를 인정해 주는 등 쇼군으로부터 받은 '은혜'에 대한 다이묘의 '봉공'으로 간주되었다. 즉 조력 공사는 쇼군과 다이묘의 주종 관계에 기초한 과역으로, 공사의 내용은 '천하 공사天下普請'나 '공의 공사公儀普請'라고 불리는 것처럼 '공공'적인 성격을 가지고 있었다.

요시즈미 미에코[善積美惠子]는 공사의 대상을 성곽, 하천, 사사, 긴리 고쇼의 4개로 분류했는데, 그것이【표4】다〔善積1968·1969〕. 표를 통해 에도 시대 전기에는 성곽이 주된 공사 대상이었는데, 중기 이후는 주로 하천을 대상으로 했음을 알 수 있다. '공의'의 공공 기능이 치안에서 민정으로 이행했다는 점을 명확히 보여 주는 지표라 할 수 있다. 또한 사사는 도쇼구·우에노 간에이지[寬永寺]·조조지 등 쇼군 가문과 관련 있는 장소의 수축을 중심으로 이루어졌다. 특히 17세기 말부터 18세기 초에 공사 횟수가 많은데,

주로 쓰나요시의 사사 보호 정책에 의하여 시행되었기 때문이다. 다만 공사 건수에 비해 조력 명령을 받은 다이묘 수는 많지 않고, 각각의 규모도 크지 않았다. 이 시기를 제외하면 전후 시기의 공사 건수는 큰 차이가 없었다.

【표4】조력 공사의 대상

연대	성곽	하천	사사	고쇼	계
1601 ~ 1625	31	0	3	2	36
1626 ~ 1650	26	0	11	0	37
1651 ~ 1675	12	0	19	3	34
1676 ~ 1700	8	0	32	0	40
1701 ~ 1725	13	10	24	2	49
1726 ~ 1750	2	3	11	0	16
1751 ~ 1775	3	7	12	1	23
1776 ~ 1800	2	17	11	1	31
1801 ~ 1825	0	14	9	1	24
1826 ~ 1850	4	6	9	0	19
1851 ~	1	1	4	1	7
계	102	58	145	11	316

출전 : 善積(1968·69)에 의해 작성

하천을 대상으로 한 조력 공사는 1703년부터 다음 해까지 행해진 야마토 강[大和川] 수축 공사부터 본격적으로 시작되었다고 한다. 이후 호에이·쇼토쿠[正德] 연간(1704~1716)에 각지의 하천 공사가 증가했다. 17세기 일본 열도는 경지면적이 1.5배 증가했는데, 주로 큰 하천 하류 지역이 경지로 개발되었고 장대한 제방이 축조되었다. 18세기에 들어서 새롭게 개발된 지역에서 빈번히 홍수의 피해를 입었다. 게다가 큰 하천의 치수는 여러 다이묘·영주가 상당수 관련되어 있어 개별적인 대응은 어렵고, 추진력과 '공의'의 공공적 역할이 요구되었다.

한편 피해를 본 다이묘를 구제하기 위해 막부가 배차미拜借米와 배차금을 하사하는 일도 증가했다. 다이묘는 영지에서의 자치권을 인정받고 있었기 때문에 본디 재해의 복구도 자력으로 하는 것이 기본이었다. 그러나 자력으로 복구할 수 없을 때 다이묘나 하타모토는 '청원'을 제출했고, 그에 대한 '시혜施惠'로 배차금이 인정되었다. 이러한 배차금이 본격적으로 허가된 시기가 메이레키 대화재부터인데, 이는 앞서 언급했다.

배차금은 무이자를 원칙으로, 10년 등 장기간에 걸친 분할 변제가 일반적이었다. 오히라 유이치[大平祐一]의 연구에 따르면, 배차의 이유는 ① 거성의 피해 ② 거주 저택의 피해 ③ 영지 내 정의 피해 ④ 영지 손실 ⑤ 역직 부과 ⑥ 친인척 관계 등으로 나뉜다[大平1974]. ①부터 ④까지는 재해 구제, ⑤는 '공의'의 중직重職에 대한 지원이다. 도쿠가와 가문과 특별한 관계에 따른 ⑥의 경우를 제외한 나머지 배차금은 '공의'의 공공적 역할에 기초한 것으로 이해된다. 즉 형식상 쇼군과 다이묘·하타모토의 주종 관계에 기초한 배차금도 기능이라는 관점에서 '공의'의 공공적인 성격을 보여준다고 할 수 있다.

또 겐로쿠 초기에는 만석 이하의 하타모토층이 주요 대상이었지만, 겐로쿠 말년부터 호에이 시기에 걸쳐서는 앞서 본 것처럼 고산케[御三家]나 막부 각료 등 규모가 큰 다이묘를 구제하기 위한 배차가 증가하는 점도 주목된다.

이처럼 겐로쿠·호에이 시기가 되어 조력 공사나 배차금이 증가했다. 이 또한 재해를 계기로 '공의'의 공공적 역할에 대한 기대가 높아졌고, 막부가 그 기대에 응한 결과라고 할 수 있겠다.

2. 교호 개혁과 재해

쓰나요시 다음은 '쇼토쿠[正德]의 정치'라고 불리는 짧은 시기를 포함하여 8대 쇼군 도쿠가와 요시무네[德川吉宗]의 치세이다. 요시무네의 정치는 '교호[享保] 개혁'으로 많이 평가되는데, 그 정책 기조는 쓰나요시 시대를 이었다. 재해가 계속되는 가운데 구제 시스템은 광범위해졌고, 각지의 영주나 서민을 포섭하며 심화되었다. 이 시기에 '공의'나 영주에게 구제를 요구하는 현상이 심해지는데, 그 요구가 충족되지 않으면 정치에 대한 불만과 비판이 높아졌다.

'국역 공사' 제도

1709년 1월 쓰나요시가 사망하고 야나기사와 요시야스는 은퇴했다. 쓰나요시의 형 쓰나시게[綱重]의 아들 이에노부[家宣]가 쇼군이 되었는데, 이에노부는 2년 후에 사망하고 그 뒤를 이은 아들 이에쓰구[家繼]도 3년 만에 사망했다. 이에노부·이에쓰구 시대에는 유학자 아라이 하쿠세키[新井白石]가 정치에 참여했고, 소바요닌 마나베 아키후사[間部詮房]가 실권을 장악했다. 이 시기 막부 정치를 일반적으로 '쇼토쿠의 정치'라 부른다. 이 정치는 쓰나요시의 '악정'을 부정했다고 많이 평가되지만, 막부령의 지배나 농정 기본은 겐로쿠 시기의 방향성을 이었다. 이에쓰구의 뒤를 이었던 8대 쇼군 요시무네는 고산케의 하나인 기이[紀伊] 도쿠가와 가문 출신이었다. 이 시대에도 재해와의 싸움은 계속되었다.

우선 치수에 관한 정책부터 살펴보자.

쇼토쿠 시기 이래에도 홍수가 빈발하는 상황은 변하지 않았다. 1712년(正德2) 7월·8월에는 폭풍우로 인해 기나이·서국에서 홍수가 계속 발생했다. 기쓰 강[木津川]·요도 강[淀川] 제방이 각지에서 끊어지고 『월당견문집月堂見聞集』에는 '유실된 가옥 수를 알 수 없고, 사망자가 몇천 명인지 알 수 없다'라고 기록되어 있다. 1714년 8월에도 기나이에 폭풍우가 있었고, 쌀값이 올랐다. 1721년 여름에는 동국·서국·기나이에서 홍수가 발생했는데, 빗추 가모가타 번[鴨方藩]에서는 영지 2만 석 가운데 1만 5,800석이 손실되었고, 빗추 마쓰야마 강[松山川]은 약 6m 높아져 마쓰야마 조카마치(오카야마 현 다카하시 시[高梁市]: 저자)가 침수되었다. 이어서 1723년에는 오슈(奧州=무쓰)·간토 일대에 큰비와 홍수가 발생하여, 오슈 일대에서 50만 석 정도가 손실되었다. 1728년 9월 1일에는 에도가 대홍수의 습격을 받았다.

이러한 가운데 막부는 '국역國役 공사' 제도에 시동을 걸었다. 1720년 5월에 제방·치수 시설·가뭄 피해를 입은 지역 등의 공사와 관련하여 다음과 같이 명령을 내렸다(『御觸書寬保集成』).

첫째, '일국일원'의 구니모치[國持]나[15] 20만 석 이상 다이묘는 지금까

---

15 에도 시대의 구니모치[國持]란 구니모치 다이묘[國持大名]를 가리키는 말로, 고대 율령제에 기초하여 설치된 지방 행정 구분 단위의 하나인 국을 하나 혹은 하나 이상을 영지로 지배하거나, 하나의 국에 버금가는 크기의 영지를 지배하는 다이묘를 의미한

지 해왔던 바와 같이 자력으로 공사할 것.

둘째, 20만 석 이하로 자력으로 공사할 수 없어 땅이 버려질 법한 곳의 큰 공사는 막부령·사령 구별 없이 '국역 분담'으로 공사를 요청할 것.

셋째, '공의'로부터 비용을 일부 지원받아도 자력으로 공사할 수 없을 때는 신고 할 것. 자세한 내용은 간조부교와 상담할 것.

어디까지나 '자력 공사'가 원칙이지만, 불가능할 때는 '국역 분담'으로 공사하겠다는 뜻이다.

1724년에 '국역 공사'의 대상이 된 하천, 국역이 적용된 공사의 규모, 국역을 부과한 범위가 【표5】처럼 정해졌다(岐阜縣1972). 【표5】에 도호쿠 지방이나 서일본이 없는 이유는 해당 지역에는 구니모치 다이묘가 많았기 때문이다. 결과적으로 국역 공사는 후다이 다이묘령과 막부령이 착종錯綜하는 지역을 대상으로 삼았다. 공사 비용은 가지각색이지만 특히 무사시·시모사[下總]**16**·스루가·도토미·시나노·미노·야마시로·가와치·셋쓰는 대규모의 비용을 투입할 필요가 있었다. 막부가 선정하여 공사하는 경우, 1/10의 비용을 막부가 부담하고 남은 비용을 국역으로 부담했다. 사령에서 신청한 경우는 사령이 석고 100석당 10냥을 부담하고, 남은 1/10은 막부가, 또 남은 비용은 국역으로 부담하는 방식을 취했다.

다. 하나의 국 이하의 영지를 가지고 있더라도 관위가 4위 이상일 경우 구니모치 다이묘에 포함되기도 한다. 또 하나 이상의 국을 지배하는 경우 '일원' 지배라는 표현을 사용하기도 한다.

16   시모사[下總]는 대부분이 지바 현 북부에 해당하고, 이바라키 현 남부, 사이타마 현 동부, 도쿄 도 동부의 일부 지역을 포함한다.

국	하천	국역 전국 할당양
무사시[武藏] 시모사[下總]	도네 강[利根川]·아라 강[荒川]· 가라스 강[烏川]·간나 강[神流川]· 고카이 강[小貝川]·기누 강[鬼怒川]· 에도 강[江戶川]	3,000~3,500냥은 무사시·시모사· 고즈케[上野]·히타치[常陸] 4개국, 3,500냥 이상은 아와[安房]·가즈사[上總] 2개 국을 더함
시모즈케[下野]	이나리 강[稻荷川]·다케하나 강[竹鼻川]· 다이야 강[大谷川]·와타라세 강[渡良瀨川]	2,000~2,500냥은 시모즈케 1국, 2,500냥 이상은 무쓰[陸奧]를 더함
스루가[駿河]	후지 강[富士川]·아베 강[安倍川]	5,000~5,500냥은 스루가·도토미· 시나노·가이 군 내 영지·사가미[相模] 5개 국, 5,500냥 이상은 이즈[伊豆]· 이세[伊勢]를 더함
도토미[遠江]	오이 강[大井川]·덴류 강[天龍川]	
시나노[信濃]	지쿠마 강[千曲川]·사이 강[犀川]	
에치고[越後]	세키 강[關川]·호쿠라 강[保倉川]· 시나노 강[信濃川]·우오노 강[魚野川]· 아가노 강[阿賀野川]·이다 강[飯田川]	2,000~2,500냥은 에치고 1국, 2,500냥 이상은 데와[出羽]를 더함
미노[美濃]	기소 강[木曾川]·나가라 강[長良川]· 구조 강[郡上川]	2,000~4,000냥은 미노 1국, 4,000~4,500냥은 도토미를 더함, 4,500냥 이상은 에치젠[越前]을 더함
사가미[相模]	사카와 강[酒匂川]	금액 정하지 않음, 스루가·도토미·미카와 3개 국
야마시로[山城]	가쓰라 강[桂川]·기쓰 강[木津川]· 우지 강[宇治川]	5,500냥 이상은 야마시로·야마토·셋쓰·가와치 4개국
가와치[河內]	요도 강[淀川]	
셋쓰[攝津]	간자키 강[神崎川]·나카쓰 강[中津川]	
가와치[河內]	이시 강[石川]·야마토 강[大和川]	1,500냥은 가와치·야마토·이즈미[和泉] 3개국

출전: 岐阜縣(1972)

넓은 지역에 걸친 치수 사업을 시행하기 위해 막부령·사령을 구별하지 않고 석고에 비례하는 비용을 촌에 분담시켜 국역으로 징수하는 제도는 기쓰 강·나가라 강[長良川]·이비 강[揖斐川]이나 요도 강 등에서 에도 시대 전기부터 행해졌다. 교호의 '국역 공사' 제도는 에도 시대 전기의 제도를 이었다고도 할 수 있다. 그러나 이 제도는 그 이상으로 호에이 제국고역금의 이념을 계승한 제도였다. 무라타 미치히토[村田路人]의 연구에 따르면 요도 강 등 광역 공사는 이 제도를 계기로, 현물 징발 원칙에서 비용

부담금 균일 징수로 바뀌었다. 부과 범위도 1개 국이나 2개 국 단위가 아닌 기나이로 넓어지고, 모은 국역금은 일괄적으로 운영되었다. 종래에 역을 면제받고 있던 공가령公家領·몬제키령[門蹟領]**17**·사사령寺社領·연공 면제 지역 등에도 부과되었다〔村田1995〕. 기존의 제도보다 보편적이고 공공성이 높은 이념에 기초한 제도로 재구축되었다.

다이묘로부터 1만 석당 100석의 비율로 헌상받은 '아게마이[上米] 제도'가 실시된 1722년부터 1731년까지의 기간 동안 모든 조력 공사가 중지되었다. 그래서 '국역 공사' 제도가 그를 대신했다. '공의'의 공공 기능을 다이묘 대신 민간에게 전가하려 했다고도 볼 수 있겠다.

'국역 공사' 제도에 의해 시행된 치수 사업은 1732년까지 7건의 사례가 전해진다. 그러나 같은 해 발생한 교호 기근 때문에 이 제도는 기나이를 제외하고 사실상 중지되고 말았다.

에도의 화재와 소방

쓰나요시가 쇼군이 된 직후인 덴나 연간에 에도에서 방화가 빈발했다고 앞서 언급했다. 쇼토쿠부터 교호 시기에 걸쳐 【표6】에서 보이는 바와 같이 에도에서는 놀라울 정도로 많은 수의 화재가 발생하고 있었다. 특히 1716년 1월부터 2월 초순까지 70건의 화재가 발생했고, 여러 물가가 올랐다. 다음 해에도 1월과 12월에 큰 화재가 발생하여 막부는 방화범을 단속하도록 정에 명령을 내렸다.

---

17   몬제키령[門蹟領]은 황족이나 귀족이 출가한 사원의 영지를 가리킨다.

【표 6】 에도의 화재(1711~1731)

연대	일자와 기술 내용
1711 (正德 1)	1월 4일 시바[芝] 가와라케 정[土器町]에서 출화, 대단히 큰 화재. 19일 신이즈미 정[新和泉町]에서 출화, 레이간지마[靈嚴島]까지 소실. 12월 11일 에도 대화재, 간다[神田] 렌자쿠 정[連雀町]부터 니혼바시[日本橋] 소실. 22일 시노바즈노이케[不忍池] 주변에서 출화. 27일 고지 정[麴町] 화재.
1712	1월 19일 아카사카[赤坂] 덴토쿠인[天德院]에서 출화, 대단히 큰 화재. 26일 시바우라[芝浦] 주변 화재. 2월 8일 아사쿠사[淺草] 하나가와도[花川戶]에서 출화, 후카가와[深川]까지 소실. 23일 호리에 정[堀江町]에서 출화, 레이간지마까지 소실. 24일 간다 시켄 정[四軒町]에서 출화. 4월 24일 고비키 정[木挽町]에서 출화, 대단히 큰 화재. 10월 30일 스루가다이[駿河臺] 화재. 12월 1일 시타야[下谷] 히로코지[廣小路]에서 출화, 야나기하라 흙담[柳原土手]까지 소실. 5일 조조지[增上寺] 몬젠 신메이 정[神明町] 출화.
1713	3월 16일 시타야 화재. 12월 21일 고코쿠지[護國寺] 오토와 정[音羽町] 출화. 22일 시타야 출화, 혼조[本所]에 불씨가 날아가 250여개 정을 태움.
1714	1월 11일 우시고메[牛込] 바바사키[馬場先]에서 출화. 11월 25일 혼조 이시하라 벤텐[石原弁天] 앞에서 출화.
1715	1월 5일 가메이 정[龜井町]에서 출화, 하마 정[濱町]까지 도달. 3월 26일 다도코로 정[田所町] 나베이나리[なべ稻荷] 주변에서 출화. 11월 23일 시타야 도도 가문의 나카야시키에서 출화. 12월 30일 다이묘코지[大名小路] 혼다[本多] 가문 저택에서 실화, 84개 정 소실.
1716 (享保 1)	1월 10일 고이시카와·요쓰야[四谷] 화재, 나이토신 숙[內藤新宿] 남김없이 소실. 11일 시타야 무묘자카[無明坂] 주변에서 출화. 12일 혼고[本鄕] 니초메[二丁目]에서 출화. 15일 센주 숙[千住宿] 대화재. 17일 쓰키치[築地] 이다 정[飯田町] 전소. ~2월 초순 에도에서 70건의 화재가 있었음, 여러 물가 상승. 2월 14일 니혼바시 히라마쓰 정[平松町] 출화. 22일 가지바시[鍛冶橋] 문 밖 마치야에서 출화. 10월 19일 시타야 조샤 정[長者町] 주변에서 출화. 12월 16일 다치바나 정[橘町]에서 출화. 25일 스루가다이 다이칸 정[代官町] 쪽에서 출화.
1717	1월 7일 교바시[京極] 미나미[南] 고초메[五丁目]에서 출화. 14일 나카바시[中橋] 오케 정[桶町] 거리에서 출화. 니혼바시 거리의 정에서도 출화. 22일 고마고메[駒込]에서 출화, 200정 정도가 소실, 화재로 사망한 자 7명. 10월 5일 나카바시 마키 정[槇町]에서 출화. 11월 15일 혼조 에코인 주변에서 출화. 12월 12일 간다 요코다이쿠 정[橫大工町]에서 출화. 27일 요쓰야 주변에서 출화, 다음날까지 큰 화재.
1718	고덴바 정[小傳馬町] 고초메에서 출화. 26일 미나미다이쿠 정[南大工町] 니초메에서 출화. 5월 1일 교바시 주변에서 출화하여 신바시 감시 초소[新橋見附]까지 소실. 6월 18일 시바 하마마쓰 정[濱松町]에서 출화. 10월 3일 미나미마키 정[南槇町]에서 출화하여 100여 개 정 소실. 11월 26일 신우에몬 정[新右衛門町]에서 출화하여 30여 정이 소실. 12월 3일 쓰키치 이다 정에서 출화하여 다바타[田端]까지 소실. 11일 우에노[上野] 뵤부사카[屛風坂]에서 출화하여 대화재. 25일 시바 입구 근처에서 출화.
1719	2월 13일 시바 미타[三田] 산초메[三丁目]에서 출화하여 시나가와[品川] 전소. 14일 시타야 이케노하타[池ノ端]에서 출화하여 다이묘 저택 대부분 소실. 3월 10일 시타야 시치켄 정[七軒町]에서 출화, 다이묘 저택 대부분 소실. 6월 16일 간다 미카와 정[三河町]에서 출화. 12월 29일 아사쿠사 호토지[寶塔寺]에서 출화.
1720	1월 16일 간다 가지 정[鍛冶町] 주변에서 출화. 2월 20일 아오야마[靑山] 햐쿠닌 정[百人町]에서 출화. 3월 27일 나카바시 주변에서 출화하여 미노와[箕輪]까지 전부 태움. 7월 19일 미나미사야 정[南鞘町]에서 출화하여 약 55m 떨어진 해자까지 태움. 10월 22일 이시 정[石町] 잇초메[壹丁目] 60채 정도 소실.

연대	일자와 기술 내용
1721	1월 8일 고후쿠 정[吳服町] 잇초메에서 출화하여 89 정을 태운 대화재. 27일 아자부[麻布] 젠후쿠지[善福寺] 몬젠에서 출화. 2월 7일 요쓰야 가운데 가게 앞[四谷中店前]에서 출화. 9일 고지 정에서 출화하여 시바우라까지 소실. 3월 3일 간다 미카와 정 출화로 절 대부분이 소실. 4일 가구라자카[神樂坂] 주변에서 출화하여 고마고메까지 소실. 12월 10일 간다 나가토미 정[永富町]에서 출화하여 뎃포즈[鐵砲洲]까지 전부 태움.
1722	1월 21일 고이시가와 에사시 정[餌差町]에서 출화하여 고지 정 주변까지 모두 태움. 2월 5일 고지 잇초메 주변에서 출화. 12월 6일 간다 신시로가네 정[新白銀町]에서 출화.
1723	2월 16일 아카사카 덴바 정에서 출화하여 다이묘 저택 36채 소실. 3월 7일 쇼텐 정[聖天町] 출화. 4월 22일 고마쓰 정[小松町] 니·산초메 소실. 10월 24일 아타고노시타[愛宕下] 주변에서 출화. 12월 5일 우시고메 덴진 정[天神町]에서 출화하여 다이묘 저택 소실.
1724	1월 30일 가가 정[加賀町]에서 출화하여 시바 입구 감시 초소 전소. 2월 7일 우시고메 아게바 정[揚場町]에서 출화. 15일 신데라 정[新寺町]에서 출화하여 많은 절이 소실. 16일 아사쿠라 자리바[砂利場]에서 출화하여 배와 숙박시설 모두 소실. 윤 4월 5일 묘가다니[茗荷谷] 주변 실화. 6일 쓰쿠야 주변 실화.
1725	2월 14일 아오야마 구보 정[久保町]에서 실화로 저택 방면 5, 6천 채 소실. 19일 시타야 이케노바타 주변에서 출화. 4월 3일 혼조 미쓰메[三ツ目]에 화재. 11월 14일 아자부 이마이다니[今井谷] 실화로 스가모[巢鴨]까지 탐.
1726	4월 11일 시바 가나스기신아미 정[金杉新綱町]에서 출화, 같은 날 우시고메에서 출화하여 9 정 정도 소실.
1727	1월 30일 혼조 우메보리바바 정[梅堀馬場町]에서 출화. 윤1월 2일 아사쿠사 몬젠에서 출화. 2월 3일 고지 정 모두 소실. 12월 10일 오모테니방 정[表二番町] 출화하여 아카사카까지 모두 태움.
1728	2월 14일 아오야마에서 출화. 16일 사루가쿠 정[猿樂町] 주변에서 출화. 3월 14일 가나모노 정[金物町]에서 출화.
1729	2월 13일 아사쿠사 문 밖 가야 정[茅町]에서 출화. 15일 아사쿠사 쇼텐 정에서 출화. 16일 후카가와 다카하시[高橋] 주변에서 출화, 우시고메 반 정[番町]에서도 출화. 17일 혼조 미도리 정[みどり町] 출화. 18일 아사쿠사 다 정[田町]에서 출화. 3월 13일 아자부 햐쿠쇼 정[百姓町]에서 출화. 22일 핫초보리[八丁堀] 가메지마 정[龜島町]에서 출화하여 도신 정[同心町] 남김없이 소실. 4월 29일 가야바 정[茅場町] 출화.
1730	1월 6일 고지 정 기슈[紀州] 가문 저택에서 출화. 12일 시타야 이케노하타 시치겐 정에서 출화, 혼고까지 불씨가 날아감. 2월 13일 고이시카와 아래 에사시 정 출화. 21일 혼고 고마고메 무가의 나가야[長屋]에서 출화.
1731	3월 17일 시바 신보리하타[新堀端]에서 출화. 4월 15일 메지로다이[目白臺]에서 출화하여 사망자가 천여 명이라 함. 같은 날 미다이도코로[御臺所]에서 출화. 16일 사쿠라다[櫻田] 문 내에서 출화.

출전: 池田〔2004〕에서 작성

그 해 마치부교[町奉行]로 발탁된 오오카 다다스케[大岡忠相]는 발본적인 화재 방지 대책 세우기에 착수했다. 1719년에는 소방에 관한 7개 조목의 명령을 내리고, 다음 해에는 정에 47개 조의 '마치 소방대(町火消)'를 조직하고, 혼조·후카가와에는 별도로 16개의 조를 편성했다. 그때까지 에도의 소방은 다이묘가 역으로 부담하고 있었는데, 정 측이 자주적으로 소방을 담당하는 체제로 정비했다.

그러나 화재는 끊임없었다. 1721년에는 2월과 3월에 4번의 큰 화재가 있었고, 『월당견문집』에 따르면 무가 저택 7,357채, 마치야 13만 3,720채, 사사 1,227채가 소실되었고, 사망자는 2,107명에 달했다고 한다.

【표7】1723~1725(享保8~10) '방화범' 처벌자 내역(명)

	1723	1724	1725	계
노숙자	19	3	3	25
노히닌	6	—	—	6
히닌 움집 더부살이	41	15	—	56
히닌	1	—	2	3
가마 메는 인부	1	—	—	1
잡용 봉공인	2	1	1	4
임차인 더부살이	3	—	1	4
임차인 자식	1	—	—	1
조닌(집 소유자?)	1	—	—	1
불분명	1	—	—	1
	76	19	7	102

출전: 東京市(1934)에서 작성

1723년부터 1725년까지 방화가 빈발했다. 【표7】에서 알 수 있듯 3년 동안 102명의 '방화범'이 잡혔고 '화형'으로 처벌되었다. 방화범들을 보면 대부분이 집이 없는 '노히닌'이거나 '히닌 움집 더부살이'라고 되어 있다. 이들은 촌에서 정으로 유입된 자들로 하층 사회에 체류하고 있었다. 막부는 '히닌'을 이용하여 하층 사회에 대한 개입을 점차 강화했다. 또 오오카는 창고를 흙으로 세우도록 하고, 벽에 흙을 바르거나 기와지붕을 얹는 등 화재에 잘 견디는 내화 건축耐火建築을 추진하고, 강제 이전이나 공터 확보 등도 노력했다.

역병의 유행

역병(감염병)이 유행하는 요인에는 여러 가지가 있다. 자연조건이나 기근 등이 원인인 경우도 있지만, 도시로 인구가 집중되면서 위생환경이 열악해지고 유행의 범위가 넓어지기도 한다. 물론 역병의 유행은 의료의 발달이나 보급 정도에 직접적으로 관련이 있다. 이러한 상황을 고려하면 에도라는 시대는 역병이 유행하기 쉬운 상황이었다고 할 수 있다. 주요한 역병의 유행 상황을 정리하면【표8】과 같다. 역병은 대부분 홍역(痲疹)·천연두(疱瘡)·설사병(痢病, 赤痢·疫痢)·유행성 감기(流感) 등으로, 이 병들은 면역과 관계가 있다. 표를 통해서 대략 4년에 1차례의 빈도로 역병이 주기적으로 유행했음을 알 수 있다.

【표8】에 따르면 교호 시기는 다른 시기보다 눈에 띌 만큼 역병이 많이 유행했다.

우선 1717년부터 1721년까지 여러 지역에서 홍역이 유행했다. 이어서 1723년부터 1725년까지는 도카이도 일대에서 시작된 설사병이 퍼져 여러 지역에서 유행했다. 1730년에 다시 홍역이 유행하고, 『월당견문집』에는 '노약자의 사망이 매우 심각하다'라고 쓰여 있다. 1732년에는 빗추와 빙고(備後, 히로시마 현 동부) 인근에서 광견병이 퍼지기 시작하더니 1736년까지 각지에서 크게 유행했다. '동물애호령'이 철회된 이래, 도시에서 들개가 떠돌아다니게 되었다. 이 무렵부터 오카야마 번에서는 정기적으로 조

【표8】에도 시대 주요한 역병의 유행

연대	사항	연대	사항	연대	사항
1610(慶長15)	역병	1732	광견병·(주고쿠) 역병	1802	오시치 감기
1616(元和2)	(에도) 홍역	1733	감기(가나쓰치 감기)	1803	홍역
1622	역병	1734	역병	1816(文化13)	역병
1630~1633 (寬永7~10)	옴진드기	1735	천연두·광견병	1819(文政2)	설사병
1640~1643 (寬永17~20)	역병	1736(元文1)	광견병	1821	(에도) 감기
1642	우역	1740	천연두	1824	천연두·감기·홍역
1644(正保1)	(에도) 홍역	1742(寬保2)	감기	1827	(에도) 감기
1672(寬文12)	우역	1744(延享1)	천연두·감기	1832(天保3)	(에도) 감기
1682(天和2)	(기나이·주고쿠) 역병	1746	가나쓰치 감기	1834	(도호쿠) 역병←기근
1691(元祿4)	(에도) 홍역	1747	가나쓰치 감기	1836	홍역
1696	(기나이) 역병	1753(寶曆3)	홍역	1837	천연두
1702	천연두	1759	역병·감기	1851(嘉永4)	(에도) 감기
1708(寶永5)	홍역	1773(安永2)	역병	1854(安政1)	(에도) 감기
1714(正德4)	감기	1776	홍역	1857	(에도) 감기
1716	(기나이) 역병	1780	홍역	1858	(에도) 콜레라·감기
1724(享保9)	(기나이) 역병	1781(天明1)	감기	1859	콜레라·감기
1725	설사병	1784	역병	1860(萬延1)	(에도) 감기
1728	천연두	1795(寬政7)	(에도) 감기	1861(文久1)	(에도) 천연두
1729	역병	1799	(에도) 천연두·홍역·돈병頓病	1862	(에도) 홍역
1730	홍역·감기	1801(享和1)	(에도) 감기	1867(慶應3)	(에도) 감기

출전: 小鹿島(1893) 등에서 작성

카에서 들개 사냥을 하게 되었다.

1733년에는 '가나쓰치[カナッチ] 감기'가 유행했다. 인플루엔자의 일종으로 생각되는데, 고열을 내고 '가나쓰치' 즉 쇠망치로 머리를 때리는 듯한 두통이 있었던 모양이다. 오사카에서는 30만 7,415명이 앓았다고 한다. 각지에서 짚으로 역신 인형을 만들고, 징이나 북을 두드리고 염불을 외우며 '무시오쿠리'와 같이 무라오쿠리[村送り]를 했다. 이 '가나쓰치 감기'는 1746년·1747년에도 크게 유행했다.

이러한 상황에서 쇼군 요시무네는 적극적으로 의료 사업에 나섰다〔笠谷1995〕.

첫째, 막부 의관醫官에게 의술에 정진하도록 장려했다. 이를 통해 스하라 쓰겐[數原通玄]이나 모치즈키 산에[望月三英] 등 뛰어난 의사가 배출되었다. 또 조부 때부터 명의로 알려진 오사카의 후루바야시 겐기[古林見宜]를 에도로 불러 의학서 강의나 민간에 대한 치료 등을 시켰다.

둘째, 의사의 학습을 위해 『보구류방普救類方』이나 『동의보감東醫寶鑑』 등의 의학서를 간행하고 보급했다.

셋째, 오가와 쇼센[小川笙船]의 건의를 받아들여 고이시카와 약원[小石川藥園]에 시약원施藥院과 양생소養生所를 열었다. 양생소에서는 극빈자나 독신 병자의 입원 치료를 했는데, 작지만 공적 의료 기관으로서 메이지 시대까지 존속했다.

넷째, 일본산 약재의 생산과 보급을 꾀했다. 우선 먼저 니와 쇼하쿠[丹羽正伯]과 노로 겐조[野呂元丈] 등을 채약사採藥使로 삼아, 전국에 파견하여 자생하는 약재를 채집시켰다. 이어서 고이시카와 약원을 확장하여 일본산 약재 생산에 착수하고, 일본약 아라타메카이쇼[改會所]를 설치하여 일본산 약재의 보급을 꾀했다. 또 수입한 조선 인삼을 종자로 한 국산 인삼(=朝鮮種人蔘)의 재배와 보급에도 힘썼다.

요시무네의 이러한 시책은 '인정仁政'으로 평가되었다(『德川實紀』). 당시 사람들의 궁핍한 상황으로 보면 실제 효과는 없었지만, '세간'에 의학·의료에 대한 관심을 높여 '인'의 의식을 넓히는 역할을 했다.

교호 기근

교호 10년대에는 한랭한 기후가 계속되고 큰비와 홍수도 많았다.

1732년 5월부터 장마가 계속되고, 윤5월에는 규슈 지방에서 홍수가 났다. 그 후는 완전히 바뀌어 가뭄이 들었는데 기온은 높지 않았다. 6월 초부터는 규슈 지방에서 메뚜기로 보이는 곤충으로 인한 피해가 눈에 띄기 시작했다. 이 충해로 교호 기근이 시작되었다. 7월 중순 무렵에는 규슈나 시코쿠 서부에서 대부분의 벼가 말라 죽었고, 이때부터 많은 소와 말이 역병으로 쓰러졌으며 광견병도 유행했다.

각 번이 교호 기근으로 입은 피해 상황을 【표9】로 정리했다. '평년 대비' 부분에 이 해의 연공 수납 상황을 표시했다. 이에 따르면 규슈에서는 지쿠고[筑後]·히젠·부젠[豊前]에 연공 수납이 10%도 되지 않은 번이 있었고,[18] 히라도신덴 번[平戶新田藩]과 쓰시마 번[對馬藩]은 연공 수납이 전혀 되지 않았다. 시코쿠에서는 이요가 심각했다. 마쓰야마 번[松山藩]·마쓰야마신덴 번도 수납된 연공이 전혀 없었고, 고마쓰 번[小松藩]·우와지마 번도 평년의 10% 정도에 그쳤다. 또 아사자는 1만 2,172명, 기민은 184만 2,783명이었다. 그러나 아사자 수는 꽤 낮게 책정된 듯한데, 오타 난포[大田南畝]의 『일화일언一話一言』을 보면 30만~40만은 밑돌지 않았다고 생각된다.

막부령도 규슈 지방에 있는 곳의 피해가 심각했다. 부젠·분고·휴가·지쿠젠(筑前, 후쿠오카 현 일부)을 관할한 히타 다이칸쇼[日田代官所]에서는 8월부터 부식미를 대여하기 시작했다. 10월 이후에도 오사카의 막부 창고로부터 3만 2,090석의 쌀을 전달받았는데, 이 쌀은 질이 떨어지거나 구입한 쌀이었다. 주고쿠[中國][19]·시코쿠 및 기나이의 다이칸쇼에서도 부식미 대여

---

18 지쿠고[筑後]는 후쿠오카 현 일부, 부젠[豊前]은 오이타 현과 후쿠오카 현 일부에 해당한다.
19 주고쿠[中國]는 일본을 구성하고 있는 가장 큰 섬인 혼슈[本州]의 서부 지역으로, 긴키와 규슈 사이 지역을 가리킨다.

【표9】 교호 기근 때 사령의 피해와 막부의 구제

국國	번藩	평년비(%)	기아자(명)	아사자(명)	배차금(천냥)	회송미 석고(석)
히젠 [肥前]	사가	9.0	110,000	12	20	36,496
	시마바라[島原]	20.5	45,154	—	5	3,150.132
	오무라[大村]	5.2	12,120	—	3	1,171.2
	가라쓰[唐津]	1.1	50,207	—	7	7,784
	히라도[平戶]	19.2	66,727	123	5	8,561.8
	히라도신덴[平戶新田]	0.0	—	—	2	—
	후쿠에[福江]	30.9	5,688	352	2	630.075
쓰시마 [對馬]	쓰시마(=후추[府中])	0.0	8,306	—	2	660
히고 [肥後]	구마모토[熊本]	15.1	45,636	8	20	3,699.94
	히토요시[人吉]	25.1	—		3	—
부젠 [豊前]	고쿠라[小倉]	30.5	39,700	1,013	12	8,583.7
	고쿠라신덴[小倉新田]	7.7	2,630	87	2	859.984
	나카쓰[中津]	26.5	38,110	780	10	8,226.205
분고 [豊後]	기쓰키[杵築]	31.2	10,000	—	3	1,683.186
	히지[日出]	22.5	17,000	—	3	1,202.452
	후나이[府內]	30.1	11,440	—	3	1,402.778
	모리[森]	10.1	9,349	—	2	801.855
	오카[岡]	31.6	33,670	—	7	5,016.432
	우스키[臼杵]	29.4	21,701	—	5	2,404.265
	사이키[佐伯]	14.3	16,600	—	3	1,522.08
휴가 [日向]	노베오카[延岡]	38.5	17,666	—	7	4,640
	다카나베[高鍋]	33.1	—	—	3	—
기이 [紀伊]	기이(=와카야마[和歌山])	45.2	—	—	20	7,000
이즈미 [和泉]	기시와다[岸和田]	49.2	—	—	5	—
이즈모 [出雲]	마쓰에[松江]	30.9	100,000		12	15,579
	히로세[廣瀨]	26.3	9,000		3	1,200
	모리[母里]	18.6	—		2	—
이와미 [石見]	하마다[濱田]	34.8	9,300	—	5	2,500
	쓰와노[津和野]	15.2	12,500	—	4	2,500
아키 [安藝]	히로시마[廣島]	37.9	256,539	976	20	12,330
나가토 [長門]	하기[萩]	24.6	202,170	—	20	16,537.926

국國	번藩	평년비(%)	기아자(명)	아사자(명)	배차금(천냥)	회송미 석고(석)
이요 [伊豫]	니시조[西條]	49.7	22,678	—	3	3,637.4
	고마쓰[小松]	9.7	5,411	—	2	800
	이마바리[今治]	16.4	26,553	113	3	5,895.722
	마쓰야마[松山]	0.0	94,783	5,705	12	21,488
	마쓰야마신덴[松山新田]	0.0	—	—	2	—
	오즈[大洲]	34.9	43,000	—	5	9,574.7
	우와지마[宇和島]	10.4	56,980	—	10	1,516
	요시다[吉田]	25.4	24,600	—	3	1,137
도사 [土佐]	고치[高知]	49.4	—	—	15	—
지쿠젠 [筑前]	후쿠오카[福岡]	23.2	95,000	1,000	20	23,625.598
	아키즈키[秋月]	23.9	11,210	—	5	1,576.177
지쿠고 [筑後]	구루메[久留米]	4.5	118,565	207	15	17,120.102
	야나가와[柳川]	5.6	63,000	878	10	8,731.551
	미이케[三池]	7.1	5,885	—	2	1,542.951

출전: 菊池〔1997〕, 池內〔1989〕에 의거하여 작성

가 이루어졌다. 그 총량은 쌀 11만 788석, 은 1,249칸 160몬메, 대여인 수는 43만 2,704명에 달했다.

막부는 다이묘·하타모토 등의 사령에 대해서도 구제의 손길을 뻗었다〔池內1989〕.

하나는 연공 수입이 절반 이하로 감소한 영주에게 배차금을 대여했다. 그 총액은 금 33만 9,140냥, 대여 대상은 다이묘 45건, 하타모토 24건, 사사 1건으로, 합이 70건에 달한다. 이 배차금은 2년에서 5년에 걸친 무이자 변제가 조건이었다.

또 식량이 부족한 지역에 오사카의 쌀을 보냈다. 배차금 대여가 영주에 대한 직접적인 구제 조치였다면, 쌀은 일반 서민에게 판매할 목적이었다. 각지의 희망에 따라 쌀을 보냈고, 총량은 26만 2,325석에 달했다.【표 9】에 각 번의 상황을 표시했다.

이러한 막부의 구제 조치로 영주의 존립과 영민의 생명이 겨우 보장되었다.

가미가타의 보시와 에도의 우치코와시

규슈·주고쿠·시코쿠 지방에 비해 기나이의 기근 피해는 가벼웠다. 그렇지만 평균 수납률은 60% 정도였다. 게다가 기근의 영향으로 서국에서 오사카로 보내오던 쌀의 양이 대폭 줄었고, 반대로 오사카에서 서국으로 쌀을 보냈다. 이 때문에 도시부에서는 특히 쌀 부족이 심각해졌다.

오사카에서 본격적으로 서국에 쌀을 보내기 시작한 1732년 12월, 막부는 기나이와 서일본의 막부령에 '기민 구제' 고사쓰를 세우도록 지시하고, 식량을 융통하여 기민이 나오지 않도록 명했다. 구휼의 실상은 기타하라 이토코[北原絲子]가 상세히 다뤘다(北原1995).

오사카에서는 다음 해 1월 19일에 고리키[合力] 즉 협조를 장려하는 마치부레가 내려졌고 이후 보시에 대한 협조가 늘어났다.

오사카에서 시행된 보시의 특징 중 하나는 보시에 참가한 조닌의 수가 상당히 많다는 점이다. 그 수는 1만 1,777인에 달하며, 소량을 공출한 자도 많았다. 정 단위로 거출據出한 곳도 383곳이었는데, 소마치[惣町] 단위의 보시라 할 수 있다.

또 다른 특징은 특별히 고액을 낸 자가 눈길을 끈다는 점이다. 100냥이상을 낸 자가 6명 있었는데, 그중에서도 가장 눈에 띄는 자는 야마토야 사부로자에몬[大和屋三郎左衛門]으로 2,153냥을 냈다. 야마토야는 쌀 구매에 관여하는 어용상인 가운데 최상위자로, 지금까지 막부의 쌀 구매 정책에 관여하여 막대한 이익을 얻고 있었다. 그래서 이번에는 '세간'의 비판이 두려워 일부러 눈에 띄는 고액을 보시했다는 소문이 돌고 있었다.

교토에서는 4,400명 정도가 보시에 협조했다. 금액도 미쓰이 사부로스케[三井三郎助] 등 3명이 20냥 이상을 거출하여 눈에 띄는 정도였고, 고액을 낸 자는 많지 않았다. 교토에서 행해진 보시의 경우, 사원에 의한 보시가 많다는 점이 특징이라 할 수 있다. 예를 들면 구로다니 신뇨도[黑谷眞如堂]에서는 동전 30칸메[貫目]가 보시되었는데, 이는 모두 미쓰이가 출자한 것이었다. 신뇨도가 미쓰이 가문의 선조를 모시는 보다이지[菩提寺]였기 때문에 협조한 듯하다. 다른 사원도 보시에서 사용한 미곡과 금전은 유지자[有志者]의 기진寄進을 기반으로 했을 것이다.

게다가 막부는 동국에 대해서도 서국에 쌀을 보내도록 명했다. 이 조치로 인해 에도의 쌀값이 급등했고, 하층민 사이에서는 식량 부족이 퍼졌다. 1733년 1월 25일에는 쌀을 매점하고 있던 다카마 덴베에[高間傳兵衛]가 습격을 받았다. '쌀 소동'이 본격적으로 시작되었다.

그나마 보리가 수확되기 시작하는 5월 무렵부터 기민도 줄어들었다. 11월에 막부는 보시한 자들을 포상했다. 포상의 대상과 내역은 교토가 373정·은 200매枚, 오사카가 527정·은 300매 등으로 전국에 걸쳐있었다. '이후에도 이러한 일이 있을 때는 더욱 마음을 써 구제에 나서야 한다'라는 포상 문구는 민간에 대한 '공의'의 기대를 보여 준다.

1735년 5월에 오사카의 서적 도매상인 조합(問屋仲間)에서 『인풍일람仁風一覽』을 간행했다. 책의 내용은 전국의 보시자 3만 7,290명의 이름과 보시 금액이었다. 이는 보시에 대한 민간의 기대를 표명하는 것이며, 이러한 서적의 출판 자체가 재해 때 보시를 당연시하는 '권리의식'을 낳게 되었다고 기타하라 이토코는 평가하고 있다.

'요나오리'와 '미륵의 세상'

1733년 7월 13일, 후지코[富士講]의 수행자인 지키교 미로쿠[食行身祿]가 후지산 나나고고샤쿠[富士山七合五勺]의 불단에 들어가 사망했다. 후지코는 후지산을 영산靈山으로 삼은 산악 신앙山岳信仰으로 에도 시대 초부터 간토를 중심으로 유행하고 있었다.

지키교는 1730년 산에 올랐을 때 8년 후에 죽겠다고 정했는데, 1733년 1월에 일어난 에도의 우치코와시[打ちこわし]에 충격을 받고 예정보다 빨리 죽음을 결행했다. 1703년의 대지진, 1707년의 후지 산 분화 이래 여러 재해가 끊이지 않았던 이유는 정치가 틀렸기 때문이다. 정치를 '바꾸어', '미륵의 세상'을 실현하기 위해 '미륵 세상의 수행원'으로서 지키교가 죽은 것이었다. 우치코와시를 계기로 지키교 마음 속의 '요나오리' 소망이 절박해졌던 듯하다.

미야타 노보루[宮田登]에 따르면 불교의 미륵 신앙과 일본 전통의 구제 신앙이 습합하여 여러 '미륵 신앙'이 열도 각지에 퍼졌다고 한다[宮田1975]. 불교의 미륵 신앙에서는 미륵이 사람들을 구제하기 위해 현세에 내려온다는 사상이 있고, 이 사상은 '미륵'의 출현으로 '요나오리'가 실현된다는 민속 신앙이 되었다. 지키교의 후지 신앙도 그 종류의 하나라고 해도 좋다.

니시가키 세지[西垣晴次]는 이세오도리나 오카게마이리도 '미륵' 신앙을 습합하고 있다고 본다[西垣1973]. 그 사례로 이요 지방의 이세오도리 가요를 들고 있다. 그 가요는 '국화를 장식하고 춤추는 우지코(氏子, 씨족신을 모시는 자)들, 후에 미륵이 온다, 자 가구라(神樂, 신에게 바치는 춤)를 바치자'라는 내용이다.

이세오도리도, 오카게마이리도 에도 시대 초기부터 때때로 유행했
는데, 1705년에 발생한 오카게마이리는 특히 대규모였다. 교토에서 시작
된 이 참배 행렬은 깜짝할 사이에 전국으로 퍼졌고, 참배인 수는 50일 동
안 360만 명을 헤아렸다고 한다. 오카게마이리는 대부분이 신고하지 않은
참배였다. 민중은 참배를 통해 긴장되는 일상에서의 해방을 구했고, 이러
한 이상한 열광이 열도를 관통했다. 이 또한 '요나오리' 소망의 분출 가운
데 하나였음이 틀림없다.

칼럼 2

지역·촌·이에의 기록

『고쿠료키』

2011년 동일본 대지진 이래, 일본 열도 주변의 플레이트 경계를 진원으로 하는 지진 쓰나미에 대한 경계가 다시 회자되고 있다. 그 가운데서도 기이 반도부터 시코쿠 먼바다에 퍼져있는 이른바 난카이 트러프를 진원으로 하는 난카이 지진을 주목하고, 그에 대한 대책을 각지에서 마련하고 있다.

방재 대책을 세우기 위해서는 먼저 피해를 상정해야 하는데, 그 기초 자료가 과거의 재해 경험이다. 난카이 지진의 경우는 1707년에 발생한 호에이 지진 쓰나미 피해를 참조하는 경우가 많다. 가장 큰 피해가 예상되는 고치 현에서는 『고쿠료키[谷陵記]』라는 기록을 참조하여 피해를 상정하고 있다[內閣府2014].

『고쿠료키』는 도사 고치 번의 무사 오쿠노미야 마사아키[奧宮正明]가 저술했다. 오쿠노미야는 1648년에 태어나 1726년에 79세로 사망했다. 그는 번의 무사로, 벼농사의 상태를 보고 연공을 정하는 검견역[檢見役]이나 다이칸 등을 역임했고, 번의 유학자 다니 진잔[谷秦山]에게 배웠다. 오쿠노미야는 역사 고증에 뛰어나며, 편년체 사료집인 『도사노쿠니 도칸슈[土左

國蠧簡集]」와 「초소카베 지켄초[長宗我部地檢帳]」를 정리한 『신시로쿠[秦士錄]』 등을 저술했다.

1707년의 지진 쓰나미가 발생했을 때 60세였던 그는 다이칸 등을 역임한 경험을 살려 영내를 걸어 다니며 묻고 들은 내용을 모아 『고쿠료키』를 지었다.

고치 번은 에도 시대 초기부터 유학儒學이 성행한 곳으로 그 계통은 도사 남학파南學派라고 불린다. 남학파 가운데서도 오랜 기간 부교를 하며 번정 확립에 노력한 노나카 겐잔[野中兼山]이 유명한데, 오쿠노미야의 스승인 진잔은 겐잔에게 배웠다. 겐잔으로 대표되는 남학파 사람들은 민정에 관심이 많았다. 오쿠노미야도 그 학풍을 잇고 있으며, 『고쿠료키』에는 민정에 대한 그의 깊은 사상이 스며들어 있다.

『고쿠료키』는 번 내의 각 항구나 해변 촌의 피해 상황을 망라하여 수록하고 있다. 번은 피해 직후부터 각 촌의 피해 상황을 파악하고, 이를 집계하여 막부에 보고했다. 오쿠노미야는 각지의 피해 상황을 '망소亡所', '반망소半亡所' 등으로 평가하고 있다. 이 표현이 번의 보고에서도 사용되고 있는 것을 볼 때, 오쿠노미야가 번의 보고를 참조했음이 틀림없다. 그러나 『고쿠료키』에는 촌별로 경지나 가옥의 침수·유실 상황이 기록되어 있다. 대부분이 스스로 답사하고 견문한 바를 기록한 듯한데, 각지에서 노인들에게 청취한 내용 등도 기술되어 있다. 넓은 범위에 걸친 개별 피해 상황이 기록되어 있다는 점에서 『고쿠료키』는 큰 가치가 있다.

『고쿠료키』는 '후기後記'의 날짜로 보아 1707년 12월에 완성된 듯하다. 지진 쓰나미로부터 2개월 정도 지난 시점에 이만큼의 기록을 완성했다. 이를 볼 때 오쿠노미야의 집념이라고 할까. 그의 절박함이 강하게 느껴진다.

오쿠노미야는 이번 피해와 함께 과거의 전승에 대해서도 청취했다. 우선 1604년의 쓰나미에 대해 기록했다. 1707년 당시, 민간에서 100년 전인 1604년 경험이 상기되는 일은 매우 드물었다. 그러나 오쿠노미야는 역사 고증에 밝았기 때문에 '사키하마 담의소[崎濱談義所]의 주지승 권대승도權大僧都 아자리 교인[阿闍梨曉印]의 기록 축약'을 인용하여 그 모습을 소개했다. '사키하마 담의소'란 도사 국 동부의 사키하마우라(崎濱浦, 무로토 시[室戶市]: 저자)의 다이니치지[大日寺]다. 이 책에서도 게이초 난카이 지진의 부분에서 앞의 『아자리교인 오키부미』를 다뤘다.

오쿠노미야는 위 기록을 근거로 주변 촌에 1604년의 쓰나미에 대한 전승을 물었다. 그리고 모토 촌(元村, 현 무로토 시: 저자)에서 '1604년 조수보다 6척尺 낮다고 한다'라는 전승을 얻었다. '6척'은 약 1.8m다. 한편 도사 국의 서쪽 군에서는 '하타 군[幡多郡] 사가[佐賀]에는 이때 조수가 집까지 들어왔다'라는 전승이 확인될 뿐, '그 외의 항구들에 전하는 바 없음'이라고 기록했다. 호에이 쓰나미 때는 서쪽의 피해가 컸는데, 1604년 무렵에는 동쪽의 피해가 컸다. 이 기록은 1604년에 발생한 지진 쓰나미의 성격을 파악할 수 있는 정보로 현재 지진학자에게도 주목받고 있다〔內閣府2014〕.

이어서 오쿠노미야는 684년에 발생한 지진 쓰나미에 대해서도 언급했다. '당국의 전답 5천여 단(段, 1단=약 1,190㎡)이 바다에 침수되었다'라는 『일본서기日本書紀』의 기사를 인용했다. 오쿠노미야는 이 또한 현지에서 들었던 모양이다. 그리고 '히가시데라[東寺] 기슭에서 아시즈리[足摺] 기슭까지의 만은 옛날엔 전답이었으나, 하쿠호[白鳳] 이래로 바다다'는 '지역의 속담'을 들었지만, 이에 대해서는 '아직 그 실제 여부를 자세히 알 수 없다'라는 진중한 표현에 그쳤다. 현지에서 문헌과 전승을 비교하면서 확인하려는 오쿠노미야의 실천학자다운 태도가 눈에 띈다.

고치 현은 야마우치 씨[山內氏]가 도사 국 일국一國을 영유하고 있었기에 광역 기록을 낳을 수 있는 조건이 되었다. 오쿠노미야 마사아키에게 이어진 도사 남학파의 전통도 더해져 『고쿠료키』라는 귀중한 기록을 낳았다.

『사이다이 오보에가키』

에도 시대의 촌이라고 할만한 촌이 성립한 시기는 지방에 따라 차이가 있음에도 불구하고, 대개 17세기 후반으로 보인다. 이 시기에 단혼 소가족으로 구성된 농가가 촌의 대부분을 점하게 되었는데, 촌의 경영은 불안정했다. 3년에 1회 정도의 빈도로 호우·태풍·홍수로 인한 흉작이 발생했다. 재해는 반복되므로, 미래를 준비하기 위해서도 과거 역사를 배우지 않으면 안 된다. 18세기에 촌의 일들을 기록하려는 움직임이 나타났다. 촌의 기억을 끄집어내어 촌의 연대기가 만들어졌다.

아이치 현 아쓰미 반도에 다바라 번[田原藩]이라는 작은 번이 있었다. 1664년 이래 후다이 다이묘인 미야케 씨[三宅氏]가 번주였고, 화가이자 학자였던 와타나베 가잔[渡邊崋山]이 가로(家老, 정무 총괄자)였다고 알려져 있다. 다바라 번 영내에 시모노다 촌[下野田村]이 있는데, 이 촌의 연대기인 『사이다이 오보에가키[歲代覺書]』가 전해진다. 연대기는 대부분 큰 재해를 계기로 만들어졌다. 『사이다이 오보에가키』도 호에이 지진 쓰나미를 계기로 지어졌다고 생각된다〔倉地2015〕.

『사이다이 오보에가키』는 피해를 냉정하게 분석하려는 의식이 두드러진다. 그러한 의식은 '무라유리[むらゆり]'의 지적에서 엿볼 수 있다. '무라유리'는 지진의 요동에 강약의 차이가 나타나는 현상을 의미하는데, 같

은 지역이나 촌 내에서도 지진의 요동에 차이가 있었다고 한다.

우선 아쓰미 군 내의 경우 '아카자와 촌[赤澤村]·다바라 고조나이[御城內]·노다 촌[野田村]·아카바네 촌[赤羽根村]은 이케시리[池尻] 강줄기의 촌으로 크게 파손되었다고 한다. 그 밖의 촌은 쓰러진 집이 없었다. 이 가운데 특히 크게 파손된 곳은 노다 촌'이었다고 한다. 다바라 번 집계에도 노다 촌의 피해가 영내의 41%를 점하고 있다.

게다가 같은 노다 촌에서도 지역에 따라 '무라유리'가 있었다. '노다 촌 내에서도 무라유리가 있다. 호이[保井]·기타카이도[北海道]·이마카타[今方]·미나미카타하세기[南方はせぎ]·신야쓰보[新家坪]·시장 내 반은 강하게 흔들려 집이 파손되었다고 한다. 그 밖에 히코다[彦田]·호소호리[細ほり]·운묘[雲明]·야마모토[山本]·스기카와[杉川]·마구사[馬草] 등은 약간 흔들렸다. 그런 까닭에 쓰러진 집은 없었다'라고 한다.

이어서 『사이다이 오보에가키』에는 노다 촌 내의 작은 촌별로 피해 상황이 기록되어 있다. 그 내용에 따르면 전체 파손·붕괴율은 이마카타·기타카이도·호이가 높았고, 히가시마구사·니시마구사·미나미카타·히코다·운묘는 낮았다. 시장은 그 중간 정도였다.

이러한 '무라유리'의 원인을 후지시로 노부유키[藤城信幸]는 지반의 차이에서 찾고 있다〔藤城2008〕. 이마카타·기타카이도·호이는 매우 유약한 실트(silt)나 고운 모래가 쌓인 두꺼운 퇴적층 위에 입지하고 있었는데, 실트란 모래와 찰흙의 중간 굵기인 흙으로 침니[沈泥]나 사니[砂泥]라고도 불린다. 반면에 마구사 지구나 미나미카타·시장의 일부는 모래와 자갈이 두껍게 퇴적된 곳에 입지했기 때문에 피해의 차이가 나타났다고 보고 있다.

이러한 사실을 당시 사람도 알고 있었음에 틀림없다. 『사이다이 오보에가키』에는 호이의 피해에 대해 '곤노스케[權助]의 집 북쪽 모퉁이부터 남쪽 모퉁이까지 대지가 흔들려 갈라졌고, 처음 갈라진 곳은 폭은 약 3.6m, 깊이가 1.5m, 지옥으로 대지가 가라앉았다고 한다. 그로부터 점차 몇 개의 길도 벌어지고, 덤불도 총 3.2m 정도 가라앉았다고 한다'라고 기록되어 있다. 이른바 액상화가 일어난 모양이다. 지형이나 경지 이용 상황에 따라서 지반에 대한 어느 정도의 경험치는 있었을 것이다.

『사이다이 오보에가키』에는 '어찌 되었든 지진의 강한 흔들림이 있는 지맥地脈은 있다고 생각한다. 이번에 대파된 곳은 전전의 지진 때도 파손 등이 발생했다고 한다'라고 쓰여있다. 이러한 '흔들리는 지맥, 즉 유리스지[ゆり筋]'에 대한 인식이 피해를 검토하는 단계에서 경험적으로 부상한다. 그 경험이 지진에 대한 교훈으로 받아들여져 훗날에도 계승된다.

쓰나미에 대해서는 '앞의 대지진 때 해변에 쓰나미가 덮쳐, 해변 근처 사람들은 빠짐없이 산으로 도망갔다고 한다. 다카마쓰[高松] 등은 평상시의 파도보다 약 15m 정도 높이 올랐다고 하고, 호우베[ほうべ]의 낮은 곳은 조금씩 치고 넘어왔다고 말하고 있으니 무서운 일이다'라고 기술하고 있다. '해변 근처'에는 쓰나미가 일어나면 산으로 도망가라는 말이 전해지고 있던 모양이다. 다바라 번의 피해 제출서에 따르면 떠내려가 사망한 자는 '남성 2명'뿐이었다.

다카마쓰 촌에서는 평상시보다 15m나 높은 파도가 솟았다고 한다. 이 주변은 해식애海食崖가 계속되고 바다 주변은 좁은 모래사장이 있고, 그 뒤는 암벽으로 되어 있다. 이 암벽을 '호우베'라고 하고 촌은 그 위에 있었다. 이 암벽의 낮은 곳을 넘을 정도의 쓰나미였다. 보통 상상하지 못한 파도의 높이였기 때문에 '무서운 일이다'라고 느꼈던 모양이다.

『이케가미 료하쿠 일대기』

　겐로쿠 지진 쓰나미는 밤중이 지난 무렵에 일어났다. 호에이 지진과 달리 발생 시각이 겐로쿠 지진의 피해를 키웠을 것이다. 시모사 국 시테기 촌[四天木村]의[20] 이케가미 료하쿠[池上了伯]라는 인물이 순식간에 파도에 쓸려나갔다. 그는 서당이라 할 수 있는 데라코야[寺子屋]의 선생이자, 의사였다. 파도에 쓸려나간 료하쿠는 5㎞ 정도 떨어진 고이 촌[五井村]에[21] 있는 13인 무덤의 삼나무에 걸려 있다가 발견되었는데, 발견 당시 몸이 식어 반죽음 상태였다. 날이 밝자 '인정이 있는 자들이' 모닥불을 피워서 따뜻하게 해주었기 때문에 숨이 돌아왔다. '드물게 목숨만 부지하고' 집과 재산은 모두 쓸려나가고 없었다.

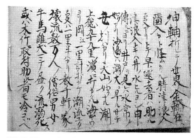

【사진 5】『이케가미 료하쿠 일대기』 가운데 「부제 쓰나미의 일」.
소장·사진 제공: 개인 소장, 저자 촬영.
주: 좌우 두 쪽을 위·아래로 배치함.

　이로부터 다음 해 말까지 하루에 3번, 5번도 흔들림이 계속되었다. 처음 2, 3개월은 '쓰나미가 또 온다'라고 말하며 도망가는 일도 종종 있었다. 그동안 료하쿠는 지인의 집을 전전하고 있었는데, 2년 정도 되어 후루토코로 촌[古所村]에[22] 초가집을 짓고 살게 되었다. 그 해

20　저자의 설명에 따르면 시테기 촌[四天木村]은 지바현 오아미시라사토 시[大網白里市]다.
21　저자의 설명에 따르면 고이 촌[五井村]은 조세 군 시라코 정[長生郡白子町]이다.
22　저자의 설명에 따르면 후루토코로 촌[古所村]은 시라코 정이다.

1705년에는 장녀가 태어났다.

료하쿠는 쓰나미에 떠내려가 구사일생으로 살아남아 새로운 '생명'을 얻었다. 이를 계기로 그는 태어나서부터 지금까지 자신의 인생을 돌아보고 일대기를 저술했다【사진5】. 표지에는 「일대기一代記 -부록 쓰나미의 일」이라고 쓰여 있다.

요코한초[横半帳]라는[23] 형식으로 묶었고, 분량은 표지와 함께 6장(12쪽)으로 짧지만, 만감이 투영되어 있다. 인생을 돌아보는 것은 자신의 체험으로부터 얻은 교훈을 후세에 전하려는 방법이기도 했다. 료하쿠는 '부록 쓰나미의 일'의 마지막을 다음과 같이 정리했다.

> 후대의 사람은 큰 지진이 반복해서 흔들릴 때는 반드시 큰 쓰나미가 온다는 것을 명심하고, 가재家財를 버리고 빨리 언덕으로 도망가야 한다. 인근 주변에서도 높은 곳으로 가야 살 수 있다. 후루토코로 촌에는 석탑의 거대한 무덤 위로 도망가 살아난 슌다이[椿臺]라는 사람도 있다. 집 위로 올라간 사람은 집이 무너져도 살았다. 이러한 점을 마음에 잘 새겨두어야 할 것이다.

료하쿠는 이 뒤에도 「일대기」를 계속 써갔다. 최후의 기사는 '1735년 11월 삭일, 딸이 천연두로 사망했다'였다. '생명'을 이어가는데 혹독한 상황이었음이 틀림없다. 그래도 재해에서 살아남은 에도 시대 사람들의 귀중한 기록이 아직도 전해지고 있다.

---

23 종이 한 장을 가로가 길어지도록 한 번 접고, 그것을 반으로 접어 1/4 크기로 만든 후, 짧은 쪽 접힌 부분을 묶은 형식의 문서를 가리킨다.

'공공'을 둘러싼 다툼

1. 호레키 시기의 상황

18세기 후반에 해당하는 호레키[寶曆]·덴메이[天明] 시기(1751~1789)는 도쿠가와 사회의 분수령이라고 전해진다. 18세기 전반에 만들어진 구제 시스템은 우여곡절을 거치면서도 계속 기능했다. 한편 '공의'가 담당하고 있던 '공공'의 기능을 실질적으로 지역의 영주나 민간이 담당하는 상황이 널리 퍼져갔다. 그러한 가운데 '공의'와 영주, 게다가 민간과의 관계에서 '다툼'이 눈에 띈다.

에조 오시마 쓰나미와 에치고 다카다 대지진

1745년(延享2) 요시무네가 은거하고, 아들 이에시게[家重]가 쇼군이 되었다. 이에시게는 병약했기 때문에 소바요닌[側用人] 오오카 다다미쓰[大岡忠光]를 많이 의지했다. 겐로쿠 시기 이래 축적되어 온 '공의'의 관료 기구가 작동하고 있었고, '교호 개혁'의 기조가 계승되었다.

요시무네 말기에 해당하는 1741년 7월 13일에 에조[蝦夷] 오시마[大島]가 분화했다. 게다가 18일 밤에 쓰나미가 발생하여 마쓰마에 지방에서

1,500명 이상이 익사했다. 쓰나미는 쓰가루 지방부터 사도[佐渡]·노토·와카사에도 미쳤다. 이 쓰나미가 지진에 의한 것인지, 땅이 침하하며 토사가 바다에 유입되어 발생한 것인지 잘 알려져 있지 않다.

그 10년 뒤, 1751년 4월 26일에 에치고[越後][1] 다카다[高田]에서 M7.0~7.4의 대지진이 발생했다. 다카다 번[高田藩]의 피해는 심각했다. 파손된 집도 많았고 산사태도 각지에서 일어났다. 다카다 번의 사카키바라 씨[榊原氏]는 계속된 영지 교체로 빌린 돈이 30만 냥에 달했다고 한다. 막부는 복구를 위해 1만 냥의 배차금을 인정했다. 또 마쓰시로 번[松代藩]의 사나다 씨[眞田氏]에게도 3천 냥을 지급했다. 이들의 배차금은 모두 무이자 10년 상환이 조건이었다.

같은 해 6월에 은거하고 있던 요시무네가 사망하고, 뒤를 쫓듯 오오카 다다스케[大岡忠相]도 12월에 사망했다. 쇼군의 신변 잡무를 담당하는 역직인 고쇼[小姓]였던 다누마 오키쓰구[田沼意次]가 이 해에 이에시게의 고쇼에서 쇼군의 최측근이 부임하는 역직인 소바슈소바요모시쓰기[側衆側用申次]가 되어 쇼군 주변에서의 활동 반경을 넓혔다. 그리고 오키쓰구는 1758년(寶曆8) 9월에 다이묘의 반열에 올랐고 이때부터 이른바 '다누마[田沼] 시대'가 시작되었다.

호레키 기근

그에 조금 앞선 1755년에는 5월부터 전국적으로 계속 비가 내렸고

---

1   에치고[越後]는 사도[佐渡]를 제외한 니가타 현[新潟縣] 전 지역에 해당한다.

특히 도후쿠 지방은 기온이 오르지 않았으며, 7월에는 쓰가루 지방에 눈도 내렸다. 시베리아 지방의 한기가 도호쿠에서부터 바람이 되어 불어오는 현상을 '야마세[ヤマセ]'라고 한다. 야마세는 도후쿠 지방에 냉해를 가져왔는데, 이 해의 냉해는 전형적인 야마세형 냉해였다. 이러한 자연재해에 대한 대응은 각 번에 따라 달랐다. 이 점에서 기쿠치 이사오는 호레키 기근을 '인재人災'로 보고 있다[菊池1997]. 흉작은 어디에서도 일어나지만, 그에 적확하게 대처했는지에 따라 피해의 차가 나타난다고 한다.

히로사키 번[弘前藩]에서는 냉하의 기운이 퍼지는 가운데, 1695년의 '을해년의 기근'이 다시 발생할 위험이 있었다. 당시, 기근은 주기적으로 온다는 말이 전해지고 있었고, 1755년이 1695년과 같은 '을해년'이었기 때문에 반드시 기근이 발생하리라는 소문이 있었다. 또 1749년의 기근 때는 저장해 둔 곡식이 부족하여 다른 영지로 유랑한 자들이 많았다. 그 경험을 바탕으로 이번에는 쓰도메[津留]를[2] 실시하여 영내에 식량을 확보했다. 덕분에 아사자는 거의 발생하지 않았다.

그에 비해 모리오카 번[盛岡藩]과 하치노헤 번[八戸藩]에서는 흉작의 조짐이 나타났음에도 에도에 쌀 보내기를 강행했다. 이 번들은 혹독한 재정 상황으로 현금 수입을 확보해야 했기 때문이었다. 10월 무렵부터 기민이 증가하여 조카마치의 사원에서 죽을 보시하기 시작했지만, 어림없었다. 모리오카 번에서는 5만 명, 하치노헤 번에서는 3천 명이 넘는 아사자가 발생했다.

센다이 번은 교호 기근 때 에도에 쌀을 보내 큰 이익을 얻었다. 그래

---

2   도메[留]란 막다, 정지시킨다는 의미가 있다. 미곡이나 물자의 입출입을 제한, 정지하는 정책으로 항구에서 많이 행해졌기 때문에 항구를 의미하는 '쓰[津]'를 붙여 쓰도메[津派]라고도 칭한다.

서 영내에서 쌀을 사들여 에도에 팔았는데, 그 후에는 쌀값이 떨어지는 추세였기 때문에 번의 재정은 다시 악화되었다. 1775년에는 에도의 쌀값이 상승세였으므로 에도에 보내는 쌀의 양을 늘렸다. 그로 인해 영내의 식량이 부족해졌다. 영주 재정을 우선할 것인가 영민의 생명을 보장할 것인가, 이렇게 정치의 질을 묻게 되었다고 해도 좋을 듯하다.

곤궁한 번에서는 막부에 배차금을 청원하기도 했다. 막부는 로주인 쓰루오카 번[鶴岡藩]의 사카이 씨[酒井氏]에게 1만 냥, 데와[出羽]³ 마쓰야마 번[松山藩]의 번주이자 와카토시요리였던 사카이 씨와 데와 신조 번[新庄藩] 도자와 씨[戶澤氏]에게 각 3천 냥을 대여했다. 이 가운데 도자와 씨는 배차금 허락은 받았지만, 기근 준비에 태만했다는 책임을 물어 '에도 성 출사 정지' 처분을 받았다[『德川實紀』]. 자기 책임을 강제하는 '본보기'라고 해도 좋을 법한 조치였다. 재정적으로 여유가 없던 막부도 배차금 지출을 억제하고 싶었을 터이다.

모리오카 번에서는 처음에 유지자의 협조를 얻어 사원이 보시를 했다. 기민이 증가하자 번은 빈민구제소라 할 수 있는 오스쿠이코야[お救い小屋]를 사원 내에 설치하고 직영하는 방식으로 바꿨다. 번이 운영하지만, 보시의 재원은 유지자의 협조를 얻었으므로 실제로는 전과 같은 상황이었다. 다만 번이 운영하게 되자 자발적이었던 협조는 강제로 변했고, 그만큼 보시의 규모는 확대되었다.

구휼은 서민 생명을 지키는 활동이자, 치안 유지를 위해서도 필요한 사업이었다. 그래서 구휼은 '공의', 영주, 민간 부유층 모두가 관련되어 있었는데, 그 내부에서 여러 다툼이 눈에 띄게 되었다.

---

3   데와[出羽]는 야마가타 현[山形縣]과 아키타 현을 가리킨다.

『민간비망록』

이치노세키 번[一關藩]에서는 저장한 곡물을 방출하여 기민에게 보시했기 때문에 아사자가 거의 나오지 않았다. 그럼에도 다른 영지로부터 유입해 온 기민은 많았고, 그 모습은 비참했다. 이 모습을 본 다케베 세안[建部淸庵]은 『민간비망록民間備忘錄』을 저술했다【사진6】. 세안은 이치노세키 번의 번의사藩醫師로 한방漢方이 전문이었으나, 새로운 서양의 의술인 난방蘭方 의학에도 관심이 깊어 스기타 겐파쿠[杉田玄白]와도 교류가 있었다.

『민간비망록』은 학자의 지식이라 할 수 있는 중국의 구황서救荒書와 민간의 지식이라 할 수 있는 실제 견문을 바탕으로 쓴, 일본 최초의 본격적인 구황서였다. 내용은 곡식의 저장 방법, 구황 작물의 재배, 기근 때의 대책 등으로 이루어졌다. 세안은 평소에 농민으로부터 입은 '은혜'를 만분의 일이라도 보답하고 싶다는 생각으로 이 책을 저술했다고 한다. 그래서 초목 이름의 오른쪽에 일본

【사진 6】『민간비망록』 건권乾卷(상권).
소장·사진 제공: 일본 국립국회도서관(초판).

어 명칭을, 왼쪽에는 방언을 후리가나로 써넣어 한자를 모르는 서민도 알 수 있도록 노력했다. 세안은 책을 번에 헌상했고, 번은 사본을 만들어 영내 촌마다 배포했다. 1771년에는 간행본이 제작되어 전국적으로 널리 유포되었다.

『민간비망록』의 인상적인 점을 두 가지 들 수 있다.

하나는 세안이 정치의 요체로서 촌락행정인을 의미하는 '읍장보정론
長保正'의 역할에 대해 반복적으로 다루고 있다는 점이다. 특히 재해 때 사
람들의 '생명'은 촌 지도자의 활동에 걸려 있다. 그들에게야말로 바르고
풍부한 지식을 전달하지 않으면 안 된다. 촌의 지도층에 대한 기대가 매우
높다. 번도 이 인식을 공유했기 때문에 사본을 만들어 촌에 배포했다.

다른 하나는 '기도'라는 항목을 설정하고 있다는 점이다. 사람이 할
일을 다한 후에는 '하늘'에 기도하라고 세안은 말한다. 학자답지 못하다고
생각될지 모르지만 그렇지 않다. '지극정성의 마음이 통'하여 '하늘'의 은
혜가 있다는 의미다. '하늘'은 벌도 은혜도 준다. '지식'도 '덕'도 '하늘' 아래
통일된다. 그러한 생각이 에도 시대 사람의 심성이었다. 마지막으로는 '하
늘'에 부탁하는 기도가 재해를 뛰어넘는 힘이 된다고 세안은 믿고 있었다.

'농서'와 기근

구황서는 기근이라는 비상사태에 대처하기 위한 지식을 전달하는
책이다. 일상적인 농사 지식을 전해주기 위한 기술서로 '농서農書'라 불리
는 책들이 에도 시대에 다수 제작되었다. 민간인들은 겐로쿠 시대부터 농
서를 쓰기 시작했다. 촌마다 연대기가 만들어진 시기와 같다. 에도 시대다
운 본백성의 소경영이 나름대로 재생산된 것이 그 배경이었다.

덴나 연간(1681~1684)에 저술된 미카와 지방의 『백성전기百姓傳記』, 겐
로쿠 연간(1688~1704) 기이 지방의 『지방의 전승(地方の聞書)』, 호에이 연간
(1704~1711) 가가[加賀, 이시카와 현[石川縣] 남반부] 지방의 『경가춘추耕稼春秋』
등이 빠른 시기의 농서이다. 농업은 자연조건에 좌우되므로 작자의 체험

에 기초한 농서의 내용은 각기 개성적이다.

생산 조건이 혹독한 도호쿠 지방의 농서에는 지역 자연에 대한 주의가 보다 강조되었다.

『경작신耕作噺』은 쓰가루에 있는 도노마에 촌[堂野前村]의 나카무라 요시토키[中村喜時]가 1776년에 저술했다. 이 책은 냉해가 적은 조도早稻를 중심으로 농업기술이 서술되어 있다는 특색이 있다. 그리고 '그 해마다 기후'를 잘 '살피'도록 주의를 주고 있다. 또 요시토키는 '계절의 냉기에도 지지 않고, 토지의 좋고 나쁨에도 지지 않고, 결실이 좋은 벼를 취하는 것은 사람의 일이다'라고 말하고 있다. 흉작·기근에 지지 않은 힘은 인간의 노력 외에는 없다는 뜻이겠다.

1780년에 노시로[能代] 지방의 야마다 주타로[山田十太郎]는 『채종을 경작하는 방법(菜種作り方取立ヶ條書)』을 저술했다. 주타로는 아키타와 같이 한랭한 지역에서도 키워서 이익을 얻을 수 있는 작물로, 채종유의 원료가 되는 무채蕪菜와 유채油菜에 주목했다. 그리고 스스로 수년간 재배하며 연구를 거듭한 성과를 책으로 묶었다. 주타로는 무채나 유채가 농가의 가계에 보탬이 될 뿐 아니라, 구황 작물도 된다고 말한다. 솎아낸 잎을 절이고 말리면 생각지도 못한 식재료가 되고, 뿌리는 무와 같이 기근 때에 생명을 구하는 데에 도움이 된다. 이 책의 말미에 주타로는 '선인仙人의 방법, 유행병을 없애는 약, 빈민가에는 보시가 된다'라고 썼다. 무채나 유채야말로 추운 아키타의 가난한 농민들을 곤궁과 기근이라는 유행병으로부터 구할 시약이라는 의미다. 다만 뒤에서 다루는 것처럼 상품작물 생산의 편중은 기근 때 식량 부족을 가져오기도 했음을 주의할 필요가 있다.

평소 농업의 기술 개량에 노력하면서도, 흉작·기근의 준비를 잊어서는 안 된다. 그러한 촌의 지도자들이 도호쿠 지방에도 나타났다.

가코이모미와 의창

　비상시를 대비하여 곡물을 저장하는 행위를 '가코이모미[圍籾]'라 부른다. 이 가코이모미는 각 번에서도 여러 명목으로 에도 시대 전기부터 행해졌다. 예를 들면 오카야마 번에서는 1654년의 대홍수 부흥책으로 경지 1단(1反=약 1,000㎡)에 대해 2되의 보리를 저장하는 '세무기[畝麥]' 제도를 시행했다. 엔포·덴나 시기의 홍수·기근 때는 이 '세무기'가 구휼에 도움이 되었다.

　막부의 가코이모미는 구황 비축과 쌀값 대책을 겸한 조치였다. 1753년과 1754년, 2년에 걸쳐 막부는 막부령과 사령을 가리지 않고 석고 1만 석당 벼 1,000표를 비축하도록 명령했다. 여기서 벼 1,000표는 1되를 반으로 정미한 쌀을 사용하며, 1표에는 5말이 들어가 250석에 해당한다. 이 가코이모미는 영주의 자주적인 노력에 맡겨진 부분이 많았는데, 1755년·1756년에는 가코이모미를 방출하라는 지시가 내려지며 기근 때 일정한 구제 역할을 담당했다(『御觸書寶曆集成』).

　또 막부는 1760년·1761년에 석고 1만 석당 보리 1,000표를 가코이모미하도록 새롭게 명령했다(『御觸書天明集成』). 이후 이 보리도 보존, 판매, 재저장이라는 막부의 지시가 반복적으로 내려졌는데, 그러한 과정에서 정착된 점과 잊힌 점이 있는 등 결과는 지역에 따라 각기 달랐다.

　한편 이처럼 조세에 준하는 가코이모미와 달리 유지자가 자주적으로 곡물을 저장한 의창義倉도 각지에서 행해졌다. 1717년 셋쓰 국 히라노 고 정[平野鄕町]에서 조직된 교육기관 간스이도[含翠堂]에서는 회원으로부터 30냥의 기부금을 모아 기근 때 지역민들을 구제했다.

　빗추 국 구라시키 촌[倉敷村]에서도 1769년에 곤궁한 자를 구제하기 위해 의창이 조직되었다. 의중義衆이라 불린 공출자는 처음에 74명이었는데, 이들로부터 거둬들인 보리인 의맥義麥은 52석이었다. 의맥은 10년 동안 공출되었다. 의중은 연 1회 수의회修義會를 열고, 일상적인 의창의 관리는 촌 내의 5개 사원이 맡았다. 모두 구휼 사업이 학습 활동과 함께 행해졌다는 점을 주목해야 한다.

구휼을 위한 곡물 저장은 영주 주도의 가코이모미와 민간 주도의 의창이 병행되며 어느 정도 역할을 다하고 있었다.

영아 살해 금지와 영아 양육 제도

에도 시대에는 가족 수를 제한하기 위해 낙태나 영아를 살해하는 풍습이 있었다. 혹독한 조건에서 생활하는 서민에게 그것은 아슬아슬한 선택이었다. 그러나 영주는 이 풍습이 연공 수탈의 기초가 되는 '이에'나 인구 유지에 악영향을 준다고 인식하고 있었다.

영주가 백성을 타일러 영아를 살해하지 않도록 한 빠른 사례는 1663년으로, 아이즈 번의 호시나 마사유키[保科正之]였다. 센다이 번에서는 1691년에 '아이 되돌려보내기(赤子押反し)' 금지령이 내려졌다. 민간에서는 영아 살해를 '되돌려보내기'라 부르고 있었다. 살해가 아닌 저세상에 되돌려보낸다는 의미일 것이다. 영주의 법령도 민간의 말을 사용했으며, 센다이 번에서는 호레키 기근 후인 1762년에도 같은 법령이 내려졌다(谷田部 1983).

막부는 1767년에 영아 살해를 금지하는 법령을 내렸다. 산실에서 태어난 아이를 바로 죽이는 행위는 '불인不仁의 지극함'이며, 촌락행정인이나 백성들이 서로 마음을 써 이를 감시하도록 명했다〔『御觸書天明集成』〕. 이 법령은 막부령이나 사령을 가리지 않고 전국의 촌마다 전달되었다. 이후 덴메이 시기(1781~1789)에 걸쳐 전국에서 영아 살해 금지를 권장하는 서적이 제작되었다〔澤山1998〕.

미마사카 국(美作國, 오카야마 현의 북동부)의 쓰야마 번[津山藩]에서는 1756년에 영아 살해 금지령이 내려졌지만, 1781년에는 보다 발본적인 대책으로 '영아 살해 단속 방법에 대한 명령'이라는 법령이 내려졌다. 이 법령은 임신하면 '임신 신고서'를 제출하고, 출산 때 이웃 등을 보증인으로 참가시키고, 유산이나 사산한 경우는 의사가 작성한 '상태 신고서'를 제출하도록 하는 내용이었다.

한편 영아 살해를 방지하기 위해서는 타이르거나 감시하는 것만이 아닌 영아에 대한 경제적인 지원도 필요하다는 의견이 거세졌다. 아이즈 번에서는 1746년에 마치부교가 번주의 '인혜仁惠'로 쌀의 지급, 즉 영아 양육 수당을 지급하도록 제안했다. 이는 실현되지 않았지만, 1776년에 고오리부교가 사창社倉의 벼 3,000표를 영아 양육미로 사용하도록 제안하여 실시되었다. 비상시를 대비한 사창의 쌀이 평상시의 영아 양육에 사용되었다. 빗추 구라시키의 의맥도 버려진 아이의 양육비로 사용되었다.

후쿠오카 번[福岡藩]에서는 겐분[元文] 연간(1736~1741)부터 민간의 유지자가 돈을 거둬 영아 양육비를 충당하기 시작했다. 1764년에는 번이 부유한 자로부터 기부를 받아 빈궁한 자의 영아 양육비로 삼는 제도를 시행하자, 127명이 모금에 응했다. 1797년부터는 본격적으로 영아 양육 제도가 개시되었다. 이 법에 따르면 번이 제공하는 3,000표와 군에서 징수한 2,000표를 더한 5,000표를 원천으로, 양육비가 필요한 자에게 1년째는 3표, 2, 3년째에는 1표씩 지급했다.

센다이 번에서는 1768년 무렵부터 촌의 비축미를 영아 양육미로 지급하는 일이 촌마다 산발적으로 행해졌다. 1807년에는 번이 전체 영내에 통일적으로 양육미를 지급했다.

영아 살해 금지와 영아 양육은 구황 대책과 일체화하여 진행되었다. 그 제도화는 민간의 도움 없이는 불가능했다.

미노의 세 강, 호레키 치수

교호 기근으로 '국역 공사'가 중단된 이후에도 홍수의 피해는 끊임없었다. 1742년 8월 1일에는 간토 각지에서 홍수가 발생했다. 에도에서도 조카가 침수되고, 익사자가 2,000명이나 발생했다. 막부는 간토 지역에 있는 강의 '조력 공사'를 구마모토 번의 호소카와 씨·하기 번[萩藩]의 모리 씨[毛利氏]·쓰 번의 도도 씨·오카야마 번의 이케다 씨·후쿠야마 번[福山藩]의 아베 씨[阿部氏]에게 명했다. 게다가 1747년에는 오이 강[大井川]·덴류 강[天龍川]을 고치 번의 야마우치 씨·후쿠오카 번의 구로다 씨[黒田氏]에게, 후지 강[富士川]·아베 강[安倍川]·사카와 강[酒匂川]을 구루메 번[久留米藩]의 아리마 씨[有馬氏]에게, 가이 국의 강을 돗토리 번[鳥取藩]의 이케다 씨·오카 번[岡藩]의 나카가와 씨[中川氏]에게, 미노 국의 강은 니혼마쓰 번[二本松藩]의 니와 씨[丹羽氏]에게 조력 공사를 맡겼다. 이 가운데 돗토리 번은 가이 국 내 가마나시 강[釜無川]·후에후키 강[笛吹川]의 수복 및 시나노 국경까지의 도로와 다리 수리를 담당했다. 돗토리 번이 부담한 비용은 총 5만 냥이었는데, 대부분은 고노이케[鴻池] 가문 등 오사카 상인들에게 빌린 돈으로 채워지고 있었다. 조력 공사 비용을 부담하기 위해서 영내외의 호상에게 돈을 빌리는 사정은 어느 번이나 같은 상황이었다.

게다가 1753년 8월에 미노 지역에서 대홍수가 발생했다. 막부는 이 홍수를 계기로 전부터 문제가 되어온 미노의 세 강 즉, 기소 강·나가라 강·이비 강을 분류하는 공사를 하고자 했다. 이 조력 공사는 사쓰마 번[薩摩藩]의 시마즈 씨[島津氏]에게 명했다. 번은 가로 히라타 유키에[平田靭負]를 총책임자로 삼고, 번의 무사에서 잡일을 하는 봉공인奉公人까지 총 947명을 현지에 파견했다.

공사는 1754년에 시작되어 다음 해까지 이어졌다. 공사 내용은 2가지로 나뉘는데, 먼저 홍수로 피해를 본 제방 등을 수복하는 공사가 시행되었다. 이 공사는 해당 지역의 촌에서 하청을 받아 주변의 촌사람들을 인부로 고용하여 실시했다. 막부는 이를 '촌의 조성과 구제'를 위한 공사라고 칭했는데, 조력 공사는 '공공' 사업의 분담이자 '공의'의 구제 기능을 대신하기도 했음을 알 수 있다.

다른 하나는 세 강을 나누는 공사로, 미노 지역에서 발생하는 홍수의 근본적인 원인을 제거하기 위한 공사였다. 홍수가 발생한 원인은 기소 강의 토사 퇴적이 심각하여 강바닥이 상승했기 때문이었다. 그래서 세 강이 합류하는 곳은 다른 강보다 수량이 많아져 수위가 높아졌고, 특히 이비 강의 흐름을 방해하고 있었다. 이 문제를 해결하기 위해 강 가운데 도류제導流堤 등을 설치하여 세 강을 분리하려고 했다. 그러나 이와 같은 공사는 지금까지 실시해 본 적이 없는 힘든 공사였고, 공사비는 불어나 당초 예상되었던 10만 냥을 훨씬 넘는 총 40만 냥에 달했다. 결국 사쓰마 번은 그 대부분을 빌려서 충당했고, 이때 생긴 부채로 인해 번의 재정은 장기간에 걸쳐 궁핍했다.

햇수로 2년에 걸친 공사 기간 중 88명의 희생자가 발생했다. 자살한 자가 54명, 병사한 자가 34명이었다. 희생자 가운데 84명이 사쓰마 번의 무사였는데, 그 가운데 자살한 자가 52명이었다. 다른 사례에서는 볼 수 없는 이상한 숫자였다. 공사가 종료되어 막부가 귀국을 허락한 다음 날 총책임자였던 히라타 유키에가 자살했다. 공사에 많은 비용이 소요되고 다수의 희생자가 발생한 일에 대해 책임을 지기 위한 결정이었다고 전해진다. 많은 사쓰마 번의 무사는 번에 대한 귀속 의식과 번주에 대한 충의심이 강했으므로, 공사에서 발생한 문제를 책임지기 위해 자살했을 것이다. '공의' 사업을 번의 조력으로 실시했을 때 발생할 수 있는 모순이 가장 심각한 형태로 나타난 사건이었다.

'국역 공사'의 재개

호레키 치수 공사의 이상한 사태는 막부의 치수 정책에 영향을 주었다. 1757·1758년에도 여러 지역에서 홍수가 발생하고 '공의 공사' 요청이 이어졌다. 막부는 어쩔 수 없이 1758년 12월에 다음 해부터 '국역 공사'를 재개한다고 알렸다.

그러나 막부의 재정난도 심각해지고 있었다. 그래서 막부는 '국역 공사'에 조력 공사를 끼워 넣어 재정 부담을 줄이려고 했다. 이러한 방법이면 단독으로 조력 공사를 명했을 때 발생하는 모순도 완화할 수 있을 것이다. 이 새로운 방식은 메이와[明和] 시기(1764~1772) 이후부터 실시되었다. 구체적인 진행 방식은 각각의 공사마다 다르지만, 가사야 가즈히코[笠谷和比古]의 연구에 따르면 대개 다음과 같은 형식을 취했다[笠谷1993].

첫째, 치수 공사 전체는 막부의 일원적인 관리 아래에서 수행되고,

총비용도 막부가 먼저 대신 충당한다. 이러한 면에서 공사는 '공의 공사'로 인식된다.

둘째, 총비용의 80% 이상은 조력하도록 명령을 받은 다이묘가 부담한다. 이것이 조력 공사에 해당한다.

셋째, 남은 비용의 9/10은 국역으로, 촌에서 나누어 부담한다. 이것이 '국역 공사'에 해당한다.

넷째, 남은 1/10, 전체 비용의 2%에 해당하는 나머지는 막부가 부담한다.

실로 '공의'의 공사에 조력 공사와 '국역 공사'를 끼워 넣은 조치였다. 이로써 교호 시기의 '국역 공사' 제도보다 막부의 부담은 대폭 줄어들었다. 재해가 빈발하는 가운데 막부의 재정 부담을 줄이면서 '공의'의 기능을 유지하기 위한 묘안이었다. 게다가 교호 시기의 제도에서는 제외되었던 20만 석 이상의 구니모치 다이묘에게도 공사의 신청이 허가되었다. 표면적으로 전 국토에 '공의'의 치수 기능이 미치게 되었다.

【표10】에 겐분 연간 이후에 시행된 하천 조력 공사를 제시했다. 이 가운데 1766년 이후의 시기가 '국역 공사' 재개 후에 해당한다. 전국에서 치수 공사가 급증했음을 알 수 있다. 그러나 이 방식으로는 당장의 공사 비용을 막부가 비용을 충당해야 했다. 그런데 조력 공사를 하는 다이묘나 국역을 부담하는 촌 측이 피폐해지면, 그들을 대신하여 막부가 충당하여 사용한 비용의 회수가 늦어지게 된다. 결국 1824년에는 1만 석 이상 다이묘의 공사 신청을 금지했고, 이 제도는 사실상 정지 상태가 되었다. 그러나 이후에도 막부가 대신 충당한 돈은 회수되지 않았고, 1842년 시점에서도 상환되지 않은 금액이 모두 21만 3,600냥 정도였다〔笠谷1993〕.

【표10】겐분~간세이 시기 주요 하천 조력 공사

연대	대상 하천	담당 다이묘
1736(元文1)	오이 강[大井川]	하치스카[蜂須賀]·난부[南部]
1742(寬保2)	간토 강들	호소카와[細川]·모리[毛利]·도도[藤堂]· 오카야마 이케다[岡山池田]·후쿠야마 아베[福山阿部]
1747(延享4)	가이 강들	돗토리 이케다[鳥取池田]
	도카이도 주변 강들	야마우치[山内]·아리마[有馬]
	미노·이세 강들	니와[丹羽]
1753(寶曆3)	미노·오와리·이세 강들	시마즈[島津]
1766(明和3)	미노·이세 강들	모리·오바마 사카이[小浜酒井]
1767(明和4)	간토 강들	다테[伊達]·아사노[淺野]
1768(明和5)	미노·오와리·이세 강들	하치스카·아리마
1775(安永4)	가이 강들	니와·도야마 마에다[富山前田]
1776(安永5)	미노·이세 강들	돗토리 이케다
1780(安永9)	도카이도 주변 강들	도도
1781(天明1)	간토 강들	오카야마 이케다·하치스카· 우와지마 다테[宇和島伊達]·오쿠보[大久保]
1783(天明3)	미노·오와리·이세 강들	오가사와라[小笠原]
1784(天明4)	무사시·고즈케·시나노 강들	호소카와
1786(天明6)	간토·이즈 강들	아사노·모리·돗토리 이케다· 오카야마 이케다·하치스카·야마우치· 마쓰에 마쓰다이라[松江松平]·오쿠다이라[奥平]
1788(天明8)	도카이도 주변 강들	야나기사와[柳澤]·쇼나이 사카이[庄內酒井]
1789(寬政1)	아사쿠사 강	다치바나[立花]
	스미타 강	후쿠야마 아베
	미노·이세 강들	니와·도야마 마에다
1791(寬政3)	도카이도 주변 가이 강들	히메지 사카이[姫路酒井]
1792(寬政4)	에도 강·간다 강	사타케[佐竹]
1793(寬政5)	도카이도 주변 가이 강들	오카야마 이케다
1794(寬政6)	간토 강들	마쓰에 마쓰다이라
1796(寬政8)	미노·이세 강들	니와

출전: 松尾[1978]에 의거 작성, 주: 1766년 이래는 '국역 공사'에 포함됨

스기타 겐파쿠의『노치미구사』

네덜란드를 통해 전해진 서양 학문인 난학蘭學의 학자로 알려진 스기타 겐파쿠가 쓴『노치미구사[後見草]』라는 수필이 있다. 겐파쿠는 1733년에 태어났다. 그 해에 에도에서 최초로 우치코와시가 발생했고, 지키교 미로쿠가 후지산에서 사망했다. 겐파쿠는 태어난 후 24, 25년은 그다지 큰 사건의 기억은 없다고 말한다. 그런데 1759년부터 그 양상이 달라졌다. 그 해 여름부터 누가 말할 것도 없이 내년은 미카와만자이[三河萬歲]에서[4] 노래한 '미륵 십 년, 용의 해'에 해당한다는 소문이 떠돌았다. '미륵의 해'에는 재난이 많다. 이 난을 피하기 위해 '도리코시[取越] 정월'이라는 풍속이 유행했다. 이는 나쁜 해를 빨리 끝내고 좋은 해를 맞이하려고 1년에 2차례 정월을 지내는 풍습으로, 앞서 언급한 '빠른 정월'과 같다.

1760년이 되자 쇼군 이에시게가 은퇴하고 이에하루[家治]가 쇼군이 되었다. 쇼군의 교체는 세상이 바뀌는 것, 즉 '요나오리'가 기대되었다. 그런데 쇼군의 취임 축하연이 예정된 2월 4일, 아카사카[赤坂] 이마이다니[今井谷]에서 불이 시작되어 시나가와까지 모두 태운 대화재가 발생했다. 게다가 6일에는 간다 하타고 정[旅籠町]에서 화재가 발생하여 후카가와까지 탔다. 이는 4, 50년 동안 없었던 대화재로, 이를 비꼬는 교카가 유행했다. 새로운 쇼군이 취임해도 '요나오리' 할 때가 아니었다. 화재로 시작된 치세가 경사스러울 리 없었다.

그 후에도 화재·폭풍우·돌풍·가뭄·낙뢰·감기 유행 등 재액이 계속되었다.

---

4   미카와만자이[三河萬歲]는 미카와 지방에서 행해진 신년을 축하는 기예를 의미한다.

막부의 마시스케고(增助鄕, 새롭게 추가된 스케고)에 반대하며 일어난 덴마 소동[傳馬騷動]이 시작된 메이와 연간(1764~1772)에 각지에서 백성 잇키가 일어났다. 막부령·번령의 틀을 넘어 백성들이 연대하여 '광역 투쟁'을 일으켰고, 잇키와 함께 우치코와시도 갈수록 심각해졌다(林1971). 1769년에 막부는 잇키를 진압하도록 가까운 번에 출병 명령을 내리고, 다음 해에는 도당·강소强訴·도산逃散을[5] 영주에게 통보하도록 권하는 고사쓰를 세웠다.

1771년 2월에는 기나이 주변 지역에서 오카게마이리가 시작되어 순식간에 전국으로 퍼졌다. 참배자 총수는 207만 7,450명으로, 5월에는 매일 24, 25만 명이 참배했다고 한다. 민중들 사이에서 '요나오리'에 대한 바람은 퍼져갔다.

같은 해 3월 10일에는 먼 류큐 국[琉球國] 야에야마[八重山] 제도에서 거대한 지진 쓰나미가 있었다. 이시가키지마[石垣島]는 전 섬의 40%가 파도에 쓸려나갔고, 전체 파손된 가옥이 1,891채, 사망자가 8,439명을 헤아렸다.

다음 해 1월 29일에는 메구로[目黑] 교닌자카[行人坂] 다이엔지[大圓寺]에서 불이 시작되어 북동쪽의 아사쿠사까지 번지면서 에도 정 전체의 1/3을 태웠다. 메이레키 이래의 대화재였다. 이때의 사망자는 몇만 명인지 모른다고 한다【사진7】.

11월 16일에 '안에이[安永]'로 개원했다. "연호는 편안함이 영원하다고 바뀌었을지라도 물가가 비싼 것은 아직 메이와 9년"이라는 교카가 유행했다. 대화재 이후 물가는 계속 상승하고 있었다. 다음 해인 1773년 봄

---

5   강소強訴는 백성들이 조카에 몰려가 항의하는 행위를 뜻하고, 도산逃散은 촌 단위 등 집단으로 도망가는 행위를 가리킨다.

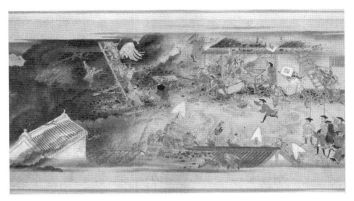

【사진 7】『메구로 교닌자카 화재 족자』.
소장·사진 제공: 일본 국립국회도서관.

부터는 역병이 유행하여, 3월부터 5월까지 에도 정 전체에서 약 19만 명이 사망했다고 한다〔『武江年表』〕. 막부는 '구제'를 위해 에도의 정마다 조선 인삼을 배포했다. 1776년 봄에는 홍역이 유행했는데, 1753년 이래의 대유행으로 많은 사람이 사망했다. 1778년에는 이즈 오시마가 분화했고, 다음 해에는 사쓰마의 사쿠라지마[櫻島]가 분화했다. 1779년과 다음 해에는 여러 지역에서 홍수가 계속 발생했다.

1781년 4월 2일에는 '덴메이[天明]'로 개원했다. 에도의 조닌은 "나쁜 것은 천명(天命=덴메이)"이라고 부르며 단어의 조합이 좋지 않다고 모두 불평이었다. 사실 덴메이 연간(1781~1789)에도 재해의 연속이었다. 겐파쿠도 『노치미구사』에서 그에 대해 많은 지면을 할애했다.

2. 텐메이 아사마 산 대분화와 텐메이 기근

'텐메이 기근'은 에도 시대에 발생한 기근 가운데 가장 많은 희생자를 발생시켰다. 기근 후에는 어느 지역에서나 에도 시대의 최저 인구를 기록했다. 각지에서 식량을 요구하며 우치코와시가 일어났고, 우치코와시가 영주나 부유한 자의 보시를 끌어내는 '관행'도 퍼졌다. 기근을 통해 지역을 단위로 한 새로운 구제 시스템이 모색되었다. 지역의 실태는 '촌'의 연합이었다. '촌'의 연합은 영주가 지배하는 기구를 따르는 경우도, 그를 뛰어넘는 경우도 있었다. 어떤 경우에도 영주 지배와 결합하거나, 결합하지도 않은 어중간한 거리를 유지한 채 지역의 자립적인 활동이 확대되었다.

기근 원인의 하나로 직전에 발생한 아사마 산[淺間山]의 분화가 있다. 그 분화 재해의 양상부터 살펴보자.

아사마 산 대분화

아사마 산은 현재도 왕성하게 활동하고 있는 활화산 가운데 하나다. 역사상 몇 차례 대분화를 반복했으며, 에도 시대에도 그 활동은 계속되었다.

1783년(天明3) 4월 9일, 아사마 산이 분화했다. 기슭의 촌에서는 지진이 일어난 듯 집이 흔들렸다. 그로부터 한 달 반 정도는 평온하게 지나갔는데, 5월 26일에 다시 분화하여 3일 동안 계속되었다. 6월 17일에 세 번째 분화가 일어났고, 이후에도 단속적인 분화가 계속되다가 29일부터는 연일 분화했다. 7월 6일에는 점심이 지날 무렵부터 폭발이 계속되었고, 저녁부터 밤에 걸쳐 더욱 격심해졌다. 기슭의 사람들은 피난을 시작했다. 떨어진 재는 간토 일원으로 퍼졌다. 7일에는 북사면北斜面에서 화쇄류가 발생했고, 밤부터 다음 날 아침까지 분화는 최고조에 달했다. 나카센도[中山道]의⁶ 가루이자와 역[輕井驛]이나 구쓰카케[沓掛]의 숙박 시설에 화산탄이 떨어졌고 많은 가옥이 불탔다. 점심 전 북쪽 기슭에서 발생한 화쇄류가 고즈케 국(上野國, 군마 현[群馬縣]) 아가쓰마 군[吾妻郡] 간바라 촌[鎌原村]을 직격하여 순식간에 촌을 집어삼켰다. 477명의 희생자가 발생했고, 약간 높은 관음당觀音堂으로 도망간 노인·여자·어린이 등 93명은 생명을 건졌다.

화쇄류는 아가쓰마 강[吾妻川]으로 흘러 들어가 이류泥流가 되었다. 토사가 내려 쌓이고 있던 아가쓰마 산[吾妻山]에서는 대규모의 산사태가 발생하여 군마 군[群馬郡] 난모쿠 촌[南牧村]·기타모쿠 촌[北牧村]·가와시마 촌[川島村]이 괴멸되었고, 2,480여 명이 사망했다. 거대한 산사태는 촌을 무너뜨리고, 대량의 토사는 도네 강[利根川]까지 흘러 들어가 각지에서 홍수를 일으켰다. 마에바시[前橋] 주변에서는 1,500명 정도가 사망했다. 9일이 되자 분화가 겨우 진정되기 시작했다.

7월 11일 무렵부터 촌사람들은 촌으로 돌아와 복구를 시작했다. 촌

---

6 나카센도[中山道]는 에도 시대의 큰 다섯 도로 가운데 하나로, 에도의 니혼바시[日本橋]부터, 오미의 구사쓰[草津]에서 도카이도와 합류하여 교토에 이른다. 그 사이에는 67개의 역이 설치되었다.

락행정인들은 우선 피해 상황을 영주에게 보고했다. 보고를 받은 영주는 현지 조사를 위해 관리를 파견했다. 촌사람들은 관리에게 즉각적인 후치마이 지급과 연공 감면을 청했다. 피해가 컸던 아가쓰마 군의 막부령에는 네기시 야스모리[根岸鎭衛]가 파견되었다. 그는 막부의 재정 사무 전반을 감사하는 역직인 간조긴미야쿠[勘定吟味役]였는데, 직접 촌을 돌며 실상을 파악했다. 네기시는 기민에게 하루에 남성은 쌀 2홉, 여성은 1홉을 기준으로, 한 사람당 60일분씩의 후치마이를 지급했다. 아울러 농기구 대금도 하사했는데, 가능한 촌의 자력으로 화산재를 치우고 농지를 회복시키기 위해서였다. 사령의 경우에는 가와고에 번[川越藩]처럼 농기구 대금·종자 대금·건축 자재 등을 제공한 곳도 있었지만, 대부분은 당장의 부식미를 주는 정도에 그쳤다. 사령의 촌사람들이 순회하는 막부 관리에게 직소直訴하기도 했지만, 막부는 사령의 구제는 영주 책임이라는 입장을 고수했다.

복구는 늦어져 진전되지 않았고 물가도 올랐다. 촌사람들의 불만도 높아졌다. 9월 말일에는 우스이 군[碓氷郡] 시모이소베 촌[下磯部村]에서 우치코와시가 일어났다. 촌락행정인이 구제를 청하기 위해 에도에 출소한 가운데 발생한 일이었다. 10월 2일에 무사시·고즈케의 백성이 시나노의 쌀가게를 부순다는 소문이 돌았고, 오다이 숙[小田井宿]에 1천여 명이 몰려들었다. 백성들이 쌀의 저가 판매를 요구하니 숙에서는 밥을 지어 그들을 먹였다. 소문에 따르면 우치코와시로 이와무라다 숙[岩村田宿]에서는 12채가 부서지고, 사쿠 군[佐久郡]에서는 53채가 부서졌다고 한다.

복구를 둘러싼 '공의'와 촌

10월에 접어들자 막부는 제방 공사 등 '공의 공사'를 시작했다. 공사 대상 지역은 고즈케 국 7군 703촌에 달했다. 공사는 해당 촌에 청부하는 방식을 원칙으로 삼고, 예닐곱 살의 어린이들에게도 인건비를 지급했다. 이는 부식 급부와 같은 의미를 갖는 구제책이기도 했다. 11월이 되자 막부는 사령 내의 용수로와 하수로·도로·다리도 '공의 공사'로 수복하도록 하고, 막부령·사령 촌들이 조합을 만들어 촌이 공사를 담당하도록 했다. 이는 후지 산 호에이 분화 복구책과 같은 방식이었다. 공사 비용은 모두 금 55만 냥에 달했다. 막부는 구마모토 번 호소카와 가문에 조력 공사를 명했다. 다만 구마모토 번은 직접 공사에 관여하지 않고, 공사 비용의 절반에 가까운 금 22만 냥을 부담했다.

다음 해 윤1월에는 '공의 공사' 대금이 촌에 나누어 전달되었다. 그럼에도 물가는 높았고, 촌의 청원을 받아들여 영주는 구휼을 계속했다. 4월에는 종자 대금 배차가 인정되어 대금을 나누어 주었다. 주인이 없어 황폐해진 경지를 다시 경지로 만들기 위한 배차금도 하사되었다. 5월에는 모래가 흩날리고, 굶주림과 목마름으로 다수의 환자가 발생하여 '묘약을 쓴 종이'가 배포되었다. 6월에는 밭의 연공 납입을 늦춰 달라는 청이 있어 받아들여졌다. 그러나 5월 중순부터 비가 계속되어 여름 작물의 성장이 좋지 않았고, 냉하의 기운이 퍼졌다.

간바라 촌의 부흥

괴멸적인 피해를 입은 간바라 촌의 부흥에 대해 네기시 야스모리는 『미미부쿠로[耳囊]』에 흥미로운 이야기를 기록하고 있다.

간바라 촌에서 기적적으로 살아남은 93명도 이류에 파묻힌 촌을 어찌할 수 없었다. 이 피해 상황을 본 인근의 오자사 촌[大笹村] 조자에몬[長左衛門]·호시마타 촌[干俣村] 고헤[小兵衛]·오도 촌[大戶村] 야스자에몬[安左衛門] 이들 세 사람은 각자의 집에 살아남은 사람들을 들여 부양했다. 분화가 진정되면서부터는 촌의 터에 움집을 짓고, 보리·조·피 등을 조금씩 보내 도왔다. 그리고 '살아남은 93명은 진실로 핏줄로 생각하도록' 훈계하고 '친족의 약속'을 시켰다. 게다가 세 사람은 남편을 잃은 부인에게는 부인을 잃은 남성과 인연을 맺어주고, 자식을 잃은 노인에게는 부모를 잃은 아이를 양육시키도록 하여, 모든 촌사람을 '친족'으로 묶었다. 가족이나 '이에'를 기초로 하지 않으면 촌이 재건될 수 없다는 것은 당시 촌 생활에서 보면 당연했다. 네기시도 '실로 독특한 만남의 계획은 흥미로운 일이다'라고 감탄하고 있다. 피해를 면한 경지도 재편된 '이에'에 균등하게 배분되었다. 게다가 조자에몬은 다른 촌으로부터 농가를 이주시켜 황폐해진 땅을 재개발하려고 계획했고, 막부도 지원을 약속했지만 잘 실행되지 않았다.

세 사람은 간바라 촌 외에도 피해를 본 촌을 구제했다. 이에 대해 막부는 '기특'한 행위라며 성과 대도[名字帶刀]를[7] 허락하고 상금도 하사했다.

---

7   성과 대도[名字帶刀]는 무사에게 허가된 특권으로 18세기 이후 무사(지배층)와 서민(피지배층) 즉 사회적 신분을 구별하는 표식이 되었다. 묘지[苗字, 名字]라고 하는 성은 한 가문을 대표하는 이름이며, 대도는 칼을 차는 행위나 칼을 의미한다. 성과 대도가 공로에 따른 포상으로 서민에게 허용되기도 하였다.

이때 고헤를 만난 네기시는 그의 인상에 대해 '일을 해야 할 만큼 총명한 자로도 보이지 않고, 실로 성실한 노인으로 보인다'고 기록했다. 이는 어디에나 있을 법한 평범한 노인이라는 의미다. 고헤는 상업에 종사했는데, 특별히 유복한 자도 아니었다. 그럼에도 주변의 어려움을 듣고 '우리들의 촌은 같은 군 내에 있으면서 떨어져 있었기 때문에 이번의 곤란을 피할 수 있었다. 그러나 같은 어려움에 처해진다고 생각하면 나는 몸을 던져 어려운 자를 구해야 한다'라고 하며 가산을 아끼지 않고 긴급한 상황을 도왔다고 한다. 그들을 촌을 넘어 활동한 '지역의 치자治者'라고 할 수 있겠다. 그들의 도움으로 촌의 재건이 진행되었다.

그럼에도 부흥은 쉽지 않았다. 76년 후인 1859년, 간바라 촌의 총 석고는 332석 정도였는데, 이 중 61.8%인 205석 정도가 여전히 '망소亡所'로 남아 있었다. 인구는 174명이 늘었지만, 예전의 30.5%에 정도였고, 재건 직후에 34채였던 호수는 35채로 1채가 늘었을 뿐이었다〔兒玉1989〕.

아오가시마 분화

아오가시마[青ヶ島]는 하치조지마[八丈島]의 남쪽에 있는 화산섬이다. 언제부터 사람이 살기 시작했는지 불분명하지만, 1652년이나 1670년에 분화했다고 알려져 있다.

아오가시마에서는 1780년 6월 무렵부터 작은 지진이 여러 차례 일어나는 군발 지진이 발생했고, 화구에서 열수熱水를 분출했다. 1785년 3월 10일부터 분화가 시작되어 연일 화산탄이 날아다니고, 흙모래가 떨어졌다. 4월에 접어들어 위험을 느낀 촌사람들은 섬 전체 피난을 감행했다.

200명이 하치조지마로 피난했는데, 이 과정에서 140명 정도의 섬사람이 생명을 잃었다. 하치조지마의 피난 생활은 매우 힘들었다. 피난 중에 촌락 행정인이 된 지로다유[二郞大夫]는 고향으로 돌아갈 계획을 세웠다. 복구계획은 1793년부터 시작되어, 40년이 지난 1824년에 그들은 겨우 귀환했다[小林1980].

아무리 재해로 파괴되었을지라도 태어난 고향으로 돌아가려는 것은 사람의 '귀소 본능'인가. 피난이 장기화되면서 의지가 꺾였을 법도 한데, 그를 뛰어넘어 귀환을 실현한 힘은 섬사람들의 열의와 리더가 가진 불굴의 지도력이었음이 틀림없다. 한편 피난처에서도 여러 사정이 있었을 터이고, 돌아가지 않는 선택을 할 수 있는 여지가 거의 없었을지도 모른다. 남쪽 섬의 작은 귀환극에서도 재해를 둘러싸고 생각해야 할 문제가 많다.

덴메이 기근의 시작

1782년 도호쿠 지방에서는 냉해로 인한 흉작의 조짐이 퍼지기 시작했다. 다음 해에는 아사마 산이 대분화를 했고, 화산재가 하늘을 덮어 한랭한 기후를 촉진했다. 여름에도 곡물은 열매를 맺지 못했고, 7월 무렵부터 각지에서 쌀값 안정을 요구하는 강소나 우치코와시가 일어나기 시작했다.

호레키 기근으로 큰 피해를 입었던 센다이 번에서는 1765년, 1774년, 1778년에 단속적인 흉작이 이어졌고, 궁핍한 번의 재정 상황은 개선되지 않았다. 1783년 9월 19일에는 센다이 조카마치에 있던 아베 세에몬[安倍淸右衛門]의 저택이 우치코와시로 부서졌다. 원래 조카마치의 목면 상인이었던 아베는 번에 헌금하여 '헌금 사무라이(御取上侍)'가 되었다. 후에는

400석을 받으며 번의 재정 출납을 담당했는데, 그가 때때로 헌금한 금액이 모두 20만 냥에 달했다고 한다. 아베가 번의 쌀 매입·회송 정책이나 가코이모미의 에도 매각에도 관여하고 있었으며, 영내에서 사들인 쌀을 숨겨두고 있다는 소문도 있었다. 그래서 아베가 쌀 부족이나 비싼 쌀값의 원흉으로 지목되었고, 우치코와시 세력의 공격 대상이 된 모양이다. 그러나 그 후도 쌀값은 떨어지지 않았다. 1783년 7월에는 1되에 50몬이었던 쌀은 다음 해 5월에는 350몬이 되었다.

번이 뒷수습에 나섰지만, 기근은 거의 손을 쓸 수 없었다. 번주의 정실 부인이 내린 '하사금' 1천 냥을 자금으로 삼아 1784년 1월에는 정의 곤궁한 자에게 한 사람당 하루에 현미 3홉을 지급했는데, 세 차례에 그쳤다. 2월 말부터는 히로세 강[廣瀬川] 하원에서 죽의 보시가 근근이 계속되고 있었다. 센다이 번령의 아사자는 14, 15만 명 혹은 20만 명이라고도 전해진다〔仙臺市史編纂さん委員會2004〕.

호레키 때 쓰도메를 실시하여 아사 확대를 방지했던 히로사키 번에서는 그 후 번의 재정이 악화되고 정권이 교체되었다. 정권을 잡은 새로운 가로들은 상인과 결탁하여 회송미廻送米를 늘리는 등 적극적인 재정 정책을 취했다. 1783년에도 예전처럼 오사카에 쌀을 보냈는데, 곡물이 전혀 열매를 맺지 않았기 때문에 영내에서 심각한 식량 부족 현상이 나타나게 되었다. 히로사키나 아오모리에는 기민이 유입되었고, 방화나 도둑질이 계속되었다. 영내의 아사자는 8만에서 10만에 달했으리라 추정된다.

서일본도 사태는 심각했다. 미마사카 국에서는 1781년·1782년에 오랫동안 비가 내리는 등 좋지 않은 기후가 계속되어 벼도 목면도 작황이 좋지 않았다. 이와 관련하여 쇼난 군[勝南郡] 이와미다 촌[岩見田村]의 아카호리 씨[赤堀氏]가 쓴 「일기장日記帳」이 남아 있다【사진8】. 이 책도 촌의 연대기

【사진 8】 아카호리 가문 「일기장」 가운데 5월 26일 쓰야마 우치코와시 기록.

소장: 개인 소장, 사진 제공: 미마사카 시 교육위원회.

인데, 그에 따르면 미마사카 국 동부에 있는 구라시키에서는 평년이라면 1석에 40몬메 정도였던 쌀값이 1782년 말에는 70몬메가 되었다. 다음 해 봄이 되어도 기온이 오르지 않았고, 5월에는 우박이 내려 담배나 목면 재배에 피해가 발생했다. 5월 26일이 되자 쓰야마 조카마치에서 상인의 집 4채가 우치코와시 세력에 의해 부서졌다. 우치코와시가 발생한 원인은 쌀 매점이었던 듯하다. 주모자로 10명 정도가 체포되었는데, 상인의 집 4채 가운데 2채는 감옥이 되었다. 그 후 정의 부유한 자들이 쌀을 공출하여 곤궁한 자에게 보시했다.

6월 5일에는 미마사카 구라시키에 부유한 자를 우치코와시 한다는 간판이 세워졌다. 다이칸이 쌀 상인을 폐문(閉門, 50일 감금형)에 처했기 때문에 우치코와시는 발생하지 않았다. 그러나 흉작은 자명하여 쌀값은 연말에 95몬메, 다음 해인 1784년 1월에는 100몬메를 넘겼다. 식량을 구하며 유랑하는 자가 늘었다. 구라시키에 가까운 이와미다 촌에도 하루에 80명이나 기민이 밀려왔다고 한다. 아카호리 가문에서는 죽을 끓여 보시했는데, 쌀도 보리도 다 사용하여 그 후에는 피를 끓여 나누어 주었다.

구휼을 위한 배차금

각지에서 구제를 요구하는 소리가 막부에 전달되었다. 그러나 아사마 산 분화 때부터 부흥에 나섰던 막부는 더욱 번을 도울 여력이 없었다. 1783년 12월, 막부는 다음 해부터 7년에 걸쳐 '모든 일에 대한 검약'을 명하고, 그 7년 동안은 '만석 이상·이하' 무사들의 '의뢰 배차'를 모두 인정하지 않겠다고 명령을 내렸다[『御觸書天明集成』]. 막부가 배차금 신청 정지를 명한 것이다.

그런데 『덕천실기』를 살펴보면 1783년부터 1784년에 걸쳐【표11】처럼 6건의 배차가 인정되었다. 막부에 전달된 피해 상황에 따르면 히로사키 번은 작황이 전혀 없었고, 나카무라 번[中村藩=相馬藩: 저자]은 89%가 손실되었으며, 하치노헤 번·센다이 번은 96%, 모리오카 번도 67%가 손실되었다. 이 가운데 히로사키 번에 1만 냥, 나카무라 번에 5천 냥의 배차가 인정되었다. 이들 번이 예외적으로 배차를 인정받은 이유는 알 수 없다.

【표11】덴메이 기근 때 다이묘 배차금

연대	월일	번주명(번명 지행고)	배차금
1783(天明3)	12월 22일	마키노 도토미노카미 야스미쓰[牧野遠江守康滿] (시나노 고모로[信濃小諸] 2만 5천석)	금 700냥
	12월 22일	마쓰다이라 겐바노카미 다다요시[松平玄蕃頭忠福] (고즈케 오바타[上野小幡] 2만석)	금 1,000냥
	12월 25일	쓰가루 엣추노카미 노부야스[津輕越中守信寧] (무쓰 히로사키[陸奧弘前] 4만 6천석)	금 1만냥
1784(天明4)	3월 16일	마쓰다이라 히고노카미 가타노부[松平肥後守容頌] (무쓰 아이즈[陸奧會津] 23만석)	은 300칸메
	3월 16일	아키타 시나노노카미 요시스에[秋田信濃守倩季] (무쓰 미하루[陸奧三春] 5만석)	금 2,000냥
	12월 25일	소마 이나바노카미 요시타네[相馬因幡守祥胤] (무쓰 소마[陸奧相馬] 6만석)	금 5,000냥

출전:『德川實紀』제10편에 의해 작성

【표12】 1786년(天明6) 12월 손실로 재정난에 처해 배차금을 받은 다이묘

다이묘(번명)	금액(냥)
마키노 엣추노카미[牧野越中守] (히타치 가사마[常陸笠間])	7,000
도리이 단바노카미[鳥居丹波守] (시모즈케 미부[下野壬生])	3,000
사카이 이와미노카미[酒井石見守] (데와 무라야마[出羽村山])	3,000
안도 쓰시마노카미[安藤對馬守] (무쓰 이와키다이라[陸奥磐城平])	5,000
마쓰다이라 겐바노카미[松平玄蕃頭] (고즈케 오바타[上野小幡])	2,000
도다 이나바노카미[戸田因幡守] (시모즈케 우쓰노미야[下野宇都宮])	7,000
아베 노토노카미[阿部能登守] (무사시 오시[武藏忍])	10,000
홋타 사가미노카미[堀田相模守] (시모사 사쿠라[下總佐倉])	10,000
마쓰다이라 우쿄노스케[松平右京亮] (고즈케 다카사키[上野高崎])	7,000
도이 오이노카미[土井大炊頭] (시모사 고가[下總古河])	7,000
니시오 오키노카미[西尾隱岐守] (도토미 요코스카[遠江横須賀])	3,000
이타쿠라 이세노카미[板倉伊勢守] (고즈케 안나카[上野安中])	3,000
마쓰다이라 노토노카미[松平能登守] (미노 이와무라[美濃岩村])	3,000
구루시마 시나노노카미[久留島信濃守] (분고 모리[豊後森])	2,000
이노우에 지쿠고노카미[井上筑後守] (시모사 다카오카[下總高岡])	2,000
오타 빙고노카미[太田備後守] (도토미 가케가와[遠江掛川])	5,000
이나가키 나가토노카미[稲垣長門守] (오미 야마카미[近江山上])	2,000

출전: 『御觸書天明集成』에 의해 작성

배차가 인정된 여섯 번 가운데서도 평소의 실정에 대한 책임을 물어 미하루 번[三春藩]은 '질책', 나카무라 번은 '에도 성 출사 정지' 처분을 받았다. 배차금은 처분받을 각오가 없으면 신청할 수 없는 분위기가 퍼졌음에 틀림없다.

그럼에도 다른 일에 힘을 쏟을 여력이 없다. 기근이 더욱 심각해진 1786년 12월에는 17개의 번에 총 8만 1천 냥이 배차되었다. 【표12】처럼 중소 후다이 번이 주요한 배차 대상이었는데, 배차금 정지령은 사실상 휴지조각이 되었다.

무라야마 지방의 군중의정

1783년 11월, 데와 국 무라야마[村山] 지방에서는 막부령·사령을 합친 110여 개의 촌 대표가 모여서 곡물 유통을 규제하는 고쿠도메[穀留] 등의 군중의정[郡中議定]을 정했다. 무라야마 지방에서 센다이 번령 등

다른 지역으로 통하는 여덟 길목에 곡물의 유통을 단속하기 위한 번소番所를 설치했다. 쌀은 물론 조·피·메밀·보리·밀·밀기울·사탕·강정·우동·소면·과자류까지 식량이 될 수 있는 물품을 가지고 무라야마 지방을 벗어나는 행위를 완전히 금지했다.

호레키 기근 때 히로사키 번이나 이치노세키 번에서 영내에 식량을 확보하기 위해 쓰도메를 실시했지만, 막부령과 사령이 혼재하고 있던 무라야마 지방은 통일적인 대응이 곤란했다. 그에 대한 반성도 있었는지 안에이 연간(1772~1781) 무렵부터는 막부령·사령을 뛰어넘어 촌의 대표가 모여 지역의 공통 과제에 대해 군중의정을 작성하여 결속을 꾀했다. 기근 때에도 그 기능이 발휘되었고, 고쿠도메의 군중의정은 이후 덴메이 기근을 통해 해마다 반복되었다〔靑木2004〕.

이 군중의정에 관해서는 다음 두 가지에 주목하고 싶다.

하나는 군중의정 성립과 운용에 막부령의 다이칸이 깊이 관여하고 있었다는 점이다. 당초 사령의 촌에서는 곡물을 자신들의 영지 내에서만 유통하려는 움직임이 있었다. 이를 막부령·사령을 묻지 않고 군중에 유통하도록 지휘한 자가 막부의 다이칸이었다. 즉 군중의정의 담당자는 막부령의 군중 소다이[惣代]나 사령의 오쇼야들과 같은 촌락행정인들로, 그들이 모이는 집회는 지역 질서를 안정시키는 '공의'의 기능을 대행하기도 했다.

그러나 한편, 이러한 '공의'의 '공공' 기능이 영주 사이의 조정이 아닌 막부령·사령을 뛰어넘는, 촌의 자주적 결합에 의한 형태로 실현될 수밖에 없었던 것도 사실이다. 지역 주민의 생존은 지역 민간 유력자에게도 영주에게도 공통의 과제였다. 이러한 지역의 공통 과제를 해결하며 군중의 지도자들이 '지역의 치자'로 성장해 갔다.

다른 하나는 군중의정이 갖는 안과 밖에 대한 모순과 대항이다. 의

정에서는 군중에서 고쿠도메를 실시하는 한편, 촌(=무라)이 자신의 촌 내에서만 곡물을 유통하는 행위를 금지하고 군중(=군)에 유통하도록 명하고 있다. 즉 '무라도메[村留]'를 금지하고 '군도메[郡留]'를 강조한다. 이를 볼 때, 군중의정은 군 규모의 유통과 교류에 깊이 관여한 호농상의 이해에 기초하고 있었음이 분명하다. 촌 내에는 '무라도메' 즉 촌에 곡물을 묶어두려는 움직임은 늘 있었다. 그러나 한편에서는 중하층의 촌사람 생활이 지역과의 관계를 벗어나서는 성립되지 않는 것도 사실이었다. 군중의정은 이러한 가운데 호농상의 지역 지배에 의거한, 촌사람의 생존을 지키려는 쇼야 등 촌락행정인들 즉 '촌 치자'의 선택이었다고 말할 수 있겠다.

또 군중의 고쿠도메는 다른 지역, 특히 도시로 쌀을 보내도록 요구하는 도시 하층민과 대립하는 점도 있었다. 실제 센다이 번령에서는 주변 지역으로부터 곡물이 유입되지 않아 기아가 진행되었다. 지역의 자립이 지역 간의 이해 대립을 격화시켰다. 그것은 도쿠가와 일본의 '통치의 중층重層' 문제이자, 사람들의 귀속 의식이나 '국가' 의식의 문제이기도 했다. 적어도 이 시점에서 열도 각지 사람들은 번이나 군중이라는 '지역'을 단위로 한 '공공'의 기능을 강화하는 형태로 스스로의 생존을 유지하고자 했다고 생각해도 좋을 듯하다.

1787년의 우치코와시

1784·1785년도 작황이 좋지 않았다. 곡물의 저가 판매를 요구하는 소동이나 우치코와시가 각지에서 일어났다. 1784년 4월에 막부는 쌀의 판매를 꺼리거나 저장하는 행위를 금지하고, 널리 판매하도록 명했다. 또 여

러 지역의 회송미를 수송 도중에 매매하는 행위도 금지했다. 아울러 이러한 명령에 편승하여 많은 사람이 무리 지어 곡물의 저가 판매를 강요하거나 우치코와시를 하는 등 부적절한 행동을 하지 않도록 주의를 주었다. 에도에는 '미곡 매매 자유령(米穀賣買勝手令)'을 내려, 주변 지역으로부터의 곡물 유입과 도매상, 동종업자 이외의 자들이 자유롭게 매매하는 행위를 인정했다(『御觸書天明集成』). 이 명령으로 에도에서는 심각한 쌀 부족 상황이 경미하게 지나간 모양이다.

1786년에 다시 냉하가 되었고, 많은 비가 내려 간토 일대는 1742년 이래의 대홍수가 발생했다. 이로 인해 쌀값이 올랐고, 간토 일대에서 에도로 유입하는 기민도 늘었다. 막부는 9월에 다시 '미곡 매매 자유령'을 내려 에도로의 쌀 이입 증대와 쌀값 인하를 꾀했다. 아울러 쌀을 사는 서민이 상인에게 저가 판매를 강요하는 행위도 금지했다. 그러나 이번은 간토의 농촌도 기근에 빠졌기 때문에 에도로 유입되는 쌀의 양은 늘지 않았고, 쌀값은 계속 올랐다. 결국 11월, 막부는 '미곡 매매 자유령'을 철회했다. 종래대로 여섯 명의 쌀 도매상에게 가미가타의 쌀을 독점적으로 취급하게 하고, 그들에게 싼 가격에 판매하도록 명령을 내려 쌀값 상승을 억제하려고 했다(『御觸書天明集成』). 막부의 변덕스러운 쌀값 대책으로 시장도 소비자도 혼란스러웠다.

다음 해 1월, 막부는 오사카에서 쌀 1만 석을 구입하여 에도에 보냈다. 이 때문에 오사카에서는 투기적인 쌀 매점이 일어나 쌀값이 급등했다. 한편, 에도에서는 회송미의 효과도 나타나지 않았고, 쌀값 상승은 진정되지 않았다. 결국 5월 20일, 에도에서 대규모의 우치코와시가 시작되었다.

이 우치코와시의 특징은 에도의 여기저기에서 연쇄적으로 일어났다는 점이다. 우치코와시로 부서진 집은 500채가 넘었고, 그 가운데 2/3가 쌀과 관련된 상인의 집이었다. 우치코와시를 전후로 시중에서 보시가 행해졌다. 우치코와시가 일어난 지구와 보시가 행해진 지구가 많이 중첩된다는 점을 볼 때 우치코와시가 보시를 이끌어 낸 듯하다. 이 소동은 24일에 겨우 진정되었다. 6월에 막부는 '무가·사사·정 측 모두 하나가 되어 구제하는' 마음가짐을 가지고 '서로 돕'도록 명령했다〔『御觸書天明集成』〕.

보시는 여러 형태가 있었는데, 두 가지 특징이 있었다〔北原1995〕. 하나는 단독으로 100냥 이상을 보시하는 사례로, 12건 있었다. 이는 호상들이 우치코와시를 피하려고 많은 금액을 보시한 사례였다. 또 하나는 '정 전체'나 '불특정 다수'가 적은 금액을 보시했다는 점이다. 이 보시는 주민에 의한 상호 부조적인 성격이 강하다고 할 수 있다.

오사카·교토의 상황

오사카에서는 에도보다 빠른 5월 12일에 정 근처의 농촌에서 소동이 시작되었다. 이 소동은 시가지 주변까지 휩쓸며 확대되어 중심부에서는 우치코와시로 발전했다. 소동 중에는 각지에서 쌀의 저가 판매를 강요하는 행위가 횡행했다. 마치부교쇼는 12일 밤, 정마다 곤궁한 자를 조사하여 정 내에서 수당을 주도록 명령을 내렸다. 명령을 받은 많은 정에서는 정 단위로 구입한 쌀을 싼 값으로 곤궁한 자에게 팔았다. 쌀 구입 대금과 매상의 차액은 정 내에 집을 소유한 자들이 소유한 호수에 따라 나누어 부담했다. 이를 '정의 치자'들에 의한 구제라고 할 수 있겠다.

16일이 되자 '여유있는 자'에게 보시를 재촉하는 마치부레가 내려졌다. 18일에는 총회소惣會所가 시행하는 보시에 협조하라는 명령이 내려졌다. 총회소는 오사카의 정 행정을 담당하는 마치야쿠닌[町役人]의 사무소인데, 이곳에서는 22일과 28일 2차례 보시를 시행했다. 이러한 일련의 대응으로 소동은 비교적 조기에 진정되었던 모양이다.

　교토에서는 마치부교쇼의 대응이 늦어지자, 조닌들이 '센도마이리[千度參り]'라고 칭하며 긴리 고쇼에 모여들었다고 한다. 이 움직임은 6월 5일 무렵부터 본격화되었는데, 많을 때는 하루에 수만 명이 고쇼에 '참배'했다. 보다 못한 조정(=긴리 고쇼 측)에서는 덴소(傳奏, 의사 전달 담당)를 마치부교쇼에 보내 구제에 나서도록 요청했다. 이 요청으로 쌀 1,500석이 보시되었고, 아울러 대책이 늦어진 책임으로 교토쇼시다이가 해임되었다. 사사에서는 예전처럼 부유한 자의 협조를 받아 보시했다. 조정까지 휘말리도록 하여 '공의'를 비롯한 폭넓은 보시를 끌어낸 교토 주민의 당찬 모습을 확인할 수 있다.

기근 후의 대책

　1788년 1월 그믐, 교토에서 대화재가 발생했다. 동이 틀 무렵 겐닌지[建仁寺] 근처에서 시작된 불은 큰바람에 거세지며 곳곳으로 불씨가 날아가 긴리 고쇼와 니조 성을 비롯한 교토 중심부의 80%를 소실시켰다. 집이 불에 타 나앉게 된 사람이 약 20만 명이라고도 전해지는 대화재였다. 전년도에 '센도마이리'가 발생했을 때, 조정에 선수를 빼앗긴 막부는 조속히 부흥에 나섰다. 정 전체에 쌀 3,000표를 보시하고, 대부은 60칸메를 배포했다. 긴리 고쇼도 종래의 규모를 넘어서는 옛 크기로 재건시키는 등 조정이나 교토 정 사람들의 지지를 얻기 위해 노력했다. 게다가 쌀값을 폭등시킨

죄로 처벌된 상인의 재산을 몰수하고, 몰수금 2만 2천 냥을 종잣돈으로 삼아 사창 제도를 운영하며 이를 '영속의 법'으로 삼았다.

곡물을 비축했던 곳에서도 덴메이 기근 사이에 곡물을 모두 방출했을 터이다. 1789년 9월, 막부는 1만 석 이상의 다이묘에게 석고 1만 석당 50석의 비율로 내년부터 5년 동안 곡물을 비축하도록 명령했다. 호레키 연간(1751~1764)에는 1년에 250석을 비축하도록 시켰는데, 기근 후에는 그 비축량이 지나치다고 생각하여 같은 양을 5년으로 나눈 모양이다. 각각의 영지에서 비축하면, 그 곡물이 그대로 '천하의 비축'이 되므로 (쇼군도: 저자) '안심'할 수 있다는 논리가 투영되었다고 하겠다〔『御觸書天明集成』〕. 기근 때 번의 자력 대응에 기대려는 '공의'의 자세를 엿볼 수 있다.

에도에서는 1791년 12월부터 칠분적금七分積金 제도가 실시되었다〔『江戶町觸集成』〕. 이는 정의 운영비를 절약시켜, 절약한 금액 가운데 70%를 구휼용으로 적립시킨 제도였다. 이 제도를 통해 1년에 2만 냥이 넘는 금액이 적립되었다. 에도의 마치야쿠닌이 모이는 사무소인 정회소町會所는 칠분적금에 '공의'로부터 하사받은 1만 냥을 더하여 가코이모미, 즉 곡물을 비축했다. 게다가 가코이모미 비용의 여유금을 적립하여 재해 등으로 곤궁해진 지주地主에게 낮은 이자로 빌려주거나, 임차인 가운데 경제적으로 힘든 자의 구제금 등으로 사용했다〔吉田1991〕.

이는 '공의'가 담당해야 하는 '공공'의 기능 일부를 정이 대행하는 제도였다. 그러나 집 소유자층으로 구성된 정에서도, 임차인층이 증가하는 가운데 구제 기능이 없으면 정의 운영이 어려워지는 상황이 되어 가고 있었다.

호레키 시기부터 덴메이 시기에 걸쳐 재해가 계속되는 가운데 18세기 전반에 등장한 구제 시스템이 시행착오를 겪으며 심화했다고 할 수 있다. '공의', 번, 지역, 촌은 그 구제 시스템 속에서 각기 역할을 담당하였고, 동시에 상호 간의 다툼도 두드러지게 되었다. 그러한 가운데 상호 부조의 '공공' 의식이 사회 속으로 점차 침투해 가고 있었다.

'호텐 문화'론

겐로쿠[元禄] 문화와 가세이[化政] 문화 사이에 끼어 있는 18세기 후반, 호레키·덴메이 시기의 문화를 '호텐[寶天] 문화'라 부르고자 한다. 나카노 미쓰토시[中野三敏]는 이 시기의 문화야말로 가장 에도 시대다운 문화이며, 에도 문화의 장년기라고 평가한다. 그 입장에서 보면 겐로쿠 문화는 청년기이며, 가세이 문화는 노년기가 된다[中野1993]. 확실히 이 시기의 문화는 실로 다채로웠다.

유학에서는 소라이학[徂徠學]이 융성했고, 셋추학[折衷學]이 발생했으며, 한시문漢詩文이 가장 성행한 시기였다. 모토오리 노리나가[本居宣長]가 국학을 대성했고, 난학도 성행했으며, 개명開明적인 경세론이나 본초학·의학 등 실학도 퍼졌다. 회화에서는 문인화나 명·청대 발달한 남종화南宗畵의 영향을 받은 남화南畫, 사생화에서 뛰어난 작품이 나타났다. 우키요에[浮世繪]에서도 다채색을 사용한 세련된 니시키에[錦繪]의 작가가 개성을 발휘했다. 운문 문학인 하이카이[俳諧] 작가로 요사 부손[與謝蕪村]이 있었고, 풍자 소설인 기뵤시[黃表紙]나 유곽을 배경으로 한 풍속 소설인 샤레본[洒落本], 골계미가 있는 짧은 시인 센류[川柳]나 교카 등과 같은 '속俗' 문학이 유행했다. 뛰어난 작가나 배우를 배출한 가부키[歌舞伎]나 조루리(淨瑠璃, 인형극)도 대중적인 인기를 넓혔다. 히라가 겐나이[平賀源內]나 시바 고칸[司馬江

漢]이라는 다재다능한 예능인이 활약했다. 연표를 살펴보면 재해 기사의 사이에 우후죽순처럼 문화 관계 기사가 등장한다.

이 시기를 재해사로 묘사한 스기타 겐파쿠의 『노치미구사』를 기쿠치 이사오는 '종말관과 요나오시'의 책으로 본다[菊池1997]. 서양 의학의 실증성에 감동한 겐파쿠도 깊은 '절망'감에 휩싸여 있었다. 나카무라 유키히코[中村幸彦]는 이 시기 문화의 배경으로 노장사상의 유행을 들고 있다[中村 1982]. 노장사상은 심원한 자연과 보잘것없이 작은 인간을 대비시키고, '무위無爲'를 칭송한다. '무위'란 있는 그대로의 자연으로, 무작위無作爲를 성인의 이상적인 모습으로 간주한다. 불교로 말하자면, 인연에 지배받는 인간계를 떠나 항상 그대로인 상주常住의 절대 경지다. 『노치미구사』에서 겐파쿠는 설령 좋은 것이 있다고 할지라도 무엇인가 있는 것은 번잡하므로 오히려 아무것도 없는 평온함이 좋다고 말한다. 인간의 '지식'에 대한 희망과 그 한계에 대한 비관, 그 사이에서 떠도는 '무위'에 대한 동경 등 그 시절 문화인의 마음을 겐파쿠가 대표하여 표출하고 있는 듯하다.

'에돗코[江戸っ子]' 문화도 '호텐 문화'에서 시작된다. '에돗코'의 미의식을 '이키[いき]'라고 한다. 철학자 구키 슈조[九鬼周造]는 '이키'를 '세련되고 생기있는 요염함'이라고 정의했다[九鬼1979]. '세련됨'은 그 길에 정통한 것. 길을 알지 못함이 촌스러움이고, 정통하지 않음에 집착하는 것이 어설픔이다. 정통한 자는 집착이 없이 시원스럽다. 구키는 이를 '체념'이라 표현하고 있다. '생기있음'은 자기를 관철하려는 의지가 있는 것이고, '요염함'이란 남자든 여자든 매력적인 것이다. '그날 번 돈을 그날 모두 쓴다'라는 '에돗코'의 신조는 '하루 벌이'의 생활 실태와 맞물려, 언뜻 찰나적으로도 느껴진다. '화재와 싸움은 에도의 꽃'이라고 이야기될 만큼 재해가 빈발하는 시대. '한 치 앞은 어둠'이 틀림없다. 그 속을 최선을 다해 살아남은

‘의지’라는 어떠한 종류의 ‘체념’. 그것이 ‘요염함’이다.

'무위'와 ‘체념’에 지탱되며 최선을 다해 자기주장을 하는 사람들. ‘호텐 문화’의 찬란함은 그러한 콘셉트로 읽어 낼 수 있지 않을까?

칼럼3

공양탑이 말하는 것

재해 공양탑의 건립

쓰나미 희생자를 추도하기 위해 촌마다 공양탑을 세웠다는 내용은 지금까지 다뤘다. 그런데 재해 희생자를 기리는 공양탑은 언제부터 세우게 되었을까. 에도 시대 이전의 중세에는 전투의 희생자를 적군과 아군 구별하지 않고 기리는 '적군·아군 공양탑(敵味方供養塔)'이 세워지기도 했다. 그 공양탑은 불우하게 사망한 자가 저주를 내릴까 두려워 그 혼을 달래려고 공양한다는 고대 이래의 '고료[御靈]' 신앙에 기반을 둔 듯하다. 탑을 세운 자들은 시체를 매장하며 돌아다녔던 삼매승(三昧僧=聖: 저자)이었다. 그에 비해 재해 공양탑은 거의 보이지 않는다. 당시 사람들에게 재해나 역병으로 인한 죽음은 '일상적'인 것이었을 터이다. 특별히 탑을 세워 기억할 만한 일이 아니었다.

메이레키 대화재는 에도 시대 최초의 대규모 도시 재해였다. 이 재해로 인한 사망자는 10만 7천여 명이라고 한다. 혼조 우시지마[牛島] 신전新田에 2만 2천 구의 시체가 매장되고, 무덤이 만들어졌다. 이때 '히닌'이 시체 처리를 담당했는데, 그들이 공양에 관여하는 일은 없었다. 막부는 조조지

제3부 — '공공'을 둘러싼 다툼   171

의 주지 기오쿠에게 300냥을 하사하고, 법회를 열도록 명했다. 때때로 서술한 에코인[回向院]의 시작이다. 이때부터 '공의'에 의한 '무연無緣' 공양이 시작되었다. 당시 사체 처리와 공양이 분리되는 현상에도 주목하고 싶다. 매장과 공양에 수반되었던 '성스러움'과 '천함'의 양의성은 사라지고, 매장에 수반되는 '부정(穢れ)'만 고착되었다.

전국 각지에 많은 재해 공양탑이 세워지는 시기는 간토에서는 겐로쿠 지진 쓰나미, 서국에서는 호에이 지진 쓰나미부터였다. 이 시기의 공양탑은 촌이나 이에가 건립하고 희생자의 계명 등을 새겨넣은 것이 많다. 그 기록은 한 사람, 한 사람에 대한 추억과 함께 재해의 기억을 전하는 '유연有緣'의 공양이라고 할 수 있다. 한편, 오다와라 번에서는 겐로쿠 지진의 희생자 2,300여 명을 공양하기 위해 황벽종의 지겐지를 창건했다. 이는 영민 지배를 의식한 영주의 공양이라 할 수 있다.

쓰나미 공양탑에는 묘고[名號]나 다이모쿠[題目] 등 불교와 관련된 종교적인 문언과 함께 쓰나미의 도달점이나 교훈 등 공양 외의 정보가 새겨져 있다는 특징이 있었다. 석탑은 연고지나 사람들의 눈에 띄기 쉬운 곳에 세워졌고, 내구성도 있었다. 탑의 건립을 통해 단순한 공양을 뛰어넘어 의식적인 기억화가 시작되고 있다는 점도 주의할 필요가 있다.

기근 공양탑

각지에 재해 공양탑이 세워지는 비슷한 시기, 기근 희생자를 추모하는 공양탑도 만들어지기 시작했다. 세키네 다쓰히토[關根達人]의 조사를 바탕으로 쓰가루·난부 지방의 양상을 소개하고자 한다[關根2007].

가장 오래된 기근 공양탑은 겐로쿠 기근을 대상으로 했으며, 쓰가루 지방의 히로사키와 아오모리에 각 1기씩 확인된다. 두 탑 모두 시주자는 유력한 조닌으로, 탑은 보시하는 장소에 인접하고 대규모의 매장시설이 있는 장소에 세워졌다. 겐로쿠 기근과 관련하여 히로사키 번은 7주기가 되는 1702년에 히로사키·아오모리·아지가사와[鰺ヶ澤] 3곳에서 시아귀 공양을 했고, 다수의 영민이 참가했다고 한다. 이러한 행사가 '인심을 장악하는 데에 일정한 효과가 있었다'라고 기쿠치 이사오는 평가한다[菊池 2007].

난부 지방의 경우, 간엔(寬延, 1748~1751) 기근의 공양탑이 최초였는데, 하치노헤의 무연 무덤 위에 세워졌다. 하치노헤 번은 호코지[法光寺]를 원조하여 '무연탑법시공양회향無緣塔法施供養回向' 즉 공양하여 명복을 빌도록 했다. 같은 난부 지방에서는 호레키 기근의 공양탑이 9기 확인된다. 모두 조카마치나 그 주변에 건립되었고, 도시에 유입된 기민을 공양한 탑이었다. 하치노헤 조카에 있는 신게쓰인[心月院]의 공양탑은 신자들의 모임인 넨부쓰코[念佛講]가 세웠다. 탑의 건립이 영주의 공양과 얽히면서 도시의 '무연' 공양이 선행하는 양상을 엿볼 수 있다.

공양탑의 건립 양상은 덴메이 기근이 되면 완전히 달라진다. 기근 희생자를 대상으로 한 공양탑은 쓰가루 지방에서 98기, 난부 지방에서 27기가 확인된다. 게다가 대부분이 자연석에 단순 비문을 새긴 간소한 탑이라고 한다. 공양탑의 수는 희생자의 수에 비례하여 많아졌지만, 동시에 건립 주체가 촌, 신자의 모임인 고[講], 개인으로 바뀌어 가면서 탑이 간소해지게 되었을 것이다. 건립 주체가 자기 주변의 기억을 위해 공양탑을 세웠다고 해도 좋은, '유연'의 공양이다.

이 시기 공양탑에는 좀 다른 점도 있다. 산노헤 군[三戶郡] 도나이 촌

[斗内村]의 '천인총千人塚'은 곤궁한 자에게 길거리의 해골을 모으게 하고, 해골 하나에 24몬을 주고 구입하여 모아서 공양한 무덤이라고 한다. 이 경우는 건립 사업이 일종의 부흥 사업이었다. 또 쓰나미 공양탑에는 교훈을 새겨넣은 사례도 적지 않은데, 그에 비해 기근 공양탑에는 공양의 목적 외에 문언이 거의 새겨져 있지 않았다. 그 가운데 1785년에 세워진 하치노헤 다이센인[對泉院]의 '아사만령등공양탑餓死萬靈等供養塔'에는 날씨·작황·구황 식량·식량 가격·아사자 수·비축 등 당시 상황이 상세하게 기록되어 있다. 이는 니이다 촌[新井田村] 등의 촌락행정인들이 세운 탑으로, 기근의 체험을 교훈으로 전하려고 한 드문 사례라 할 수 있다.

덴포 기근에 대해서는 후에 상세히 다루겠지만, 공양탑은 쓰가루에서 4기, 난부에서 6기 확인된다고 한다. 모두 히로사키·아오모리·하치노헤 등 도시나 그 주변에 세워졌고, 대부분 크기가 크다. 예를 들면 히로사키 왓도쿠센슈지[和德專修寺]의 '아사공양명호탑餓死供養名號塔'은 17주기에 해당하는 1853년에 세워졌다. 히로사키의 상인 4명이 시주자가 되고 주변의 41개 정과 촌에서 6,390명이 참가하여 조영한, 이른바 '지역 기념비'라 할 수 있다. 그 때문에 공양탑은 건립 수가 줄어대신 크기가 커졌다고 할 수 있겠다.

누가 누구를 공양하는가. 그로 인해 공양탑의 모습에 차이가 나타난다. 기근 때는 유랑 끝에 아사하는 경우가 많았고, 그러한 희생자는 '무연불無緣佛'로 매장했다. 공양하여 명복을 빌 목적으로 많은 탑이 세워졌다. 다만 촌사람들이 주변의 사람들을 공양하는 경우는 후세에 체험을 전하고자 하는 의식도 생기기 쉬웠을 것이다. 그러한 공양탑을 하나라도 많이 발견하여 후세에 전하고 싶다.

제4부

'도쿠가와 시스템'의 피로

1. 간세이 시기 이래의 지역 사회

간세이[寬政] 연간(1789~1801) 이래, 막부와 번에서는 체제의 재확립을 위한 '개혁'이 성행했다. 그 가운데 막부의 구제 활동은 직접적인 권력 기반인 에도나 간토 지방 혹은 후다이층에 한정되었고, '공의'로서 각지의 재해 구제에 직접 관여하는 일은 점차 줄어들었다. 지방에서는 번과 지역의 유력한 자가 공동으로 구제를 담당하게 되었다. 이러한 경향으로 인해 '지역'의 자립성은 고양되고, '지역 치자'의 역량이 시험받았다.

간세이 개혁

1784년 3월 24일에 로주 다누마 오키쓰구의 아들이자 와카토시요리였던 오키토모[意知]가 막부의 가신 사노 마사고토[佐野政言]에게 베인 사건이 일어났다. 오키토모는 결국 4월 2일에 사망했다. 사적인 원한에서 비롯된 사건이었는데, '세간'에서는 사노를 '요나오시의 신'이라 칭송했다. 막부 내에서는 다누마에 대한 비판이 급속히 높아졌고, 1786년 8월 27일에 오키쓰구는 로주 자리에서 물러났다. 9월에는 쇼군 이에하루가 사망했고, 다음 해 4월에는 히토쓰바시[一橋] 도쿠가와 가문 출신의 이에나리[家齊]가 15세의 나이로 쇼군이 되었다. 그렇지만 막부의 중추에는 여전히 다누마 일파가 자리 잡고 있었다.

다누마 세력이 일소된 계기는 같은 해 5월 20일에 시작된 에도의 우치코와시였다. 이 우치코와시에 대해서는 앞서 서술했다. 다누마 비판의 선봉이었던 마쓰다이라 사다노부[松平定信]가 6월 19일에 로주로 취임했다. 시라카와 번[白河藩]의 번주였던 사다노부는 덴메이 기근 때도 영내에서 아사자가 발생하지 않아 '명군明君'으로 평판이 높았다. 사다노부가 추진한 막부의 정치를 '간세이 개혁'이라 부르는데, 그 특징을 다음 세 가지로 정리할 수 있다.

첫째, 가코이모미나 에도의 칠분적금 등 야마구치 게이지[山口啓二]가 '봉건적 사회정책'이라고 부른 시책이다[山口1993]. 이에 대해서는 앞에서 다루었는데, 새롭다기보다 종래에 막부나 번이 추진해 온 정책을 따랐다고 보는 편이 좋겠다. 오히려 이러한 '공공'의 정책이 에도나 직할 도시·막부령에서 중점적으로 시행된 점에 주목하고 싶다. 에도의 이시카와지마[石川島]에 닌소쿠요세바[人足寄場]를 설치하여 부랑자를 수용하고 기술을 가르쳐 사회에 복귀시킨 것도 그러한 정책에 포함된다.

둘째, 유학을 기본으로 한 교육·교화 정책을 추진했다. 막부의 유학자인 하야시 가문[林家]의 가숙家塾을 막부 직할의 학문소學問所로 삼고, 주자학을 '정학正學'으로 정하고 소라이학 등 '이학異學'을 금지했다. 학문소에서는 시험을 실시하고, 우수한 자는 적극적으로 관리로 삼으려 했다. 서민에게도 검약을 명하는 동시에 여러 지역으로부터 「효자전孝子傳」을 제출받아 『효의록孝義錄』을 편찬·간행했다.

셋째, 해안 방어 정책이다. 이 무렵 지시마(千島, 쿠릴 열도)나 에조치 주변에서 러시아인이 활발히 활동하며 일본에 교역을 요구하고 있었고, 영국이나 미국의 배도 근해에 출몰했다. 막부는 '쇄국'은 '조법祖法'이라며 종래의 외교 정책을 재확인하고, 에조치나 에도 주변의 해안 방어 체제를 강화했다. 한편 쇼군이 교체될 때마다 행해진 조선통신사의 방문은 재정 문제를 이유로 연기하는 동시에 쓰시마 등 에도 밖의 교역지에서 국서를 교환하고자 교섭을 시작했다. 외교 문제의 상대가 아시아에서 유럽으로 전환되는 동시에 '공의'의 역할 가운데 외교나 해안 방어의 비중이 커지는 점이 주목된다.

'메다이칸'의 막부령 '개혁'

사다노부의 '간세이 개혁'에 호응하는 움직임은 각지의 막부령에서도 일어났다. 이 시기 다이칸 가운데에는 영민들로부터 추앙받는 '메다이칸[名代官]'으로 불린 자들이 있었다. 미마사카·빗추를 담당한 하야카와 마사토시[早川正紀]도 그 한 사람이다.

하야카와는 1739년 에도에서 태어났다. 막부 가신의 양자가 되어 1769년에 재정을 담당하는 간조[勘定]로 막부에 출사했고, 간토 여러 지역의 하천 공사 등에도 관여했다. 또 1781년부터 7년 동안 데와 국 무라야마 지방 북부에 해당하는 오바나자와[尾花澤]의 다이칸을 역임했다. 하야카와는 덴메이 기근의 참상을 눈으로 보았으며, 아울러 군중의정의 움직임에도 주시했을 것이다.

하야카와는 1787년 7월에 미마사카 국 구세[久世]의 다이칸이 되었고, 다음 해부터는 빗추 국 가사오카[笠岡]의 다이칸도 겸했다. 부임 직후에 지배지를 둘러본 하야카와는 많은 소원과 영아 살해의 실태에 놀랐다고 한다〔永山1929〕. 그리고 영아 살해 금지나 검약·비축 등의 법령을 내렸다. 또 황무지 개발 수당은(荒地起返手當銀)이나 헌납철대금 배차은(獻納鐵代拜借銀) 등 여러 명목의 대부은을 지급하며 덴메이 기근으로 피폐해진 촌의 부흥에 노력했다. 금속을 제련하는 요시오카 동산[吉岡銅山]의 재흥, 붉은 안료인 벵갈라의 생산 지원, 오쿠쓰[奧津] 온천의 재개발 등에도 힘썼다.

하야카와 다이칸의 치적 가운데 교유소(教諭所)의 설치가 주목된다. 구세에서는 1791년 무렵부터 유지자의 유학 학습이 시작되고, 다이칸의 지원으로 학사가 건설되어 1796년에는 덴가쿠칸[典學館]이 발족했다. 이 학사의 운영비는 유지자가 거출했고, '덴가쿠칸 시키모쿠[典學館式目]'나 '강석규조(講席規條)' 등과 같은 규약은 하야카와 다이칸이 정했다. 이른바 반관반민의 학교였다. 가사오카에서는 1797년에 게교칸[敬業館]이 설립되었다. 게교칸은 가사오카의 유력자 26인이 청원하여 설립되었고, 운영비는 역시 부유한 자가 출자했다. 같은 해 하야카와는 「구세조교(久世條教)」를 직접 저술하여 촌에 배포했다. 「구세조교」는 '근면', '효행', '검약' 등 일상 도덕의 실천을 서민에게 권장하는 내용이었다.

1801년에 하야카와는 에도 주변을 담당하는 간토 지마와리야쿠[地回役]인 구키[久喜]의 다이칸으로 부임했다. 미마사카·빗추의 주민은 그가 계속 머무르도록 반복하여 탄원했다. 그러나 하야카와는 구키 다이칸으로 재직하다가 1808년에 사망했다. 주민들은 하야카와 다이칸의 덕을 기리는 공덕비를 1810년에 구세에, 1824년에는 가사오카에 세웠다.

상층 농민의 유학 학습이나 서민에 대한 교화를 연결하여 지역 재건을 꾀하는 방식이 에도 시대 후기의 공통적인 '개혁' 방식이 되었다.

시마바라 다이헨, 히고 메이와쿠

시마바라 반도의 운젠 후겐다케는 현재도 활동을 계속하고 있는 손에 꼽히는 활화산이다. 1991년 6월에 분화하여 발생한 화쇄류로 43명의 인명피해를 입은 기억이 생생하다. 이 화산은 에도 시대에 1657년·1663년 연이어 분화한 후, 얼마 지나 잠잠해졌다. 그러다 1791년(寬政3) 10월 무렵에 크게 울리며 흔들리기 시작하더니, 다음 해 1월부터 분화를 반복했다. 3월 1일에는 지진이 빈발하여 시마바라 성과 조카가 피해를 보았다. 이 때문에 번주 일족과 가신은 반도 서북단에 가까운 모리야마 촌[守山村]으로 피난했다. 4월 1일에는 큰 지진이 두 차례 일어났다. 이 지진으로 시마바라 조카마치의 배후에 있던 마에 산[前山=眉山: 저자]이 붕괴되었고, 무너진 토사가 조카마치와 촌을 집어삼키며 바다로 흘러 들어갔다. 산이 무너지면서 마에 산은 150m 낮아졌고, 해안선은 80m 전진했다. 바닷속으로 토사가 유입되어 다수의 작은 섬이 생겼고(쓰쿠모지마九十九島), 쓰나미가 발생했다. 쓰나미는 아리아케 해[有明海]를 세 차례 왕복했고, 시마바라 지방만이 아닌 아마쿠사 지방이나 바다 건너의 구마모토 번령에도 큰 피해

【표13】'시마바라 다이헨, 히고 메이와쿠'의 피해

	시마바라 영지	아마쿠사	히고 3군
사망자(명)	10,139	343	4,653
부상자(명)	601	—	811
사망 우마(마리)	469	65	131
손실 전답(町, 反, 畝, 步)	379정 6반 3무 21보	171정 4반 6무	2,130정 9반 5무 9보
유실 선박(척)	582	67	약 1,000
유실 가옥(채)	3,347	725	2,252
유실·피해 창고(동)	308	2	—

출전: 宇佐美 외(2013)에 의해 작성

를 주었다〔田邊1991〕. 그래서 이 쓰나미를 시마바라에서 문제가 생기면 히고가 피해를 본다는 의미의 '시마바라 다이헨, 히고 메이와쿠[島原大變, 肥後迷惑]'라고 부른다. 각지의 피해 상황은 【표13】과 같다.

시마바라 번에서는 4월 6일부터 비축했던 곡물을 방출하여 곤궁한 자에게 부식미를 지급했다. 시마바라의 가이코인[快光院]이나 모리야마 촌의 다이후쿠지[大福寺] 등에서는 부유한 자의 협조와 번에서 하사한 쌀로 보시했다. 또 막부에 2,000냥의 배차를 청원하여 허락받았고, 9일에는 1만 냥이 추가되었다. 주변의 다이묘들이 시마바라 번에 안부를 묻는 양상도 주목되는데, 사가 번[佐賀藩]에서 쌀 200표, 후쿠오카 번·오무라 번[大村藩]·구마모토 번에서 각 쌀 100표를 보내왔다. 7월 7일에는 번주의 보다이지인 혼코지[本光寺]에서 떠내려가 사망한 자에 대한 시아귀 공양이 행해졌다.

구마모토 번에서는 사원이 재빨리 공양과 보시를 행했다. 조카의 엔주지[延壽寺]에서 3일부터 9일까지 7일 밤낮으로 법회가 열렸고, 사원에서 식사를 나눠주니 천 명이 넘는 피재민이 모여들었다고 한다. 또 엔주지 승려들은 11일부터 피해를 본 촌을 방문하여 익사자 공양을 위한 법회를 열었는데, 이러한 움직임은 다른 종파의 사원에도 퍼졌다. 번은 막부로부터 금 3만 냥의 배차금을 얻어 구휼에 힘썼다.

이 쓰나미에도 다수의 공양탑이 세워졌다. 그 수는 아마쿠사를 포함한 히고 측이 53기, 시마바라 측이 32기에 달했다〔前川1991〕. 겐로쿠나 호에이 때와 비교하면, 다음 두 가지의 특징을 들 수 있다.

하나는 구마모토 번이 쓰나미 익사자의 공양탑을 세웠다는 점이다. 탑은 '1군 1기 탑'이라 불리며, 아키타 군[飽田郡] 오시마 촌[小島村]·다마나 군[玉名郡] 나베 촌[鍋村]·우토 군[宇土郡] 오우타 촌[網田村]에 세워졌다. 모두 그 군에서 가장 피해가 컸던 촌이다. 비석의 크기나 비문의 내용은 거의 같은데, 석재나 서체는 다르다. 번의 지시로 군에서 각기 만든 것으로 보인다. 일반적으로 희생자를 추모하는 공양탑은 촌이나 민간의 유지·승려 등에 의해 세워지는 경우가 대부분이었다. '1군 1기 탑'의 비문에는 '그들 백성은 국의 근본이다'라는 글귀가 있다. 번이 희생자를 공양하는 이유는 그 때문이었다. 번 주도의 비석 건립은 민간으로부터 부흥에 대한 협력을 끌어내기 위한 선전임이 틀림없다.

또 하나의 특징은 공양을 목적으로 하지 않고, 순수하게 쓰나미의 양상과 교훈만을 전할 목적으로 '교훈비'가 세워진 점이다. 이 비석은 아키타 군의 소조야[惣庄屋]들이 민간으로부터 '촌지寸志'을 모아 비용을 마련하고, 번에 석문 찬술을 청하여 세웠다. 이에 번교藩校 지슈칸[時習館]의 교수였던 다카모토 시메[高本紫溟]가 석문을 썼는데, 비의 네 면 가득 와분[和文] 즉 일본어로 기록되었다. 비석은 사람의 왕래가 많은 큰 도로인 후나쓰 촌[船津村]의 이쓰쿠시마 신사[嚴島神社] 참배길에 세워졌다【사진9】. 이 비석은 민간과 번이 합작하여 세운 교훈비였다. 비석 건립을 청원한 소조야 가운데 한 명인 가노코기 료헤[鹿子木量平]는 직접 「관정사년삭일 고파기寬政四年四月朔日高波記」를 저술했는데, 그는 후에 야쓰시로 해[八代海] 간척 때도 활약한 지역의 리더였다.

'시마바라 다이헨, 히고 메이와 쿠'는 구마모토 지역에서 번과 민간이 협력하여 지역 부흥에 힘쓰게 된 중요한 계기였고, 번과 민간의 협력은 비석 건립에서 시작되었다.

【사진 9】후나쓰 촌의 쓰나미 교훈비.
사진 제공: 저자 촬영.

'번정 개혁'의 행방

번이나 지역이 자력으로 재해에 대처할 수 있는 체제를 만드는 일은 막부에게도, 번에게도 중요한 과제였다. 그를 위해서는 민간의 힘을 결집해야 했다. 18세기 후반 호레키 시기 이래 이와 같은 방향으로 번정 개혁이 각지에서 행해졌다.

이 무렵 각지에서 행해진 번정 개혁은 공통적인 내용을 가지고 있었다. 명확한 이념을 가진 번주나 가로가 지도력을 발휘하는 '명군明君·현재賢宰'형의 정치 체제, 농정이나 경제에 밝은 중하급 가신의 발탁, 검약과 임시 상납금인 어용금御用金을 골자로 한 재정 건전화 정책, 특산물 생산의 추진, 번정 담당자가 될 가신 양성을 위한 번교 창설 등이 그 내용이다. 도호쿠 요네자와 번의 우에스기 하루노리[上杉治憲]가 시행한 번정 개혁 등이 대표적인 사례다.

여기부터는 『신구마모토시사[新熊本市史]』에 기초하여, 규슈 지방의 큰 번인 구마모토 번을 통해 지역 사회의 동향을 살펴보고자 한다[新熊本市史編纂委員會2003].

구마모토 번에서는 교호 기근 이후, 인구가 감소하고 경작하지 않은 토지가 증가하는 등 농촌이 황폐해지고 있었다. 이 때문에 번의 재정도 궁핍해졌다. 이러한 상황에서 개혁에 착수한 자가 '명군'이라 불린 호소카와 시게카타[細川重賢]였다. 시게카타는 호리헤 다자에몬[堀平太左衛門]을 오부교[大奉行]로 발탁하여 개혁을 추진했는데, 이 개혁은 당시의 연호를 따서 '호레키 개혁'이라 부른다. 그 내용은 다음과 같다.

첫째, 오사카의 어용상인인 가시마야 사쿠베[加島屋作兵衛]에게 회송미 매각 등을 위탁하고, 동시에 오사카에서 자금을 조달하도록 했다.

둘째, 옻나무(하제[櫨])·닥나무(고조[楮]) 등의 생산을 장려했다. 또 생산물들을 영지 밖으로 유출하는 행위를 금지하고, 하제카타[櫨方]·가미코조카타[紙楮方]가 전매제를 행했다.

셋째, 장부와 실제 경지의 차이를 파악하여, 실태에 의거한 확실한 연공 수납을 꾀했다.

넷째, 금융 활동을 통해 상인들로부터의 상납금 증가를 꾀했다.

다섯째, 번교 지슈칸[時習館]을 창설하고 가신의 강기숙정[綱紀肅正]과 인재 등용을 추진했다. 의사의 재교육기관으로 사이슌칸[再春館]을 설립하고, 번이 운영하는 약원을 만들어 약초 보급에 힘썼다.

이 개혁으로 번 재정은 일시적으로 회복했지만, 그 성과는 오래가지 못했다. 구마모토 번에서는 그 후에도 '개혁'을 반복했지만, 언제나 '호레키 개혁'으로의 회귀가 목표였고, 구체적인 시책도 그 틀을 벗어나지 못했다.

이어서 덴메이 기근이 발생했다. 구마모토 지방에서도 1784년부터 봄보리의 작황이 좋지 않았던데다가 역병도 유행했다. 게다가 구마토모 번은 간토의 하천 수복을 돕도록 막부로부터 명령을 받은 상황이었다. 앞서 서술한 아사마 산 분화 이후에 실시한 부흥을 노린 공사였다. 이 부담이 기근에 대처할 번의 여력을 빼앗았다. 1786년·1787년에는 쌀값이 상승했고, 구마모토 성의 조카에서 우치코와시가 발생했다. 그리고 다음 해에는 앞서 서술한 긴리 고쇼 조영을 위해 막부에 20만 냥을 내야 했다.

피폐하는 촌

18세기는 계속된 재해로 인해 전국적으로 인구가 정체 혹은 감소했다. 연공을 납부할 수 없는 백성은 경작권을 포기하고 소작하거나 다른 벌이 등으로 생활을 지탱했는데, 이윽고 견딜 수 없게 되어 촌에서 모습을 감추었다. 연공 미납자에게 돈을 빌려주고 토지를 집적하여 지주가 된 자도 있었다. 연공을 미납한 채 도망간 자의 경지 등은 촌 책임 아래 경작하여 연공을 내는 소사쿠지[惣作地]가 되었다. 그러나 연공의 총액을 촌 단위로 책임을 지는 '무라우케제' 아래에서는 소사쿠지나 경작하지 않는 땅이 늘어가면 촌의 부담이 가중된다. 촌은 영주에게 배차금을 받거나, 호농상에게 다음 해에 거둘 쌀을 담보로 빌려 연공 미납에 대응했지만, 이러한 대응은 촌 본래의 상호 부조 기능을 후퇴시켰다. 18세기 후반 이래로는 촌의 피폐가 두드러지게 된다.

한편 영주의 쌀 구입 강제나 상품작물 생산 장려는 여력이 있는 백성에게는 이익이 되기도 했지만, 일반 백성 경영에 있어서는 양날의 검이었다. 원래 이상적인 농업 경영은 연공 부담을 위한 쌀·보리·콩의 생산, 잡곡을 포함한 자가에서 소비할 식량의 생산, 금전 수입을 위한 상품작물 생산, 이 세 가지가 균형 있게 이루어져야 한다. 그러나 영주가 쌀과 보리, 상품작물의 생산을 강제하면 이 균형이 파괴되고, 특히 흉작 때에는 자가에서 소비할 식량의 확보를 곤란케 했다. 그 영향은 백성 각각의 '이에'에 그치지 않고, 촌 단위의 식량 부족으로 즉각 연결되었다. 촌은 영주의 지시에 따라 기근에 대비하여 비축에 힘썼지만, 그러할 만한 여유가 없는 촌도 많았다.

그래서 영주나 촌 밖의 호농상에게 의존하는 상황이 늘어났다. 촌을 대체하여 촌의 연합(조합촌組合村)이나 이들을 기초로 한 지역 결합이 사람들의 '생명'을 지키는 '공공'의 기능을 담당하도록 기대되었던 이유는 이 때문이었다.

반복되는 재해와 조력

1792년의 '시마바라 다이헨, 히고 메이와쿠'로 인한 구마모토 번의 손실 석고는 36만 9천 석에 달했다. 번은 막부로부터 3만 냥을 배차하고, 에도·오사카의 어용상인에게 돈을 빌려 방대한 지출에 대처하려 했다. 그렇지만 재원 부족은 해소되지 않았고, 번은 일종의 수표 유통인 '고긴쇼아즈카리[御銀所預]'를 시행하여 당장 부족한 재정을 보충했다.

그런데 1796년 6월에 다시 대홍수가 발생하여, 36만 2천 석의 손실이 발생했다. '시마바라 다이헨, 히고 메이와쿠'에 필적하는 피해였다. 번은 에도·오사카 어용상인과 영내 부유층에게 돈을 빌리고, '고긴쇼아즈카리'도 남발했기 때문에 영내 경제는 혼란스러웠다.

1802년의 번 재정을 보면, 수입은 34만 6천 석이고 지출은 49만 6천 석으로 15만 냥 적자였다. 지출 가운데 12만 석 정도는 빌린 돈의 이자 등으로 변제한 금액이고, 이는 수입의 35%에 해당한다. 이 해 빌린 재원의 총액은 117만 냥 정도로, 에도·오사카에서 60만 냥, 영내에서 57만 냥을 빌렸다. 이러한 상황에서 1803년에는 막부로부터 간토의 하천 공사를 조력하라는 명령을 받아 번은 금 8만 4,671냥을 부담했다.

재정 건전화를 위한 노력은 분카[文化] 연간(1804~1818)에도 계속되었다. 그렇다고 해도 종래의 대책 이상의 묘안도 없었다. 검약으로 총지출을 억제하는 한편, 오사카에서 빌린 재원을 평생 변제로 바꾸는 교섭을 반복하며 정리하려 노력했다. 이러한 과정에서 영내 부유층에 대한 의존도가 높아졌다. 그러나 재정 재건의 길은 늦어지고 진척되지 않았다.

1819년에는 막부로부터 닛코 영묘靈廟의 수복을 도우라는 명령을 받고 7만 4천 냥을 상납했다. 또 1828년에는 풍수해로 37만 석 정도의 손실을 봤는데, 다음 해에 또 간토의 하천 공사 조력을 명받아 7만 냥 정도를 상납했다.

소조야에 의한 '권농부민'

18세기 후반 이래, 지역 부유층의 존재감이 높아지게 된 경위는 지금까지 종종 다뤘다. 구마모토 번에서도 '호레키 개혁' 이래, '고케닌[御家人]'이나 '자이고케닌[在御家人]'의 제도화와 활용이 진전되었다. '고케닌'이란 센고쿠 시대 지자무라이[地侍] 출신의 백성으로 지역 행정의 말단에 편입된 자를 가리키고, '자이고케닌'은 '촌지寸志' 헌납 등에 대한 포상으로 성과 대도를 허락받은 지역의 유력자다. 양자는 가신단을 구성하는 가신과도 일반 백성·조닌과도 다른 이른바 '중간층'이었다. 처음에는 그 출신으로 인해 양자가 구별되었는데, 이윽고 '자이고케닌'으로 일원화되었다. 이는 번이 소조야[惣庄屋] 아래에 '자이고케닌'을 결집한 것으로, 가신단의 관리 수를 줄이고, 민간에 지역 행정을 위탁하는 방향으로 나아갔다고 평가되고 있다〔新熊本市史編纂委員會2003〕. 소조야는 20개 정도의 촌으로 이루어진 데나가를 관할하는 직책으로, 다른 지역의 촌락행정인과 같은 존재였다.

'촌지'란 『일본국어대사전』에 따르면 '약간의 의지'나 '작은 진상물'이라는 의미다. 구마모토 번에서는 민간이 번에 헌납한 금전을 일컫는 말로 사용되었고, 다른 번의 사례로 오카야마 번에서도 엔포·덴나 기근 무렵부터 '촌지'라는 단어가 보인다. 구마모토 번에서 '촌지'의 사례가 확인되는 시기도 17세기 후반인 듯하다. 그리고 본격적으로 사용된 시기는 '자이고케닌'의 성립과 관련 있는 '호레키 개혁' 이후라고 한다. 특히 덴메이 시기 이후 목적을 명시한 '촌지'가 증가했다.

　　목적을 명시한 촌지 가운데 하나가 '어려운 자를 구제하는 촌지'로 덴메이 기근 이래 재해 때마다 거출되었다. 이 '촌지'는 사람 수는 적지만 한 사람당 거출액이 많다는 특징이 있으며, '촌지'가 포상이나 신분 상승으로 연결되는 경우가 많았다. 다른 하나는 '조력 촌지'로 아사마 산 분화로 인해 조력 공사가 시행된 이래, 막부의 조력 명령을 받을 때마다 민간에 요청했다. 한 사람당 금액은 적지만 광범위한 백성·조닌이 부담했다. 대부분의 '촌지'는 궁핍한 번의 재정을 보조하기 위해 시행되었는데, 번정에 민간의 힘을 동원하는 계기가 되었다.

　　이리하여 소조야의 주변에 '자이고케닌' 등 유력자의 네트워크가 형성되었다. 소조야는 몰락한 촌을 다시 세우기 위해 저당 잡힌 토지를 돌려주거나, 경지 확대·안정화를 위한 신전 개발, 토목 공사 등의 사업 자금으로 '자이고케닌'에게 '촌지'를 모금하여 활용했다. 또 호농상에게 '채권을 버리는 촌지'라는 명목으로, 호농상이 가지고 있는 백성의 채권을 버리도록 하는 촌지를 명하기도 했다. 이 촌지는 채무에 고통스러워하는 백성이 토지를 버리고 도망가지 않도록 배려한 조치라 할 수 있다. '촌지'를 활용한 여러 '권농부민勸農富民' 정책은 지역 실정을 숙지한 소조야 나름의 대응이었으며, 그들의 노력으로 농촌의 피폐함은 조금이나마 완화되었다.

2. 덴포 기근과 지역 사회

18세기에서 19세기로 변하는 시기부터 지진 열도의 활동이 점차 활발해진다. 이윽고 덴포[天保] 기근을 사이에 두고 막부와 번은 체제의 재건을 꾀하며 '개혁'에 착수했다. 이들 모두가 충분한 성과를 올리지 못한 가운데 민간에 대한 의존만이 심해졌다. 재해의 반복은 사람들의 불만을 격화시켰고, 불만을 가진 무사와 민중이 연대하는 새로운 형태의 소요도 나타났다. 재해 대응을 둘러싼 지역 간의 차이가 두드러지게 되었다.

간세이부터 분카·분세이 시기의 지진 재해

1793년 1월 7일, 산리쿠 이와키 지진 쓰나미가 일어났다. M8.0~8.4의 규모로 오후나토[大船渡]에서 2.7m의 쓰나미가 발생했다. 이때 부서지고 유실된 가옥이 1,730여 채, 사망자는 44명 이상이었다.

1799년 5월 26일, M6.0의 가나자와[金澤] 지진이 발생했다. 가나자와 북동부로 이어진 단층의 활동에 의한 것으로 보인다. 이로 인한 피해는 가나자와 조카에서 무너진 가옥이 26채, 손상된 가옥이 4,169채, 그 외 영내에서 무너진 가옥이 964채, 손상된 가옥이 1,003채, 사망자는 모두 21명이었다.

1804년(文化1) 6월 4일에 발생한 기사카타[象潟] 지진은 M7.0이었다. 명소로 알려진 기사카타는 융기하여 육지와 늪이 되었다. 사카타[酒田]에서는 액상화로 인해 땅이 갈라졌고, 우물물이 분출했다. 무너진 가옥이 5,000채 이상, 사망자는 300명이 넘었다.

1810년 8월 27일에는 M6.5의 오가[男鹿] 반도 지진이 발생했다. 무너진 가옥 1,003채, 손상된 가옥 787채, 사망자는 57명이라고도 163명이라고도 한다. 각지에서 땅이 갈라져 진흙이 분출했고, 하치로가타[八郎潟] 서쪽 해안이 1m 가까이 융기했다.

1819년(文政2) 6월 12일 발생한 오미 지진은 M7.0~7.5였다. 오미 하치만[八幡]의 피해가 컸고, 무너진 가옥이 107채, 반파된 가옥이 131채, 사망자가 5명이었다. 또 제제에서는 50채의 가옥이 무너졌고 90명의 사망자가 발생했다고 한다. 그 밖에 오와리·와카사·야마토·셋쓰에서도 피해가 있었다.

1828년 11월 12일에는 M6.9의 에치고 산조[三條] 지진이 발생했다. 액상화로 인해 많은 가옥이 붕괴했는데, 무너진 가옥이 1만 2,800여 채, 사망자가 1,600여 명이었다. 산조 정[三條町]에서는 지진 후 화재로 1,000여 채 이상이 소실되었다. 피해를 입은 지역은 다카다 번·나가오카 번[長岡藩]·무라카미 번[村上藩]·다카자키 번[高崎藩]·구와나 번[桑名藩]·시바타 번[新發田藩] 등에 걸쳐있었고, 각 번에서는 피재민에게 후치마이를 지급하는 등 구제에 노력했다.

1833년(天保4) 10월 26일, 쇼나이[庄內] 먼바다에서 지진 쓰나미가 일어났다. M7.5의 규모였다. 아키타·혼조[本莊]·사카타·쓰루오카 등에서 많은 가옥이 무너졌고, 전체 사망자가 100명에 가까웠다. 에조치부터 오키[隱岐]까지 넓은 지역에서 쓰나미가 발생했고, 파도의 높이는 쇼나이에서 최대 8m, 사도 5m, 오키 2.6m였다고 한다.

이 시기도 일본 열도의 지진 활동이 활발했다. 1830년 3월 무렵부터 가미가타·시코쿠에서 이세로 향하는 사람들이 눈에 띄기 시작했고, 금세 오카게마이리가 크게 유행했다. 앞선 메이와 오카게마이리로부터 60년째 되는 해였다. 무일푼으로 참배하는 사람들에게 각지에서 보시가 행해졌다. 오사카에서는 도쿠시마 번주[德島藩主]나 호상 고노이케가 보시했다. 이 해의 참배자 가운데에는 여자·어린이도 많았고, 다른 성별의 옷을 입거나 이상한 차림으로 나선 자도 눈에 띄었다. 일행에게는 '해방감'이 넘치고 있었다. 참배한 사람의 총수는 에도 시대의 최대인 427만 6,700명을 헤아린다. 같은 해 7월 2일에는 교토에서 M6.5의 지진이 발생했고, 사망자는 280명이라고 한다. 빈번한 여진이 계속되었다. 12월 10일에 '덴포[天保]'로 개원했다.

덴포 기근

분세이[文政] 말년부터 덴포 초기에 걸쳐 도호쿠 지방은 계속해서 흉작이었다. 특히 1832년 냉하의 영향은 컸고, 기근을 피할 수 없는 상황이었다. 1833년이 되자, 봄부터 지역을 떠나 유랑하거나 아사하는 자가 늘어났다. 이후 1838년까지 거의 연이어 흉작·기근이 계속되었다. 이른바 '덴포 기근'이다. 이 기근은 수년 동안 계속되었는데, 흉작·기근의 정도는 지역이나 해에 따라 각기 달랐다. 아사자 수는 명확하지 않지만, 기쿠치 이

사오는 10만은 넘는다고 추정했다〔菊池1997〕.

식량 위기가 심각해지자, 빈민층이 보시나 곡물의 저가 판매를 요구하는 유형·무형의 압력을 행사하기 시작했다. 이에 호농상은 협조하여 보시를 시작했다. 영주 측에서는 비축했던 쌀을 방출하고, 다른 영지로부터 쌀을 매입하거나 쓰도메 등으로 식량을 확보하는 동시에, 상황에 따라 후치마이를 지급하거나 보시했다. 이러한 일련의 대응은 교호 이래 기근이 거듭 발생하는 가운데 사회 속에 '관행'처럼 끼워 넣어져 어느 정도 구제 기능을 담당하게 되었다. 그러한 관행은 여러 양상으로 각지에서 전개되었고, 기근 피해의 억제로 이어졌다.

호농상이나 영주가 구제에 소극적이면 잇키나 우치코와시가 일어났다. 덴포 기근 동안은 전후 시기에 비해 그러한 소요의 건수가 많았다〔青木 1981〕.【표14】에 그 상황을 표시했다.

【표14】1830~1843년(덴포 연간) 연도별 잇키 발생 건수

연대	백성 잇키	도시 소요	촌 소동	합계
1830(天保1)	23	7	22	52
1831	29	3	36	68
1832	19	—	33	52
1833	72	23	38	133
1834	30	11	30	71
1835	12	3	32	47
1836	98	31	42	171
1837	55	14	43	112
1838	18	2	30	50
1839	13	1	26	40
1840	7	1	29	37
1841	12	—	35	47

연대	백성 잇키	도시 소요	촌 소동	합계
1842	24	5	30	59
1843	21	—	25	46
미상	12	1	14	27
계	445	102	465	1,012

출전: 靑木〔1981〕에 의해 작성

특히 기근이 심각했던 1833년과 1836년에 소요 건수가 두드러짐을 알 수 있다. 소요는 보시를 끌어내는 최종적인 수단이었다. 실력을 행사하여 구휼을 끌어내는 방법은 교호 기근 이래 사회적인 구제 시스템으로 인정되었다. 잇키나 우치코와시를 일으킬 체력도 기력도 집합력도 잃었을 때 아사가 광범위해진다고 기쿠치 이사오는 말한다〔菊池1997〕.

기민이 유랑하는 범위가 넓어지는 현상은 덴포 기근에 나타난 새로운 특징이었다. 기아 상황이나 구제 대책에 지역 차가 있었고, 조금이라도 여유가 있는 곳을 향하여 기민은 유랑했다. 그러면서 유랑하는 범위가 넓어졌는데, 먼 지역을 포함한 정보가 유통되고 있었기 때문에 나타날 수 있는 현상이라 할 수 있다. 영주나 지역의 규제를 뛰어넘어, 오스쿠이코야에는 먼 곳에서 온 기민도 있었다. 원래 인연이 있는 영내나 지역의 사람을 대상으로 한 보시가 '무연'의 기민들도 구제하게 되었다.

오시오의 난

기근이 심각해진 1836년은 덴포 연간에도 가장 많은 소요가 발생한 해였다. 전국 각지에서 잇키가 98건, 우치코와시가 31건 발생했다고 알려져 있다. 다음 해 2월 19일에 오시오 헤이하치로[大鹽平八郎]가 '구민救民'을 내세우고 봉기했다. 오시오는 본디 오사카 마치부교쇼의 하급관리인 요리키[與力]였으며, 양명학자로 알려진 인물이다.

　오시오는 봉기에 앞서 오사카 주변의 농촌에 봉기를 촉구하는 '격문'을 배포했다. 그 '격문'은 '사해의 백성들이 곤궁하면 하늘이 내리는 복록도 영원히 끊어지고, 소인이 국가를 다스리면 재해는 끊임없이 발생한다고 옛 성인은 후세의 군주·신하 된 자들에게 강하게 경고했다'라는 문장으로 시작된다. 이는 명확한 '천견'론이다. 계속된 재해·기근 때문에 오사카의 쌀값이 오르고 곤궁한 자가 증가하고 있다. 그럼에도 부교나 관리는 '천재·천벌'을 보고도 '자신의 이익만 생각하고', '인정 없는' 정치를 고치지 않고, '부자들'도 쌀을 매점하고 기민을 구제하려고 하지 않는다. 오시오는 관리와 부자에게 벌을 내리고, 돈과 쌀을 사람들에게 분배하며, 연공과 여러 부역을 줄이고, '중흥의 진무제[神武帝]의[1] 정치로 돌아가 너그럽고 도량이 넓은' 정치를 실현해야 한다고 했다. 이러한 오시오의 주장에 찬동한 사람이 적지 않았다. 사건은 반나절이 지나지 않아 수습되었지만, 참가자 적발은 매우 엄격하여, 무사 30명, 백성 640명이 처벌되었다.

　이 사건에서 몇 가지 새로운 특징이 나타났다.

　하나는 종래의 잇키나 우치코와시와 달리 대포 등도 사용한 무력 봉기였다는 점이다. 오시오 세력의 공격 대상이나 요구는 종래의 소요와 다르지 않았지만, 화기 공격으로 정 전체에 큰 화재를 일으키는 등 사회적 혼란 그 자체를 목적으로 하는 듯한 행동은 확실히 종래의 소요와 달랐다.

1　진무제[神武帝]는 일본 개국 신화의 주인공으로, 지금 천황가의 조상으로 여겨지는 1대 천황에 해당하는 인물이다.

당시 사회에서는 우치코와시가 보시를 끌어내는 관습이 시스템화되어 있었는데, 오시오의 행동은 그 시스템 작동을 목적으로 하지 않았다. 오히려 시스템의 파괴를 노렸다고 말할 수 있을지도 모른다. 이 사건이 '난'이라고 불리는 이유는 그 때문일 것이다.

또 정치 '개혁'을 요구하는 무사층과 백성 등의 결합이 실현된 점이다. 지금까지 정책 변경이나 정권 담당자의 교체를 요구하며 무사나 서민이 각각 별도로 행동하는 일은 있었으나, 양자가 명확하게 결합하여 행동하는 일은 없었다. 물론 양자 사이에서 주도권은 무사 측이 가지고 있었는데, 그 점이 행동이나 목적을 규정했다. 백성 잇키에서는 볼 수 없는 무력 봉기라는 형태도 그 결과였다.

오시오가 자살한 후에도 오시오 도망설이나 생존설이 뿌리 깊게 남았다. 그러한 소문은 사람들의 '요나오리'에 대한 기대의 표현이기도 했다. 덴포 시기 이후도 잇키나 우치코와시라는 종래의 시스템을 따르는 소요는 활발히 일어났고, 전통적인 '요나오리'를 요구하는 관념이나 행동도 심화했다. 동시에 '오시오의 난'과 같은 움직임이 나타나 종래의 행동도 변했다.

'오시오 봉기'의 풍문은 금방 도호쿠에서 규슈 끝까지 퍼졌다. 그만큼 충격적인 사건이었고, 실제 소요에도 영향이 나타났다. 4월에 빙고 미하라[三原]에서 일어난 잇키에서는 '오시오 헤이하치로 문하의 제자'라는 깃발이 걸렸다. 6월에는 에치고 가시와자키[柏崎]의 국학자 이쿠타 요로즈[生田萬]가 '오시오 여당'이라며 봉기했다. 7월에는 셋쓰 노세[能勢]에서 '덕정 오시오 아군[德政大鹽味方]'을 칭하는 잇키가 일어났다. 역시 오시오 봉기의 충격은 헤아릴 수 없는 것이었다.

덴포부터 가에이 시기의 구마모토 번

덴포 기근의 양상이 지역마다 달랐다는 점에 대해서는 앞서 다뤘다. 이어서 구마모토 번의 상황에 대해 살펴보고자 한다.

구마모토 번의 재정은 오사카 상인에게 빌린 재원에 속박되어, 오사카 어용상인의 의향을 거스르지 못하고 흉작에도 10만 석 이상의 쌀을 오사카에 보내고 있었다. 그래서 1831년의 풍수해나 1836년의 기근 때, 식량 부족으로 구마모토 조카마치에서 우치코와시가 발생했다. 한편, 영내의 식량이 여유가 있을 때는, 오사카의 쌀값 상승이 유리하게 작용하여 그 이익을 영외 채무 변제에 충당하기도 했고, 어용상인과의 관계도 개선되었다. 번 재정은 일시적으로 안정을 찾았지만, 오사카에 의존하는 체질의 한계는 분명하여 그로부터 벗어나는 일이 급선무였다. 아울러 영내 정치 상황의 안정을 위해서도 소조야·'자이고케닌' 등에 대한 의존도가 높아졌다.

기근이 한창이었던 1835년 9월 19일, 번교 지슈칸의 교원 저택에서 방화 사건이 일어났다. 번정 개혁을 요구하는 이토 이시노스케[伊藤石之助]·오즈카 센노스케[大塚仙之助] 등 젊은 가신들이 일으킨 사건으로, 방화와 함께 백성 잇키를 일으키려고 한 계획이 발각되었다. 이 사건으로 무사 19명, 백성 66명이 처분되었다. 개혁파 무사와 백성이 결합한 구도는 '오시오 봉기'와 같다. 개혁파는 잠시 잠잠해졌지만 1841년 무렵부터 요코이 쇼난[横井小楠]이 중심이 되어 '실학당'을 결성하고 활발하게 움직이기 시작했다.

고카[弘化]·가에이[嘉永] 시기(1844~1854)가 되자 쌀값이 계속 떨어지며 번의 재정은 다시 악화되었다. 그러나 번의 대책은 '호레키 개혁'의 틀을 벗어나지 못했다. 한편, '실학당'도 내부 방침을 둘러싸고 분열했고, 결국 쇼난이 후쿠이 번[福井藩]의 마쓰다이라 요시나가[松平慶永]에게 등용되어 구마모토를 떠나자 해체되었다.

1853년 미국의 페리(Matthew Calbraith Perry) 제독이 군함을 이끌고 내항했다.[2] 구마모토 번은 막부로부터 무사시 국 혼모쿠[本牧]의 경비를 명령받았다가 이어서 우라가[浦賀] 담당으로 변경되었다. 이리하여 해안 방어를 위한 지출이 많이 필요해지자, 이 해 이후 매년 '해안 방비 조력'을 위한 '촌지'를 영내에서 모집했다. 그러나 계속되는 '촌지' 요청은 민간의 힘을 피폐하게 했고, 소조야나 '자이고케닌'층의 불만은 축적되었다. 번이 유효한 수단을 마련하지 못한 채, 가신들의 분열은 심각해졌다. 이러한 상황은 많은 번에서 공통적으로 발생하고 있었다.

센다이 번의 동향

덴메이 기근 이래의 도호쿠 지방으로 눈을 돌려보자.

센다이 번도 인구 감소와 농촌의 피폐가 심각했다〔仙臺市史編さん委員會2004〕. 1789년 4월에는 덴메이 시기에 시행된 '국산방회소國産方會所'를 폐지했다. 이는 특산품을 영내에서 도매상이 독점으로 구입하여 에도 등에 직접 보내 판매하는 제도였는데, 생산자들의 불만이 많았고 빼돌린 물건이 횡행하는 등 폐해가 많았다. 번에서는 이 제도를 폐지하고 자유 매매

---

2   페리(Matthew Calbraith Perry)는 미국 동인도함대 사령관으로, 1853년에 군함 4척을 거느리고 에도 만의 우라가에 내항했다. 이때 개항을 요구하는 미국 대통령 필모어의 친서를 전달하고 돌아갔다. 다음 해 다시 내항한 그는 가나가와[神奈川]에서 '일미 화친 조약日美和親條約'을 체결했다. 이 조약은 일본이 최초로 체결한 근대적 조약이었다.

를 인정하는 대신 영외 수출품에 '12.5%'의 세금을 부과했다. 1793년에는 산리쿠 이와키 지진 쓰나미로 1,060여 호가 무너지고 12명이 사망했다.

1795년 무렵부터 오사카의 마스야[升屋]가 번의 창고 물품을 관리하는 구라모토[藏元]와 그 자금의 출납을 담당하는 가케야[掛屋] 역할을 담당하게 되었다. 마스야는 번에 자금을 조달하는 동시에 번의 쌀 매매를 독점했다. 영내에서 통용되는 화폐인 번찰藩札의 일종으로 마스야사쓰[升屋札]도 발행했다. 그러나 에조치 출병·닛코 공사 등 막부의 조력 요청도 거듭되어 번의 재정은 전혀 개선되지 않았다. 번과 마스야는 매년 변제를 둘러싸고 교섭을 반복했고 자금 제공은 계속되었는데, 1814년에는 채무 총액이 42만 냥 정도가 되었다. 이 해 교섭 이후부터 마스야는 센다이의 번의 구니모토 재정에도 직접 관여하게 되었다.

1833년에 기근이 본격화되자 번은 창고의 쌀을 방출하거나 다른 영지로부터 쌀을 구입하는 등 식량을 확보하여 싸게 팔고자 노력했다. 쌀 구입을 위해 조카의 호상으로부터 '가시아게[貸上]'라는 명목의 헌금을 모으기도 하고, 기민을 위해 쌀을 보시하도록 재촉하기도 했다. 다음 해에는 마스야가 구라모토를 사퇴하고, 오사카 호상과의 금융 대차 관계가 중단되었다. 구휼을 위해서는 지역의 유력자에게 의존하는 방법 외에 길이 없었다. 1833년 시점이지만, 민간에서 번에 헌금한 자는 252명, 이 중 350냥 이상 낸 자가 5명, 50냥 미만 낸 자가 104명이었다. 직함을 보면 촌락행정인이 71명, 일반인이 167명이었다.

1834년의 작황은 약간 나았지만, 다음 해는 평년의 절반 이하였다. 같은 해 6월 25일에는 M7.0의 지진이 발생했고, 이후에도 여진이 계속되었다.

1836년에는 사토 스케에몬[佐藤助右衛門]이 번의 재정을 담당하는 간

조부교로 발탁되었다. 사토는 조카마치의 직물 상인으로, 헌금하고 무사가 된 이른바 헌금 사무라이였다. 사토의 제안으로 '고큐조카타만닌코[御救助方萬人講]'가 조직되었다. 조직은 영내의 유력자들로부터 1구에 10냥씩 2,500구를 모아 '복권' 방식으로 운영하고, '빈민구제' 자금으로 1만 냥을 염출捻出하는 방식을 취했다. 같은 해 12월에는 조카의 긴쇼지[金勝寺]에서 '유랑민 구제'를 위해 움막을 설치하고 정 측의 협조도 얻었다. 또 사토는 '마쓰카와떡[松皮餠]'을 보시하기도 했다. 이 떡은 소나무껍질과 쌀가루를 섞어 만든 구황 식품으로, 소나무껍질을 번에서 구입하여 보급을 꾀했다. 구휼에 열심이었던 사토는 '오스케사마(お助け様, 도움의 신)'라 불렸다고 한다.

센다이 번의 헌금 사무라이

덴포 기근 동안 센다이 번에서는 민간의 헌금에 의존하는 빈도가 높아졌다. 헌금한 자에게는 성과 대도를 허락하거나, 가신이나 '향사鄕士'로 등용하기도 했다. 이러한 동향은 앞서 본 구마모토 번과 같은 상황이다. 이는 호농상의 신분 상승 욕구를 충족시키면서, 번이 그들의 재력과 지식을 번정에 활용할 수 있는 방안이었다.

헌금 사무라이들은 단순히 헌금했을 뿐 아니라, 지역의 부흥을 위해 여러 활동을 했다. 이것도 구마모토 번과 같다. 사토 다이스케[佐藤大介]는 이를 다음 네 가지로 정리했다〔佐藤2009〕.

첫째, 신전 개발이나 황무지 개간 등을 통해 황폐한 농촌의 부흥을 꾀했다. 또 치수나 도로 정비라는 인프라 정비에도 착수했다.

둘째, 비축 창고 건설이나 저장 곡물의 제공 등 구황 비축을 위해 조치했다. 아울러 센다이 번에서는 앞서 서술한 바와 같이 '영아 양육법(赤子養育仕法)'을 시행하고 있었는데, '영아 제도역(赤子制度役)'이 되어 이 제도의 추진을 꾀했다.

셋째, 황폐한 산림을 부흥시키기 위한 숲 조성에 많은 자가 관여했다.

넷째, 옻나무나 닥나무 등 상품작물 재배·가공에 관여하며 지역 산업의 전개에 힘썼다.

게다가 사토 다이스케는 그들의 행위가 '오로지 사욕을 채우는 것임'을 부정하고, '천하에 소임을 다하는 이치'로 의식되고 있었던 점에 주목한다. 이는 영주가 헌금 등을 촉구하는 논리인 동시에, 그 논리에 호농상이 응하는 의식도 있었다. '개인'이 아닌 '천하'에 봉사한다는 '공공' 의식이 지역에 퍼졌다고 평가할 수 있겠다.

그러나 그들의 힘으로도 한계는 있었다. 1844년 오사카 상인으로부터 대부가 재개되었다. 1853년에 다시 중단되었지만, 에도 창고에 있던 번의 쌀 매각은 1859년까지 마스야가 계속 관여했다. 우왕좌왕하면서 한 걸음 전진하다 한 걸음 후퇴하는 재정 운영이 계속되었다.

데와 무라야마 '군중'의 동향

덴메이 기근 무렵, 곡물 유통을 규제하는 고쿠도메의 군중의정을 정하여 식량을 확보했던 데와 국의 무라야마 지방에서는 그 후에도 단속적으로 '미곡의 타국·타군 반출 금지' 의정이 반복되었다(青木2004). 지금까지 확인된 바로는 1813년(文化10)·1825년(文政8)·1828년·1830년·1831년(天保2)의 사례가 있다. 이를 통해 무라야마 지방에서 분세이 말년부터 계속 흉작이었음을 알 수 있다. 의정에서는 상품작물인 채종 농사를 금지하고, 보리 농사를 장려하거나 평상시보다 비축에 노력할 것 등을 정하고 있다.

1833년에 기근이 본격화되자 '군중'에서는 재차 고쿠도메 의정을 정했다. 그러나 타국·타군으로부터 쌀을 사러 오는 상인의 유입은 끊임없었고 도적도 횡행했다. 그만큼 사태는 심각했을 것이다. 친척 등에게 부탁하기 위해 타국·타군으로부터 들어온 자를 데리고 있는 행위도 강력히 금지했다. 무슨 일이든 촌락행정인의 불철저한 단속으로 처벌되고, 촌에는 단속 강화 명령이 내려졌다. 의정에서 일탈하는 행위는 '자국의 어려움은 돌아보지 않고 사사로운 사욕에 빠진 행위'가 되고, '사욕'이 강한 어조로 비난받았다. 거기에서는 여러 촌이 연합한 '군중郡中'의 분열에 대한 위기감조차 엿볼 수 있다.

어떤 번도, 지역도 식량 확보에 필사적이었다. 센다이 번은 사카타 항구에서 히젠·히고의 쌀이 들어오면 즉시 매점하여 1만 5천 표를 확보했다. 니가타 항구에도 서국의 쌀을 대량으로 매입하려는 도호쿠의 여러 번이 쇄도했다. 아키타 번으로부터 150여 명이 몰려들어 '선봉에 서서 사들일 것'이라 외치며, 다른 번의 사람과 다투는 일도 있었다. 1836년, 모가미령[最上領]에서는 센다이 번으로의 곡물 반출을 엄격히 금지했다. 이 조치는 2년 전 센다이 번이 모가미령에 곡물을 반출하지 못하게 한 일에 대한 보복이었다. 쌀을 구입하려고 모가미령에 들어온 센다이의 상인이 두들겨 맞은 사건도 일어났다. 이쯤 되자 지역 간의 모순도 격화되었다.

데와 국 모가미 군 미나미야마 촌[南山村]의 촌락행정인 가키자키 야자에몬[柿崎彌左衛門]은 덴포 기근의 상황을 자세히 기록하여 자손에게 '유품'으로 남겼다[『天保年中已荒子孫傳』]. 그 기록의 '결말'을 '욕심은 일단 이익을 얻는 것 같지만 끝내 나쁜 소식으로 온다. 타인을 위해 선을 쌓으면 일단 손해를 보는 것 같지만 복이 온다. 내 자손은 삶에 만족한다면 타인을 위해 생각하고 성실해야 한다'라고 맺고 있다. 나아가 곤궁한 자에게 보시하고 '자비'를 신조로 삼도록 했다. 야자에몬에게 있어 '이에'의 존속은 지상의 과제였다. 그러기 위해서는 '사욕'을 억누르고 타인을 위해 진력해야 한다고 했다. '적선積善'과 '지족知足'이 그들의 '공공' 의식을 뒷받침하고 있었다.

또 야자에몬은 군다이의 저택에서 오사카의 정보를 접하고, 오시오의 '격문'을 비롯한 사건의 상세한 상황을 기록했다. 그리고 마지막에 '이 오시오 헤이하치로 부자가 붙잡혔다는 소식이 있었다고 할지라도, 화형에 처해졌다고도 하고, 또 물에 빠져 죽었다고도 한다. 섬(에조시마: 저자)에 건너갈 때 큰 배에 금·은·쌀 등을 많이 싣고 가서 행방을 알 수 없다고도 하고, 또 마쓰마에로 건너갔다고도 한다. 실제 이야기는 확실하지 않다'라고 기록하고 있다. 야자에몬도 이러한 소문에서 '요나오리'에 대한 예감을 공유했을 터이다. 민중 사이에서 무엇인가가 움직이고 있었다.

'덴포 개혁'의 좌절

'간세이 개혁' 이후 막부는 대외적인 긴장도 있어 국내 정책을 적극적으로 시행하지 않고 있었다. 쇼군 이에나리는 재직기간이 50년으로 길었고, 자식도 많았다. 자녀들을 다이묘에게 양자나 정실로 보냈는데, 이에나리는 '친인척' 다이묘를 배차금 대여, 영지의 가증加增 및 유리한 영지 교체, 가격家格 상승 등으로 우대했다. 1837년에 이에나리는 쇼군의 자리를 아들 이에요시[家慶]에게 넘겼지만, 오고쇼가 되어 계속해서 막부의 실권을 장악했다. '공의'의 사유화라고도 할 수 있는 상황에 불만은 퍼졌다.

1841년 윤1월, 이에나리가 사망했다. 로주의 수좌에 있던 미즈노 다다쿠니[水野忠邦]는 쇼군 이에요시의 지지를 얻어 '오고쇼 정치'와의 결별을 선언했다. 이것이 '덴포 개혁'의 시작이다. 그 주요한 내용은 다음과 같다.

첫째, 가와고에·나가오카·쇼나이 세 번 사이의 '세 번 영지 교체'를 철회했다. 영지 교체 정책은 이에나리의 '친인척' 다이묘 우대책 가운데 하나였다. 그런데 쇼나이 번에서 번민藩民 잇키가 일어나는 등 반대 운동도 있었고, 이에요시·다다쿠니는 '천의인망天意人望'에 따른다며 이를 철회했다. 이는 막부가 영지 교체를 강요할 수 없었다는 점에서 '공의' 힘의 쇠락을 보여 주는 사례이기도 했다.

둘째, 영업 독점권을 가진 동업자 단체인 가부나카마[株仲間]의 해산을 명했다. 가부나카마가 가진 특권을 부정하고 자유 매매를 통한 물가 하락을 노린 조치였으나, 실제로는 유통의 혼란을 초래했을 뿐 효과는 없었다.

셋째, 물가 상승의 원인이 된 질 나쁜 분세이 금은의 주조를 정지했다. 다만 손실을 각오하고 양화良貨로 바꾸어 주조하는 조치는 할 수 없었다. 막부 재정 상황으로 보면 양화의 주조는 이미 불가능했다.

넷째, 귀촌 권장 등을 통한 에도 인구 감소 정책이나 풍속·출판 통제 등 에도의 치안 대책을 강화했다. 특히 분카·분세이 시기에 유행한 연극·니시키에·과자류에 대한 규제를 강화하고, 권선징악을 주제로 삼도록 강제했다.

다섯째, '고료쇼[御料所] 개혁'이라 불리는 정책으로, 재정 담당 관리가 직접 막부령의 촌 지배에 개입하여 연공을 늘려 거두려고 했다.

여섯째, 해안 방비 정책을 강화했다. '이국선 퇴치령(異國船打拂令)'을 폐지하고 '신수급여령薪水給與令'을 내리고, 아울러 에도 만 방비의 조력을 다이묘에게 명했다. 또 대포대를 결성하고, 증기선의 수입도 기획했다.

일곱째, 오사카 호상에게 명하여 100만 냥의 어용금을 징수할 계획을 세웠다.

여덟째, 니가타를 막부령으로 삼는 동시에 에도·오사카 반경 40㎞ 주변을 막부령으로 삼겠다고 명령했다. 그러나 이 명령은 대부분 번이나 주민의 반대를 받았고, 결국 다다쿠니의 발목을 잡았다.

1843년 윤9월 막부는 영지를 몰수하여 막부령으로 삼겠다는 명령을 철회하고, 로주 다다쿠니를 파면했다. '개혁'은 '훌륭할 만큼 실패'였다고 후지타 사토루는 말한다〔藤田1995〕. 이 실패로 '공의'로서의 막부 권력과 권위는 크게 실추되었다.

3. 안세이 대지진과 '요나오리'의 소망

고카[弘化] 연간(1844~1848)부터 안세이[安政] 연간(1854~1860)에 걸쳐 각지에서 큰 지진이 계속되었다. 이 시기 역시 지진 열도의 활동기라 해도 좋은데, 에도 시대를 거치며 민간이나 지역에 축적되었던 재해에 대한 대응력은 그 나름 감재減災에 도움이 되었다. 그 사이에 페리가 내항하여 막부는 '개국開國'을 단행했다. 정치와 경제의 혼란으로 사회 불안이 퍼지고 민중의 '요나오리'에 대한 소망도 높아지는 가운데 시대는 메이지 유신[明治維新]으로 나아갔다.

젠코지 지진

1847년 3월 24일에는 M7.4의 젠코지[善光寺] 지진이 일어났다. 내륙의 비교적 얕은 활단층에 의해 일어난 지진으로 격심한 진동과 액상화가 발생하여 많은 가옥이 무너졌다.

젠코지 몬젠마치에서는 가옥 2,285채가 무너지고, 화재로 2,094채가 소실되었다. 사망자는 1,403명으로, 본존本尊 비불祕佛을 일반인에게 공개하는 본존 개장[開帳] 행사에 참가 중이던 1,029명도 사망했다. 이야마 번[飯山藩]은 조카에서 무너진 가옥이 185채, 소실된 가옥이 808채, 사망자가 393명이었고, 영내에서는 무너진 가옥 3,317채, 반파된 가옥이 778채, 사망자가 122명이었다. 마쓰시로 번에서는 무너지거나 반파된 가옥이 1만 2,419채, 사망자는 4,993명에 달했다.

지진으로 약 4만 곳에서 토사 붕괴가 일어났고, 적어도 90곳 이상에서 토사가 하천의 흐름을 막았다. 그 가운데 가장 큰 피해를 준 사례는 고쿠조 산[虛空藏山] 붕괴로 사이 강[犀川]의 흐름을 막아 많은 촌을 수몰시켰다. 게다가 강의 흐름이 막혀 호수가 되었다가 19일 후에는 결국 붕괴하여 하류의 지쿠마 강[千曲川] 일대에 대홍수가 발생시켰다. 이때 유실된 가옥이 810채, 토사가 유입된 가옥이 2,135채, 사망자가 100명 이상이었다고 한다[中央防災會議2007].

젠코지 지진의 피해는 많은 번에 걸쳐 발생했고, 사망자도 8천 명이 넘을 만큼 매우 심각했다. 막부는 마쓰시로 번에 1만 냥의 배차금을 하사하고, 동시에 지쿠마 강 복구 공사 비용의 10%를 막부가 부담하고 남은 비용은 '국역 공사'로 실시하도록 했다. 교호 시기와 같은 방식으로 정지되었던 '국역 공사'가 일시적으로 부활한 형태였다. 공사에는 피재민이 동원되었고 그 임금은 후치마이로 대체되었는데, 이 또한 종래의 '관행'에 따른 것이었다.

이 지진으로 재해를 알리는 가와라반이 많이 발행되었다. 정보의 확산이 사람들의 관심을 불러일으켰다. 피해 지역에서 가와라반이 많이 만들어진 것도 이때의 특징이다. 이후에 역병을 포함한 재해 관련 가와라반이 폭발적으로 증가했다.

1850년의 수해

홍수의 원인으로 우선 태풍을 고려할 수 있다. 일본 열도에서는 옛날이나 지금이나 매년 몇 차례의 태풍 피해가 발생한다. 그 밖에 장마가 끝날 무렵 발생하는 집중호우는 홍수를 많이 일으킨다. 1850년(嘉永3) 6월 1일, 현재의 역법으로 7월 9일에 해당하는데, 이때 발생한 집중호우가 서일본 각지에 거대한 피해를 주었다.

빗추 국을 흐르는 마쓰야마 강(松山川, 다카하시 강高梁川: 저자)에서는 6월 1일에 중류 지역의 왼쪽 연안에 있던 가루베 촌[輕部村]에서 제방이 무너졌고, 이틀 후인 3일에는 하류 지역의 왼쪽 연안에 있던 야스에 촌[安江村]·시주세 촌[四十瀬村]에서 제방이 무너졌다. 이 때문에 강의 동쪽에 있던 막부령과 하타모토령, 오카야마 번령 등을 합쳐 70여 개 촌이 침수되었다. 이 일대는 에도 시대에 개간하여 경지로 만든 지역이었는데, 경지가 모두 원래의 '바다'로 돌아간 듯했다. 수몰된 경지는 1,000ha를 족히 넘었다〔倉敷市史研究會2003〕.

이러한 신전 지대에서는 각기 다른 영주의 지배를 받는 촌들이 용수조합을 만들어 여러 가지를 정하고 있었다. 홍수 때 논두렁 등을 열어 배수하는 약속도 촌끼리 정하고 있었다. 그들은 평상시부터 홍수에 대비하고 있었을 것이다. 그래서인지 침수 면적이 넓었음에도 인명피해는 기록되어 있지 않았다.

긴급 시 인명구조 등은 영주의 지배 지역을 뛰어넘어 행해졌는데, 재해의 복구는 지배 단위별로 행해졌다. 시주세 촌은 오카야마 번령이었으므로, 번이 주변 군에서 데려온 2만 명의 인부와 피해를 입은 촌의 여자·어린이를 공사에 동원하고 각각 후치마이를 지급했다. 이는 선례에 따른 피재민 구제 조치이기도 했다.

막부령인 야스에 촌의 제방 수복은 구라시키 다이칸쇼[倉敷代官所]가 담당했다. 다만 처음 수복에 필요한 빈 가마니는 오카야마 번에서 제공받았고, 영주를 뛰어넘은 협력도 행해졌다. 그 후 막부령의 가마니도 사누키 국(讚岐國, 가가와 현[香川縣]) 나오시마[直島] 등에서 조달되었다. 구라시키나 주변 촌에서는 호농상이 거출하여 피재민에게 보시했다.

침수된 경지의 배수는 25일 정도, 파손된 제방의 수복은 한 달 반 정도가 소요되었다. 이번 수해는 근년에 없었던 대홍수였기 때문에 그 경험을 후세에 전하고자 촌에서 재해 기록을 만들고 피해 상황을 보여 주는 지도류도 몇 개 만들었다. 그런 자료에서 재해 대비의 경험을 전하고자 한 에도 시대 사람들의 열의를 강하게 느낄 수 있다.

안세이 도카이·난카이 지진

1853년 6월 3일에 페리가 거느린 미국 함대가 우라가 먼바다에 내항하여 외교·통상을 요구하는 대통령의 친서를 건넸다. 여기서부터 막말 유신기의 동란이 시작된다.

같은 해 2월 2일에는 M6.7의 오다와라 지진이 발생했다. 무너진 가옥이 1,088채, 반파된 가옥이 2,304채, 사망자 24명의 피해가 발생했다. 341곳에서 산사태가 발생했고, 하코네 산 중의 도카이도가 무너져 3일 동안 통행할 수 없었다.

막부는 다음 해 다시 일본에 온 페리와 '일미 화친 조약'을 체결하는 한편, 여러 번과 '해안 방비'를 하게 되었다. 같은 해 6월 15일에는

M7.0~7.5의 이가[伊賀] 우에노[上野] 지진이 발생했다. 이가·이세·오미를 중심으로 무너진 가옥이 5,787채, 반파된 가옥이 9,138채, 사망자가 1,308명이었다. 도카이·호쿠리쿠[北陸]부터[3] 주고쿠·시코쿠까지 넓은 범위에서 진동을 느꼈다.

같은 해 11월 4일 오전 10시 무렵, 스루가 만[駿河灣]에서 구마노나다까지의 해저를 진원역으로 하는 거대지진이 발생했다. 약 30시간 후인 5일 오후 4시 무렵에는 기이 수도에서 시코쿠 먼바다를 진원역으로 하는 거대지진이 이어서 발생했다. 스루가 트러프와 난카이 트러프가 연동하여 일어난 플레이트 경계 지진으로 모두 M8.4로 추정되고 있다. 지진 후, 간토부터 규슈까지 넓은 범위에 거대 쓰나미가 덮쳤다.

4일의 지진으로 도카이도 일대의 조카마치나 슈쿠바마치가 큰 피해를 보았다. 산간부 각지에서 산사태가 일어났고, 시라토리 산[白鳥山]이 무너져 후지 강의 흐름이 막았다가 터지며 하구 지역에 큰 홍수를 발생시켰다. 구마노 지방의 해안은 10m가 넘는 거대 쓰나미가 덮쳤다.

5일의 지진으로 세토나이 해[瀬戸内海] 연안의 여러 정에서도 가옥 붕괴와 성곽 파손이 계속되었다. 기이 반도나 시코쿠 역시 10m가 넘는 거대 쓰나미의 습격을 받았는데, 쓰나미는 세토나이 해나 분고 수도에도 미쳤다.

이 지진으로 호에이 지진이 상기되고 그 교훈이 활용되어 피해를 막은 사례도 적지 않았다. 기이 나가시마우라[長島浦]에서는 호에이 쓰나미로 500여 명이 떠내려가 사망했는데, 이번에는 480여 채가 유실되었지만 떠내려가 사망한 자는 23명에 그쳤다. 도사의 하기다니[萩谷]나 스사키[須崎]

---

3   호쿠리쿠[北陸]는 동해에 면하고 있는 니가타·도야마[富山]·이시카와[石川]·후쿠이 네 현을 묶어 부르는 호칭이다.

에도 옛 전언이나 기록이 있었기 때문에 그것을 상기하여 앞다투어 산 쪽으로 도망가 부상자도 없이 무사했다고 한다. 아와의 아사카와우라에서는 호에이 쓰나미 후 공양을 위한 지장존 석상이 세워져 그 경험이 전해지고 있었다. 그래서 촌사람들은 주의하고 있었고, 피해는 없었다고 한다. 이 두 차례의 경험을 전하기 위해 아사카와우라에서는 다시 석비를 세웠다. 이번은 피해가 없었기 때문인지 공양의 묘고 등도 없는 히고의 후나쓰 촌과 같은 순수한 '교훈비'가 세워졌다.

전언만으로는 불안하다. 소문 정도로 생각하여 방심했기 때문에 떠내려가 사망한 자도 적지 않았다. 기이 국 유아사 촌에서는 그러한 교훈을 전하기 위해 새롭게 석비를 세웠다. 시마 국(志摩國, 미에 현 일부) 난바리 촌[南張村]의 촌락행정인 이치베에[市兵衛]는 기록의 유무가 피해의 대소를 나눈다고 보고 다른 촌처럼 경험을 기록으로 남기려 했다. 이리하여 각지에서 다수의 기록류가 남겨졌다〔倉地2013〕.

기이 반도나 오사카 주변에서는 4개월 정도 전에 발생한 이가 우에노 지진을 언급한 기록이 많다. 이가 우에노 지진은 내륙의 활단층에 의한 지진으로, 쓰나미는 일어나지 않았다. 그 일을 떠올리고 이번에 쓰나미가 올 것을 예상하지 않았던 사람도 적지 않았다. 그런 사람이 늦게 도망가다가 피해를 입었다는 기록이 있다. 산에 올라간 사람이 낙석으로 사망하고, 배로 바다로 도망가서 산 사람이 있었다는 전언을 믿고 산으로 도망가지 않고 배를 타고 바다에 나가 죽은 사람도 있었다고 한다. 경험주의의 함정이라고 해도 좋다. 경험을 올바르게 전하고, 적확하게 행동하기는 쉽지 않다. 여러 사태에 대한 대응을 반복하고 반복하며 확인할 필요가 있다.

난카이 지진으로 오사카 만에도 2~3m의 쓰나미가 밀려왔다. 오사카나 사카이[堺]에서는 호에이 쓰나미 때 작은 배를 타고 난을 피하려 한 사람들이 큰 배에 부딪혀 다수 사망한 일이 전해지고 있었다고 한다. 그러나 오사카에서는 그 전승이 희박해졌기 때문에 이번에도 작은 배를 타고 도망가 압사하거나 익사한 사람이 많이 나왔다. 그에 비해 사카이에서는 배로 도망가 익사한 사람도 있었지만, 높은 지대로 도망가 산 사람도 많았다고 한다. 주민의 출입이 빈번한 도시부에서 기억의 전승은 곤란했을 것이다. 오사카에서 새롭게 공양비를 세워 교훈을 전하려는 노력이 나타났다.

도카이 지진으로 이즈 시모다[下田]에 정박해 있던 러시아의 배 디아나호가 피해를 입었다. 디아나호에는 조약 교섭을 담당한 러시아의 예프피미 푸탸틴(Ефимий Путятин)이 타고 있었다. 디아나호는 수리를 위해 회항하다가 침몰했는데, 푸탸틴의 요청에 의해 헤다우라[戸田浦]에서 대체 선박이 건조되었다. 여기에 많은 일본인 목수가 참가하여 서양의 선박 건조 기술을 배웠다. 완성된 배는 '헤다호'라는 이름이 붙여졌다. 재해를 뛰어넘어 일본과 러시아의 국교 수립에 어울리는 공동사업이 되었다.

계속된 재해로 1854년 11월 27일에 '안세이[安政]'로 개원했다. 그 때문에 이 해에 일어난 도카이·난카이 지진도 일반적으로 이 '안세이' 연호를 붙여 부른다.

안세이 에도 지진

1855년 10월 2일, 에도를 중심으로 거대한 지진이 발생했다. 도쿄만 북부 30~50km 깊이에서 일어난 직하형 지진이었다. 규모는 M7.0~7.1로, 에도에서 발생한 지진 가운데 겐로쿠 지진 이래 발생한 대지진이었다. 특히 지반이 연약하고 저지대에 위치한 상업지역인 시타마치의 가옥 붕괴가 두드러졌다. 그 수는 1만 4,346채, 사망자는 약 1만 명으로 추정되고 있다. 지진 직후 도시 전체 가운데 30곳 이상에서 화재가 발생했다. 요시와라는 거의 전소했고, 유녀나 손님 1,000여 명이 사망했다고 한다. 오후 9시가 지난 야간에 지진이 발생했기 때문에 피해가 커졌다.

다이묘 저택도 큰 피해를 입었다. 번들은 '해안 방비' 등의 지출이 많아지는 가운데, 영민 등의 헌금에 의존하면서 번의 저택 재건에 노력했다. 막부는 막부 각료 등 열두 가문에 배차금을 인정하고, 하타모토 등에게도 10년 무이자로 대부했다. 하층의 고케닌층에게는 후치마이 지급도 했다. 에도의 조닌 구제는 정이 담당했다. 정회소는 도시 내 5곳에 오스쿠이코야를 설치하고 피재민에게 보시했다. 이때 유력 상인 250여 명이 1만 5천 냥을 협조했다고 한다.

안세이 에도 지진의 특징은 가와라반의 범람 현상이다. 가와라반은 속보성을 중시한 무허가 출판물로, 약소한 발행소·희작가(戱作者, 통속문학 작가)·우키요에 화가들의 상업 정신이 만들어 낸 전달 매체였다. 그 특징은 다음과 같다.

첫째, 피해 상황의 정보화다. 이전부터 재해 때 가와라반이 중심이 되어 이루어지고 있었고, 안부 확인이나 안부 인사를 위한 정보, 직인 수요 정보 등으로 유용했다. 구니모토에 정보를 전달하기 위해서도 이용되었다.

둘째, 구휼 정보를 제공했다. 가와라반은 피재민에게 밥을 준다거나 구휼미·오스쿠이코야·보시 등의 정보를 제공했다. 이 점은 아직 보시에 협조하고 있지 않은 부유층에 대한 압력으로도 작용했을 것이다.

셋째, 지진 그 자체에 대한 관심을 충족시켰다. 지진의 조짐이나 원인, 과거의 사례 등 이번 지진을 이해하는데 필요한 지식을 제공했다. 종래에 지식인들이 사적으로 기록했던 것이 널리 민간에게 제공되고, 공통의 사회적인 '지식'이 되었다.

넷째, 이른바 '나마즈에[鯰繪]'가 대유행했다. 나마즈에, 즉 메기를 그린 그림이 만들어진 배경에는 가시마 신궁[鹿島神宮]의 가나메이시 즉 요석에 대한 민간 전승이 있다. 전승에 따르면 요석은 땅속 깊은 지축까지 닿고 있어 지진을 일으키는 메기를 억누르고 있었다. 그런데 가시마 신이 가미나즈키[神無月]인 10월에 이즈모[出雲]로 외출하니 그 부재를 에비스[エビス]에게 부탁했는데, 에비스의 방어가 불충분하여 메기가 뛰쳐나와 지진을 일으켰다는 내용이다. 이 전승에서는 요석·가시마 신·에비스가 중심 단어이다. 이들을 여러 가지로 조합하여 다양한 종류의 나마즈에가 만들어졌다.

요석과 메기의 전승은 예부터 있었고 에도 시대에는 민간에도 널리 유포되었는데, 가와라반에 메기가 등장한 시기에 대해 기타하라 이토코는 1830년 교토 지진 때부터라고 보았다[北原1983]. 그것이 안세이 에도 지진 때 나마즈에로 대유행했는데, 그 종류는 300개라고도 400개라고도 한다. 나마즈에에는 서민의 풍자나 비판·기대 의식이 들어 있었다. 나마즈에는 서점 조합(本屋組合)의 검사를 받지 않은 무허가 출판이었기 때문에 막부가 발행을 금지하고 단속을 강화하자 급속히 모습을 감췄다.

연속하는 지진

페리가 내항한 직후인 1853년 6월에 쇼군 이에요시가 사망했다. 11월에는 아들 이에사다[家定]가 쇼군의 자리에 올랐지만 병약하여 정무는 로주 아베 마사히로[阿部正弘]가 담당했다. '화친 조약' 체결에 이어 '통상 조약' 체결이 큰 문제가 되었다. '개국'에 반대하는 존왕양이[尊王攘夷] 사상이 퍼졌다.

1856년 7월 23일에 하치노헤 먼바다를 진원으로 하는 M7.5의 지진이 발생했다. 홋카이도부터 산리쿠 해안까지 쓰나미가 발생했다. 모리오카 번에서 무너진 가옥이 100채, 유실된 가옥이 93채, 익사자가 26명이었다. 하치노헤 번과 센다이 번에서도 떠내려가 사망한 자가 있었다.

1857년 8월 25일에는 M.7.0 정도의 게이요 지진이 있었다. 마쓰야마 번과 이마바리 번[今治藩]에서 수 명이 사망하고 구레[吳]와 이와쿠니[岩國]에서도 가옥이 무너졌다.

1858년 2월 26일 발생한 히에쓰[飛越] 지진은 M7.0~7.1의 규모였다. 장대한 활단층인 아토쓰가와[跡津川] 단층 연안에서 가옥이 319채가 무너지고, 302명이 사망했으며, 지진으로 각지에서 산사태도 발생했다. 다테야마[立山]의 오돈비 산[大鳶山]·고돈비 산[小鳶山] 붕괴가 가장 심각했는데, 암석들이 기슭의 집락을 메우고 조간지 강[常願寺川]의 흐름을 막았다고 한다.

같은 해 3월 10일, 시나노 오마치[大町] 부근을 진원으로 하는 M6.0 정도의 지진이 발생했다. 오마치 주변에서 무너진 가옥이 71채, 266채는 반파되었고 160곳에서 산사태가 발생했다. 히에쓰 지진 때 생겼던 조간지 강의 웅덩이가 이 지진으로 무너져 도야마[富山] 평야에 큰 홍수를 일으켰고, 그로 인해 가옥이 1,612채 유실되고, 140여 명이 익사했다.

여기까지의 사례로부터 알 수 있는 것처럼 내륙을 진원으로 하는 지진은 토사 붕괴와 그에 의한 2차 재해에 경계할 필요가 있다.

국내 정치는 통상 조약 칙허와 쇼군 후계자 문제를 둘러싸고 심각한 분열 상태였다. 1858년 4월에 이이 나오스케[井伊直弼]가 다이로에 취임했고, 막부의 방침은 조약 조인과 이에모치[家茂]를 쇼군 후계자로 삼는 방향으로 크게 바뀌었다. 이 해 말부터 존왕양이파에 대한 극심한 탄압이 시작되었다. 이른바 '안세이 대옥大獄'이다.

안세이 콜레라 소동

같은 해 1858년 6월부터 나가사키에서 콜레라가 유행하여 순식간에 전국으로 퍼졌다. 콜레라는 콜레라균에 의해 발생하는 감염병으로, 급사하는 환자가 많았기 때문에 '덜컥·맥없이 죽는 모습'을 뜻하는 '고로리[コロリ, 虎狼痢]'라고도 불렸다. 콜레라는 1817년 인도에서 시작되어 세계적으로 크게 유행했으며, 일본에서는 1822년에 최초로 유행했다.

콜레라는 1858년 7월부터 에도에서 유행했는데, 1개월 동안 1만 2,000명 이상이 사망했다. 사망자 총수가 에도에서 10만 명, 오사카에서도 3만 명이 넘는다고 전해진다. 콜레라는 1861년까지 4년 동안 유행했다.

막부는 치료법을 적은 마치부레를 발행하고 구제에 노력했다(『續德川實紀』). 마치부레에 따르면 '방향산芳香散'이라는 약이 효과가 있다고 한다. 또 고춧가루와 밀가루를 같은 비율로 섞어 만든 '가이시데[芥子泥]'도 권장되었다. 민간에서는 팔손이나무의 잎을 처마 밑에 걸어 두는 주술이 유행했고, '미모스소가와[みもすそ川]의 부적'이 인기를 끌었다. 서양 의학을 활용한 치료법을 기록한 의학서도 간행되었다. 오사카 데키주쿠[適塾]의 오가타 고안[緒方洪庵]이 간행한 『고로리치준[虎狼痢治準]』이 대표적인 책이다. 각종 치료법에 의존하며 많은 의사가 헌신적으로 치료에 전념했다. 산부인과 의사로 저명한 비젠 가나가와[金川]의 난바 호세쓰[難波抱節]는 콜레라 치료 중에 감염되어 병사했다.

콜레라 소동 때도 에도에서 다수의 가와라반이 만들어졌다고 다카하시 사토시[高橋敏]가 소개했다[高橋2005]. '유행 산푸쿠쓰이[流行三幅對]'라는 가와라반에서는 '재난 방지 팔손이나무 잎/ 마귀 방지 미모스소가와의 노래/ 역병 방지 검게 구운 마늘'로 시작되는 18개조의 글이 쓰여 있다. 「도케산주카센[どうけ三十六かせん]」은 헤이안 시대 와카의 명인 36명[三六歌仙]을 개사한 노래를 실은 뒤에, '빚을 남겨두고 저승길로 고로리 도망간다'라는 '액막이 교카집[厄除狂歌集]'을 조합시키고 있다. 사람들은 콜레라도 '익살을 떨어' 뛰어넘으려고 했던 것이다.

콜레라 소동이 수습된 1862년, 이번에는 홍역이 크게 유행했다. 홍역은 20~30년 정도 주기로 유행을 반복했는데, 이번은 1836년 이래 26년 만의 유행이었다[鈴木2012]. 나가사키에서 유행이 시작되어 6월에는 에도에서도 사망자를 발생시켰으며, 8월까지 1만 2,000여 명이 사망했다고 한다. 1858년에 쇼군의 자리에 오른 도쿠가와 이에모치와 그 정실로 1861년에 막 시집온 가즈노미야[和宮]도 홍역에 걸렸었다. 홍역 유행으로 물가도 올랐다. 막부는 식량이나 약의 가격을 내리도록 명령하고 동시에 부유한 자에게 금전과 쌀, 약의 보시를 호소하는 마치부레를 내렸다. 정회소는 비축한 쌀을 방출하여 빈민에게 나눠줬다. 정에서는 '역병신'을 보낸다며 마쓰리[祭り] 때 사용하는 장식한 수레가 나오고 춤을 추는 임시 제례가 개최되었다. '요나오리'를 바라는 의식이 퍼졌다.

이번 홍역 유행으로도 다수의 가와라반이 간행되었다. 그 가운데에는 홍역의 간편한 치료법이나 병이 나은 뒤의 양생 등 실용적인 내용을 담은 것도 있었는데, 대부분은 '유행 홍역 산푸쿠쓰이'나 '홍역 액막이 도케산주카센[麻疹厄除道化三十六歌仙]' 등 콜레라 소동 때의 재탕처럼 보인다. 홍역 유행 때도 역시 '익살을 떨어' 뛰어넘고자 하는 경향이 나타났다.

천연두는 홍역과 함께 유아 사망률을 높였다. 1796년 영국의 제너(Edward Jenner)가 우두牛痘를 사용한 예방접종법(종두種痘)을 발견했고, 예방접종법은 1849년에 나가사키에 전해졌다. 그 후 바로 에도의 이토 겐보쿠[伊東玄朴], 교토의 히노 데사이[日野鼎哉], 오사카의 오가타 고안이 종두를 실시했다. 1858년에는 막부가 원조하여 오사카에 제두관除痘館, 에도에 종두소種痘所가 개설되었고, 지방에서도 촌의 개명적인 의사들의 노력으로 급속하게 보급되었다[田崎1985].

'에에자나이카'

1860년 3월 3일에 다이로 이이 나오스케가 사쿠라다몬[櫻田門] 밖에서 암살당했고, 1862년 1월 15일에는 로주 안도 노부마사[安藤信正]가 사카시타몬[坂下門] 밖에서 습격받았다. 이 무렵부터 정국의 중심은 교토로 옮겨졌고, 각지에서 '양이' 사건이 일어났다. 1863년 8월 18일에는 공무합체파公武合體派가 쿠데타를 일으켜 존왕양이파의 공경公卿이 교토를 탈주하고, 다음 해 7월 19일 반격을 꾀한 조슈군[長州軍]이 교토로 진격한 '금문禁門의 변'이[4] 일어났다. 이 전투로 교토 정 전체에서 큰 화재가 발생했다. 이른바 '돈토야케[どんと燒け]'다. 화재로 인한 피해는 811정, 소실된 마치야 2

---

4   조슈군은 교토로 진격하여 막부 측에 선 사쓰마 번[薩摩藩]·아이즈 번[會津藩] 등의 군대와 하마구리고몬[蛤御門] 근처에서 싸웠으나 패배했다. 그래서 이 금문의 변은 하마구리고몬의 변이라고도 불린다. 이 사건으로 도쿠가와 막부는 제1차 조슈 정벌에 나선다.

만 7,513채, 사사 253곳이었다. 막부는 5천 석을 방출하여 시가지 각지에서 보시하고 8월에는 여러 정에 구휼미 1만 석을 지급했다. '교토 대화재 약도[京都大火の略圖]' 등의 제목이 붙은 가와라반이 다수 간행되었고, 교토의 상황은 즉시 지방에 전달되었다.

고쇼 공격의 책임을 규명하기 위해 막부는 조슈 번에 병사를 보냈고, 다이묘들은 전투태세에 돌입했으며 여러 물가가 상승했다. 조슈 번이 정무를 담당하고 있던 세 명의 가로에게 책임을 묻고 공손한 자세를 보였기 때문에 실제 전투는 일어나지 않았다. 그러나 그 후 조슈 번에서는 막부를 무너뜨리려는 토막파討幕派가 실권을 잡았고, 막부에 반항하는 자세를 명확히 했기 때문에 1865년에 다시 조슈 번으로 출병하라는 명령이 내려졌다. 다음 해 6월, 전투가 시작되자 막부군은 각지에서 고전했는데, 전쟁의 성과도 얻지 못한 상황에서 7월에는 쇼군 이에모치가 오사카 성에서 사망했다. 이에 막부는 일방적으로 병사를 물리고 요시노부[慶喜]가 쇼군이 되었고, '공의' 해체의 갈림길에서 그 재편을 노리며 '사투'를 전개하게 되었다.

막부령에서도 번령에서도 출병을 위해 주민으로부터 물자를 징발했다. 게다가 1865년과 1866년은 연이은 흉작으로 식량 부족과 물가 상승이 심각해졌다. 각지에서 잇키나 우치코와시가 일어났고, 이 해 소요 건수는 에도 시대 최고를 기록했다. 각지에서 호농상이 공격을 받았고, 그들은 지역 질서를 방위하기 위해 영주와 연대하여 '농병農兵'을 조직했다. 이 '농병'이 잇키 진압에 동원되는 일도 있었다. 이렇게 영주 내부 분열만이 아니라 지역 내부에서도 분열이 심각해졌다. 이러한 상황을 사사키 준노스케[佐佐木潤之介]는 '요나오시 상황'이라고 불렀다〔佐佐木1969〕.

1867년 7월 하순에 미카와 국 요시다[吉田] 근처에서는 하늘에서 부적이 떨어지는 오후다후리[お札降り]가 있었다. 이 사건을 계기로 사람들이 길에 나와 춤을 추었다. 춤의 소용돌이는 사람들을 끌어들였고 열광적으로 증가하여 무라오쿠리처럼 동서로 퍼졌다. 이른바 '에에자나이카[ええじゃないか]'다[伊藤1995]. 춤은 오후다후리를 따라 여기저기 퍼졌다. 떨어진 부적은 이세 신궁의 것만이 아니라 지역 토속신의 것도 적지 않았다. 부적이 떨어진 집에서는 술·떡·돈 등을 나누어 주게 되어 있었고, 특히 부유한 집에 떨어진 부적이 많았다. 우치코와시 때에 보시를 촉구하는 낙찰落札이 부유한 자의 집에 떨어졌는데, 그와 동일한 구도였다. 이성의 복장을 하거나 나체 등 이상한 차림으로 춤을 추는 군중은 이세를 향하지 않고, 지역 신사에 춤을 추며 들어가는 일이 많았다. '요나오리'를 기대하는 임시 제례 양상이었다.

교토에서는 10월 중반부터 고타이 신궁[皇太神宮]의 부적이 떨어지기 시작하며 각지에 춤이 퍼졌다. 11월 12일 마치부교쇼에서는 '화려한 의류'나 '이상한 차림'으로 춤추며 소란을 피우는 행위를 금지하는 마치부레를 내렸다. 이 마치부레는 11월 25일에도 반복해서 내려졌는데, '에에자나이카' 춤도 12월에는 수습된 듯하다. 10월 14일에 쇼군 요시노부가 대정봉환大政奉還을 상표하고, 12월 9일에는 왕정복고 쿠데타가 일어났다.[5] 해가 바뀌자 도바·후시미[鳥羽·伏見]의 전투가 시작되고 보신 전쟁[戊辰戰爭]으로[6]

---

5   대정봉환大政奉還이란 쇼군에게 위임된 정치 권한 즉 대정을 천황에게 돌려준다는 뜻을 쇼군이 상표하자, 천황이 다음 날 이를 허락한 사건을 가리킨다. 이에 대해 12월 9일 반막부 세력이 된 사쓰마 군이 조슈 군과 연합하여 천황의 궁정을 장악하는 쿠데타로 대응했다. 이들 연합군은 '왕정복고의 대호령'을 발표했고, 도쿠가와 막부는 막을 내리게 되었다.

6   쿠데타에 성공하여 신정부를 세운 사쓰마·조슈 연합군과 도쿠가와 세력의 존속을 주장하는 도쿠가와군은 1868년 1월에 도바·후시미에서 충돌했고, 이가 보신 전쟁으로 확대되었다. 이 내전이 1868년 무진년戊辰年에 시작되었기 때문에 무진전쟁 혹은 무진의 일본어 발음인 '보신'을 사용하여 보신 전쟁이라 부른다. 1869년까지 계속된 이 전쟁은 결국 신정부의 승리로 끝났다.

돌입했다.

어느 촌의 메이지 유신

1874년(明治7) 3월, 빗추 국 데쓰타 군[哲多郡] 다부치 촌[田淵村]의 백성들은 원래 촌락행정인으로 징역살이를 하고 있던 쓰루조[鶴藏]를 감형해 주도록 청하는 탄원서를 관할인 오다 현령[小田縣令]에게 제출했다(哲多町史編纂委員會 2011).

다부치 촌은 에도 시대에는 구라시키 다이칸 관리 아래 있던 막부령이었다. 이 지역의 막부령은 막부가 행한 조슈 출병의 병참기지가 되어, 다수의 인부와 물자가 징발되었기 때문에 촌의 지출비는 평상시의 5배 이상이었다. 게다가 1866년은 흉작과 물가 상승이 겹쳐 촌사람들의 궁핍함은 더욱더 심각해졌다.

에도 시대에 다부치 촌을 포함하여 데쓰다 군에 소속된 막부령 10개 촌의 조합은 장기간에 걸쳐 다이칸쇼에서 여러 명목의 배차금을 빌려 생활을 유지하고 있었다. 배차금의 존재는 변제 연기 등이 반복되는 가운데 상태화常態化되었고, 촌들은 '기근·궁핍의 대비'로 배차금을 '관행'화하고 있었다. 이러한 상태는 막부가 붕괴하면서 크게 변했다.

1868년 5월에 구라시키 다이칸 관리 아래의 촌은 구라시키 현[倉敷縣]으로 편성되었다. 현 관리의 중심은 그 지역의 '관행'에 어두운 고치 번 출신자가 점하고 있었다. 1869년은 다시 흉작이었다. 다부치 촌에서는 조세를 낼 수 없어 같은 조합의 오타케 촌[大竹村]과 함께 다음 해에 변제하기로 약속하고 '금 천 냥'을 현으로부터 배차하여 당장의 위기를 넘겼다. 쓰루조의 입장에서는 막부령 시대와 같은 조합촌으로서의 배차금이었을 것이다. 그러나 다음 해도 흉작이 계속되어 역시 조세를 낼 수 없었다. 쓰루조는 배차금 변제 연기를 현에 요청했으나, 허락되지 않았고 조세와 함께 완납하도록 심한 강요를 받았다. 진퇴양난에 몰린 쓰루조는 구라시키에 향하는 도중 변제금을 빼앗겼다고 허위로 보고했다. 일의 진상은 곧 발각되었고, 쓰루조는 이즈모로 도망갔다.

1871년 5월에는 구라시키 현지사였던 이세 신자에몬[伊勢新左衛門]이 근신 처분을 받았다. 이세는 야마구치 번[山口藩] 출신으로 고치 번 출신의 지사를 대신하여 구라시키 현지사를 담당한 자였다. 처분의 이유는 궁민구조금窮民救助金을 둘러싼 대응이 부적절했기 때문이라고 한다. 같은 해 11월 시행된 폐번치현廢藩置縣으로[7] 구라시키 현은 후카쓰 현[深津縣]에 편입되었고, 다음 해 같은 현은 오다 현으로 재편성되었다. 1873년에 친척에게 발각되어 돌아온 쓰루조는 현리에게 잡혀 징역에 처해졌는데, 그의 감형을 촌사람이 탄원하는 상황이 발생했던 것이다.

옛 구제 시스템이 붕괴해도 새로운 구제 시스템은 형태도 보이지 않았다. 정부와 촌사람 사이에 선 '촌의 치자'들도 '지역의 치자'들도 엄격한 시련에 처해 있었다.

---

7   폐번치현廢藩置縣은 메이지 초기, 막부 시대의 번을 폐지하고 신정부가 전국을 직할 지배하는 부현府縣으로 삼은 개혁을 가리킨다. 먼저 1869년 7월에 도쿄, 오사카, 교토를 부로 삼았다. 1871년 7월에는 361개의 번을 현으로 삼으며 3부 302현이 되었다가, 11월에는 3부 72현으로 재편되었다. 이후에도 재편이 거듭되어 1889년에 3부 43현이 되었다.

칼럼 4

'나마즈에'란 무엇인가?

나마즈에의 심성

재해를 '익살을 떨며' 견뎌내려고 하는 심성은 에도의 도시에서 생겨났다. 생활 기반이 취약한 도시민에게 익살은 울분을 터트리기 위한 한정된 수단의 하나였다. 그 심성이 라쿠슈[落首]로 전해지고, 가와라반[瓦版]이 되어 보급되었다. 이러한 동향이 메이레키 대화재 무렵부터 퍼졌다고 앞에서도 서술했다.

지하의 거대한 메기가 지진을 일으킨다는 관념은 그렇게 오래되지 않았다. 중세인의 국토 관념에 따르면 일본 열도는 용이 똬리를 틀어 지키고 있다고 한다. 게다가 전통적인 신의 관념에 따르면 수호신은 올바르게 기리지 않으면 재액을 가져오는 '고진[荒神]'이 된다는 양의적인 면을 가지고 있었다. 지진은 이 용이 난폭해지며 일어나고, 그 용을 억누르고 있는 것이 가시마 요석이다. 1662년의 오미 지진을 다룬 아사이 료이의 『가나메이시』에도 '오제룡'이 난폭해지는 일은 인력으로는 어찌할 수 없지만, 가시마 신이 누르고 있으므로 안심된다고 쓰여 있다. 이 용을 메기로 부른 가장 오래된 자료가 도요토미 히데요시의 편지였다고 본문에서 서술했다.

히데요시가 고안하여 용을 메기로 바꿨는지 확정할 수 없지만 스스로를 '태양의 자식'이라 호언한 히데요시의 과대망상증적인 성향에서 보면 있을 법한 이야기이다. 그러나 그러한 이야기가 바로 퍼지지 않았다는 점은 아시아 료이 작품에서도 알 수 있다.

나마즈에는 모두 에도에서 유행했다. 거기에서 '에돗코'의 '익살' 정신을 찾아낸 자가 와카미즈 스구루[若水俊]다〔若水2007〕. 재해를 '익살을 떨어' 뛰어넘으려는 심성은 '체념'이 뒷받침하고 있는 '이키'의 정신에 연결될 것이다. 안세이 지진 때 크게 유행한 나마즈에도 메이지 이래로는 유행하지 않았다. 이러한 변화가 나타나는 원인은 서양 과학 지식의 보급, 그리고 무엇보다도 '에돗코' 기질의 변용에 있다고 와카미즈는 말한다.

나마즈에를 읽다

코르넬리우스 아우베한트(Cornelius Ouwehand)가 일찍이 지적한 대로 나마즈에의 나마즈 즉 메기에는 다양한 의미가 내포되어 있다〔Ouwehand[アウエハント]1986〕. 메기는 사람들에게 재해를 가져오는 존재이자 동시에 '요나오리'의 기대를 지닌 존재였다. '신'에게 통하는 거대한 메기도 있다면 인간과 섞여 묘사된 작은 메기도 있다. '지진 예방의 주술, 집안에 붙여둘 것'이라고 쓰여 있는 부적으로 이용된 나마즈에도 있었다.

나마즈에에 관련하여 다음 세 가지를 주목하고 싶다.

첫째, 지진을 일으킨 메기를 징벌하는 도상이 많다. 당시 사람들은 왜 지진이 일어나는지 알 수 없었다. 오로지 쏟을 수 없는 울분이 쌓일 뿐이었다. 그 '책임'을 메기에게 전가하여 '익살을 떤다'. 나마즈에에서는 그를 통해 재액을 뛰어넘으려는 서민의 심성을 읽을 수 있다. 그러나 그뿐일까? 와카미즈는 같은 시기 유행한 '구로후네즈에[黑船圖繪=開國圖繪: 저자]'와의 공통성에도 주목한다〔若水2007〕. 두 그림에서 서로 비슷한 신불이 등장하는 점이다. 구로후네 즉 흑선의 내항도 지진도 모두 '일본'의 위기다. 지금까지 '일본'을 수호해 온 신불의 위력이 쇠퇴했기 때문에 위기가 발생했다. 나마즈에에는 그러한 서민의 '불안'을 내재하고 있는 것은 아닐까. 불안이 깊으면 깊을수록 메기를 징벌하려고 하는 열광은 높아졌다.

　　둘째, 부유한 자와 지진 후의 공사로 윤택해진 직인에 대한 비판이다. 입이나 엉덩이에서 돈을 쏟아내는 부자들에 대한 비판은 명확하다. 한편 메기가 뿌린 돈에 춤을 추는 직인의 모습은 지진이 '요나오리'임을 기뻐하는 것처럼도 보인다. 그러나 지진 후 물가 상승에 고통받으며, 목수나 미장공·비계공과 달리 일을 할 수 없는 서민의 불만은 심해지고 있었다. 돈을 쏟아내는 부자들에게 모여든 직인의 모습은 선망의 대상이라기보다는 '웃음거리'였다. 쏟아낼 곳 없는 울분을 '웃음'으로 해소한다. 거기에는 여유가 있는 자가 돈을 쏟아내 서민을 구해야 한다는 비판도 포함되어 있을 것이다【사진10】.

　　셋째, '요나오리'에 대한 기대를 보여 주는 것이 많다.

【사진 10】부자들이 금은을 토하도록
메기가 힘을 쓰는 모습.

서민 사이에서는 지진 자체를 '요나오리'로 삼는 의식이 존재했는데, 한편 그것과는 모순된 현실에 대한 불만도 소용돌이치고 있었다. 나마즈에는 그러한 굴절된 '요나오리'에 대한 소망도 포함되어 있었다.

이러한 나마즈에의 유행을 '우매'하다고 심하게 비판하는 지식인도 적지 않았다(『雷公地震由來記』). 그들은 지진의 현상을 '음양오행설' 등으로 합리적으로 이해할 수 있다고 생각하고 있었으며, 지진 후에도 생활을 바꾸지 않는 서민의 태도를 임기응변적이고 찰나적이라며 비판했다. 그들에게는 '검약', '근면', '인내' 등 통속도덕을 매일 실천하는 주체에 대한 강한 기대가 존재했다. 그러나 이러한 지식인의 비판은 서민의 절실한 '요나오리' 소망도 저버리는 행위였을 것이다.

재해로부터 부흥하기 위해 통속도덕의 실천이 필요하다는 점은 서민도 알고 있었다. 그러나 그 모드의 전환에는 '익살을 떠는' 기분 전환도 필요했다. 거기에 지식인과 상층민 사이의 엇갈림이 있었다. 재해의 위협에 농락당하면서도 강한 의지로 살아남으려고 하는 사람들의 모습을 나마즈에서 찾을 수 있다고 생각한다.

결론을 대신하여

에도 시대, 게이초(慶長, 1596~1615)부터 게이오(慶應, 1865~1868)까지 260여 년 동안 사람들은 재해를 어떻게 살아왔을까. 그들의 체험이나 노력은 우리에게 무엇을 전해줄까.

'생명'을 지키는 여러 관계

에도 시대 사람의 '생명'은 영주 지배, 촌이나 정 등의 신분 단체, '이에'라는 세 관계가 지키고 있었다. 이 세 관계는 '이에'를 단위로 촌이나 정이 구성되고, 촌이나 정을 단위로 영주 지배가 이루어지는 것처럼 각각은 내포 관계로 되어 있었다. 그 가운데 개인이나 단체는 전체에 대해 부담·의무와 보호·부양의 관계로 맺어져 있었다. 개인의 '생명'을 지키는 기본 단위는 '이에'였다. '이에'는 혈연이나 혼인 등으로 맺어진 친족 네트워크에 지탱되며 기능했는데, '이에'에서 지킬 수 없는 경우는 촌이나 정이 부조했다. 촌이나 정에서도 감당할 수 없는 경우는 영주가 구휼했다. 세 관계에서 하위자가 부담이나 의무를 다하는 한 하위자는 상위자에게 보호나 부양을 요구하는 '권리'를 가지고 있고, 상위자에게는 그에 응하는 '책임'이 있다고 생각되었다. 아사오 나오히로[朝尾直弘]는 에도 시대 영주제도 일종의 사회적 '계약' 관계였다고 보고 있다[朝尾1994].

일본 열도 사회에서 '이에'가 성립하는 시기는 11세기 무렵으로 공가나 무가가 선행했다. 일반 서민 사이에서는 15세기 무렵부터 '이에'가 성립하기 시작했다고 전해지고 있다. 그러나 '이에'가 열도 사회 전체에 퍼진 시기는 에도 시대에 들어선 17세기 후반 이후라고 생각된다. 그 이전에는 큰 재해가 덮치면 사람들은 꼼짝없이 재해를 견뎌야 했다. 17세기 전반까지 서민의 재해 기록이 거의 없는 이유는 그 때문이다. 17세기 중엽에 가까운 시점에 발생한 시마바라·아마쿠사 잇키와 간에이 기근을 계기로 영주층은 '무민'으로 정치 방향을 틀었다. 이를 배경으로 생산과 생활의 공동 조직인 '촌'이나 '정'이 성립한다. 이리하여 도쿠가와 일본의 '생명'을 지키는 세 개의 관계가 만들어졌다.

그러나 격심한 재해가 일어난 경우, 직접적인 관계만으로 대처할 수 없는 상황이 많이 발생했다. 그때는 도쿠가와 막부가 구제를 위한 '공공'의 기능을 담당했다. 도쿠가와 쇼군이나 막부는 영주층의 공동 이해를 실현하는 권력이자, 동시에 열도 통치의 권한을 가진 기관이었다. 그러한 의미에서 쇼군이나 막부는 '공의'라 불렸다. '공의'로서 막부는 개별 영주가 영민을 구제하도록 지시하거나 지원할 필요가 있었고, 개별 영주가 단독으로 대처할 수 없는 문제는 다른 영주를 동원하거나 자신의 힘으로 해결해야 했다. 메이레키 대화재가 하나의 획기적인 사건이 되었다.

또 지역이나 도시가 발전하자, 개별적이고 직접적인 관계에서 처리할 수 없는 '공공'의 공간이 확대되었다. '공공'의 공간은 '사'적인 관계를 뛰어넘어 사람들이 만나는 '무연'의 장소이며, '세간'이라고 불렀다. '세간'

에서는 특히 부유한 자에게 '공공'적인 역할이 기대되었고, 그 외 사람들에게도 '분수'에 맞는 행동이 기대되었다. 부유한 자의 협조에 의한 기아 보시가 본격화된 계기는 엔포·덴나 시기의 기근이었다.

　도시에서 '히닌' 신분이 조직화된 계기도 이 기근이었다. '히닌' 신분인 자들은 도시에 유입하는 기민을 단속하면서 동시에 어찌할 수 없는 자들을 '히닌 움집'에 수용했다. '히닌' 사회는 치안 유지 기능을 담당하면서, 한편으로는 공동 조직을 상실한 사람들의 최종적인 구제 조직이 되었다. 다만 그들은 '평민'에게 차별받는 신분이었으며, 범죄자가 형벌로 인해 전락하는 세계이기도 했다.

　이러한 도쿠가와 일본의 시스템은 사람들의 노력으로 17세기 말까지는 대개 기능하고 있었다.

'공공' 기능의 다양화와 모순

　17세기는 사회 성장기였다. 큰 하천 하류 지역은 새롭게 경지로 개발되어 경지는 거의 1.5배 증가했고, 인구도 2배~2.5배 증가했다. 가족 수가 4~7인 정도인 단혼 소가족이 사회의 중핵을 점하게 되었다. 상층 무가나 호농상 등 가운데에는 많은 봉공인이나 예속적인 가족을 거느린 큰 세대도 있었는데, 그 중심은 단혼 소가족이었다. 그러나 18세기는 경지도 인구도 정체에서 감소하는 경향이 나타났다. 외연적인 확대는 어느 정도 한계에 달하고 있었다. 에도 시대에 태어난 아이들 가운데 성인이 되는 수는 반 정도였고, 평균 수명은 40세 정도였다. 촌에서는 세대를 넘어서 이어지는 '이에'가 늘어났지만, 반 정도의 '이에'는 2, 3세대로 소멸했다. 18세기는 재해가 빈발한 시대였다. '이에'나 '촌', '정'에도 재해를 극복할 체력은 충분하지 않았다.

지진·쓰나미, 화산 분화, 화재, 홍수, 기근, 역병 등 재해의 빈발은 '공의'의 구제 기능에 대한 기대를 높였다. 쓰나요시 정권 이래 막부는 이러한 기대에 응하고자 '공의'의 '공공'성을 발휘하기 위해 궁리했다. '국역 공사' 제도가 그 대표적인 예인데, 막부의 재정 궁핍이 진행되는 가운데 '공의'의 지휘 아래 번이나 민간의 힘을 동원하는 시스템을 지향했다. 이 과정에서 '공의'를 중심으로 한 '생명'을 지키는 도쿠가와 시스템이 거의 꽃 피었다.

재해에 대한 대응이 반복되는 가운데 각 집단이 각각의 '공공'의 기능을 담당해야 한다는 공통 인식이 깊어졌다. 한편에서는 누가 어느 정도의 '공공' 기능을 담당해야 하는가를 둘러싸고 다툼이나 대립도 현재화했다. 쌀의 저가 판매를 강요하거나 우치코와시라는 실력행사가 구휼을 끌어내는 '관행'도 보급되었다. 이러한 '관행'이 정착하자 구휼을 '권리'로 생각하는 의식이 민중 사이에 퍼졌다. '사욕'은 '불인'이 되고 부의 편재가 비판받았다. 우치코와시는 부의 재분배를 요구하는 의식을 확산시켰다. 한편 생존 조건을 확보하기 위해 지역이나 번이 식량 등의 반출을 금지하는 일도 시작되었다. 지역 간의 이해 대립이 심각해졌다.

이러한 상황이 18세기를 거치며 심각해졌다.

통속도덕과 '요나오리' 의식

도쿠가와 사회의 엔진은 단혼 소가족이며, 그 '이에'가 경영하는 소경영이다. 이 소경영을 지탱하는 이데올로기가 '검약', '근면', '정직', '화

'합'이라는 통속도덕이었다〔安丸1974〕. 이러한 규범을 솔선하여 실천하고 사람들에게 촉구하는 자가 지역의 리더들이었다. 재해로부터 부흥하기 위해 '공의'나 번에는 여러 구제 조치가 요구되었는데, 그것을 받아들이는 것도 한 사람, 한 사람의 주체적인 노력이었다. 물론 사람들은 재해가 자신들의 노력을 뛰어넘는다는 점도 충분히 인지하고 있었다. 사람이 할 일을 다한 뒤에는 재해를 '천명'으로 받아들일 수밖에 없다. 신불에 대한 기도는 '천명'을 받아들이는 방법이며, 재출발은 잃어버린 '생명'에 대한 공양에서 시작되었다. 거기에는 깊은 '체념'이 있었다.

천재를 받아들이고 다시 노력하기 위해서는 현 상황의 리셋이 필요했다. 에도 시대의 사람들은 그 리셋을 '요나오리'로 의식했다. 일상적인 시간의 흐름을 끊고 '요나오리'를 실현하기 위해서는 특별한 힘이 필요했다. 그를 위해서 집단적인 오르기아가 연출되었다. 오르기아란 춤을 동반한 열광, 야단법석, 신분이나 지위의 상하를 가리지 않고 마음을 놓고 즐기는 주연을 의미한다. 사회적인 불안이나 불만이 높아질 때 돌발적으로 이 오르기아가 일어났다. 에도 시대에는 게이초 시기 이세오도리부터 게이오 시기의 '에에자나이카'까지 여러 번 그 분출이 나타났다. 여러 '괴이' 현상도 '요나오리'의 조짐이며, '천재'도 '요나오리'를 가져온다. '괴이'도 '천재'도 비일상적인 힘의 현출現出이었다.

에도 사람들의 '이키'는 '체념'이 뒷받침하고 있었다. '익살을 떠는' 마음의 가운데에도 '체념'이 잠재되어 있었다. 재해에 대해 '익살을 떠는 것'은 '요나오리'에 대한 기대를 암시하는 것이었다.

'요나오리'에 대한 기대를 숨기며 나날이 노동에 힘썼다. 재해의 반복은 사람들의 마음을 움직였고, 여러 마음이 궁리한 바는 민중의 문화나 민속으로 표출되어 살아 숨 쉬게 되었다.

-결론을 대신하여 　233

'지역'의 부상

18세기 말 간세이 시기에 열도를 둘러싼 대외 관계는 크게 변했다. 일본은 러시아·영국·미국이라는 유럽 세력의 위협을 직접적으로 느끼게 되었다. 막부 '공의'의 기능 가운데 '해안 방어'가 점하는 위치가 급속도로 높아졌다. 한편 각 시기의 쇼군이나 막부 각료들은 재정 상황을 개선하기 위해 여러모로 궁리하고 노력했다. 그러나 막부는 열도 각지의 '공공' 사업에 대해 구석구석까지 배려할 재정적·정신적 여유가 없었고, 막부령과 막부 관계자, 특히 에도와 간토 지방의 이해가 우선되었다.

각 지방에서의 '공공' 기능은 번이나 지역에 맡겨졌다. 이러한 경향은 18세기를 통하여 진전되었는데, 특히 '덴메이 기근' 무렵부터 현저해졌다. 영주 측에서는 '자립'을 목표로 '개혁'을 실시했지만, 그 역할을 담당할 만한 재정적인 여유는 없었다. 지역 부유층의 재력이나 활동에 기대하는 정도가 높아졌고 다른 한편에서 촌의 피폐도 심해졌다. 에도 시대의 촌은 석고 500석, 사람 수 400~500명, 호 수 100호 정도가 평균이었다. 이 정도의 촌 하나가 격심한 재해가 발생했을 때 자력으로 구제하기는 어려웠다. 실제 기근을 위한 구황 비축도 몇 개 촌이 조합을 만들어 시행하는 방식이 일반적이었다. 촌에서도 지역의 유력자에게 의존할 수 밖에 없었다. 유력자들은 광역적으로 활동하는 지주거나 상인이며, 오쇼야 등과 같은 촌락 행정인을 겸하는 존재였다. 또 그들은 지역 문화 활동의 중심이었으며, 유학 학습에도 적극적이었다. 번은 그들의 헌금이나 봉사 활동을 포상하고, 성과 대도를 허락하거나 가신으로 삼았다. '지역의 치자'로서 자각을 가진 자도 적지 않았다.

물론 촌도 지역도 조직이 굳건하지는 않았다. 재해의 반복은 점차 사

람들 사이의 경계를 명확히 했다. 상층에게는 촌이나 지역의 '치자'로서 '인'의 실천이 기대되었고, 중하층에게는 검약·근면의 덕목을 몸에 익혀 구휼을 받지 않고 '자립'하도록 요구되었다. '자립'할 여력을 잃은 최하층은 '순종'적으로 구휼을 받을 뿐이었다. 당연히 그들 사이에서 '요나오리'에 대한 이미지도 행동도 달랐다. 열광적인 오르기아의 확산은 '자력'을 결핍한 하층일수록 현저했다〔ひろた1987〕.

'도쿠가와 시스템'에서 메이지로

'덴포 기근'과 '덴포 개혁'의 실패로 '공의'의 권력과 권위는 급속히 후퇴했다. 번이나 지역에 자력구제를 요구하는 막부의 정책은 양날의 검이었다. '개혁'에 어느 정도 성공한 번은 막부로부터의 '자립'이 강해지고 '번 국가'라 불리는 방향으로 나아갔다. '자립'을 목표로 삼은 번이나 지역이 자기 이해를 배타적으로 확보하려고 하자, 주변의 번이나 지역과의 사이에서 대립이 발생했다. 이러한 지역 간의 이해 조정은 본래 '공의'의 권한이며 역할이었지만, 이 무렵 막부는 지역의 이해를 뛰어넘는 이념을 제기할 수 없었고, 타협안을 일방적으로 밀어붙일 만한 권력도 권위도 잃고 있었다.

수구 세력이 강하고 영민 구제에 소극적이었던 번에서는 영내에 불만이 쌓였다. 일부 권력자와 특권 상인이 연대하여 자신들의 배를 채우는 일도 적지 않았다. 특히 덴포 시기에는 잇키나 우치코와시가 격증했다. 일부 비판적인 가신이 영민의 불만을 이용하려는 움직임도 나타났는데, '오시오 봉기'에서 그러한 움직임을 볼 수 있다. 무가 영주 내부의 분열이 현재화되었다.

에도 시대를 관통하며 민간이나 지역에 축적되어 온 경험은 재해의 경감에 나름의 역할을 다하고 있었다. 그럼에도 재해로부터의 부흥에는 많은 재력이 필요했다. 영주 지배의 후퇴는 지역 민간의 힘에 대한 의존을 심화시켰고, 과잉된 의존은 민간의 힘을 소모시켰다. 잇키나 우치코와시는 영주나 부유층의 구제를 끌어내는 '관행'으로 시스템에 끼워 넣어졌지만, 그 반복은 부유층과 빈곤층의 대립을 어찌할 도리가 없을 만큼까지 심화시켰다. 차별적인 복장의 강요를 반대하는 '에타'의 잇키가 일어나고('시부조메 잇키[澁染一揆]'), '히닌'의 옷차림으로 봉기한 백성 잇키도 있었다('히닌 소동[非人騷動]'). 재해로부터의 부흥을 추진해 가는 가운데 '생명'을 지탱하는 집단의 힘은 약해졌다. 신분의 실태나 신분 의식의 유동화가 진전되고 지역 내의 분열도 심해졌다.

옛 시스템의 해체와 새로운 시스템의 교체가 더듬거리며 진행되었다.

메이지 유신이라는 '혁명'은 최종적으로 절대군주인 천황을 받드는 입헌체제로 귀결했다. 그에 이르는 법 정비 과정에서 재해도 메이지 정부가 일원적으로 대응하도록 정해졌지만, 정부의 힘도 충분하지 않았다. 천황·황후가 1872년의 하마다[濱田] 지진을 계기로 은사금恩賜金을 하사하기 시작했다. 그를 이어받아 개인이 내는 의연금義捐金이 점차 증가했다. 그러나 이러한 움직임도 정부의 구휼 활동에 흡수되었고, 민간이나 지역이 주체적으로 부흥에 착수하는 힘은 오히려 약해지고 있었던 것은 아닐까. 결국 자유 민권 운동을 경험하는 가운데 재해에서 살아남은 사람들의 생활은 새로운 단계를 맞이하고 있었을 것이다.

맺음말

재해의 규모를 보여 주기 위해서는 피해 상황 등을 숫자로 나타낼 수밖에 없다. 이 책도 숫자가 많아졌다. 그러나 역사 속의 재해는 물론 현재에도 기록에 따라 숫자가 다른 일은 자주 있다. 무엇보다 숫자의 나열은 번잡하다.

애석하게도 작년에 돌아가신 우에자 마리 씨[宇江佐眞理]와 대담을 한 적이 있다. 그때 우에자 씨가 소설 속에서 큰 숫자를 생략하지 않고 한 자리까지 정확히 서술하고 있어 어찌하여 숫자를 '대략'으로 적지 않느냐고 물었다. 우에자 씨는 "음, 애써 조사한 사람에게 미안해서요"라고 답했다. 생각할 여지를 주는 대답이었다.

재해를 말할 때는 더욱 그러하다. 희생자가 대략적인 숫자로 얼버무려지면 변명의 여지가 없다. 숫자에는 하나하나의 '생명'이 있다. '생명'을 생각하지 않고 숫자를 제시할 수 없다. 여러 보도에 접할 때마다 그것을 강하게 느낀다.

내가 재해에 대해 생각하게 된 계기는 1995년에 발생한 한신·아와지 대지진이다. 그때까지 내 기억에 있던 재해는 1959년의 이세 만 태풍이었다. 그 당시 집에 TV가 없었다. 그래서 자신의 체험을 뛰어넘는 전체의 피해는 이야기를 듣던지, 숫자로밖에 알 수 없었다. 한신·아와지 대지진은 크게 달랐다. 지진 직후에는 무엇이 일어났는지 알 수 없었지만, 곧 충격적인 영상이 TV에 방영되기 시작했다. 현지도 걸었다. 동시 진행으로도, 사후 보도로도 많은 사람에 대한 생각에 마음이 움직였다. 뛰어난 보고나 조사·요구, 제언이 나왔다. 그로부터 확실히 사회와 재해의 관계는 변했다.

재해가 사회에 준 변화를 축으로 18세기 사회를 그려보고 싶다고 생각하고, 2008년에 『일본의 역사 11 도쿠가와 사회의 요동[日本の歷史 德川社會のゆらぎ]』을 썼다. 한 가지 일을 마쳤다고 생각하고 있었다. 그러나 2년 정도 지나 동일본 대지진이 일어났다. '나는 무엇을 했던 것일까'라는 무력감이 덮쳐왔다. 정신을 차리고 에도 시대를 통해 사회와 재해의 관계에 대해 다시 생각해보자고 결심했다. 2012년·2013년에는 오카야마대학 문학부에서 강의하고, 2014년에는 『'생'의 역사학[「生きること」の歷史学]』을 만드는 작업과 병행하면서 이 책의 원고를 썼다. 그래서 나는 세 개의 작품은 세트라고 생각한다. 그 때문이라는 변명은 아니지만 중복되는 부분도 적지 않다. 양해를 구하고 싶다.

2013년에는 기타하라 이토코 씨의 권유로 내각부 방재 담당이 주최한 '호에이 지진의 재해 교훈에 관한 검토회'에 위원으로 참가했다. 자연과학 연구자들의 이야기를 가까이 들을 수 있어 매우 유익했다. 그 시기를 전후로 각지의 사료나 공양탑 등을 둘러보았다. 그때 관계자들에게는 여러모로 신세를 졌다. 모든 분께 다시 인사를 올리고 싶다.

20년쯤 전에 중앙공론사의 『일본의 근세16 민중의 마음[日本の近世16 民衆のこころ]』에 '자연과 인간 / 몸과 마음'이라는 문장을 썼다. 그때 담당자였던 아소 아키히코 씨[麻生昭彦]가 원고를 읽어 주셨다. "자연관의 연장

이네요"라고 얘기하셔서 나름 납득하고 있었다. 뿌리 깊게 가지고 있는 질문을 계속하고 싶다고 생각했다. 아소 씨의 소개로 신서 편집부의 오노 가즈오 씨[小野一雄]가 이와 같은 형태의 책을 만들어주셨다. 이 두 분께 감사드린다.

'역사학을 배운다'라는 것은 무엇을 의미할까. 과거와 현재는 객관적인 상황이 다르다. 역사를 바탕으로 도출한 안이한 유추는 현실의 복잡함을 무시할 수 있다. 이러한 안이한 유추는 오히려 문제의 여부를 파악할 수 없게 할 가능성이 있다. 현실 문제의 해결은 현실에 대한 철저한 분석에서 시작해야 한다. 현실에 대한 분석이 끝난 후에야, 역사의 경험에서도 시사하는 바를 찾을 수 있을 것이다.

동일본 대지진으로부터 5년이 지났다. 5년을 단락으로 하는 사업도 적지 않다고 한다. 그러나 현재의 상황은 부흥은커녕 계속해서 새로운 문제가 일어나고 있다. 다만 재해를 입은 사람들이 다음 단계로 나아가기 위해 필요한 '단락'도 있을 터이다. 물론 5년을 냉정하게 총괄하고 현상을 정확하게 이해하는 과정이 빠져서는 안 된다〔齋藤2015〕.

1945년부터 70년이 지나도 '전후戰後'는 끝나지 않는다. '전후'의 물음은 계속될 것이다. 이처럼 '지진 재해 후'도 끝나지 않을 것이다. 구체적인 부흥은 서두르지 않으면 안 된다. 한편에서는 미래의 생활이나 문명의 모습에 대한 물음이 계속된다.

5년 후 2016년 3월 11일
구라치 가쓰나오

〔부기〕 4월 14일과 16일에 구마모토 지진이 일어났다. 바로 400년 정도 전에 규슈 지방에서 일어났던 두 개의 지진이 떠올랐다. 하나는 1619년에 발생한 야쓰시로[八代] 지진이다(본문 53쪽). 야쓰시로 시의 무기시마 성이 무너지고, 오이타 현 다케다 시[竹田市] 오카 성에도 피해가 있었다. 다른 하나는 1596년의 벳부 만 지진(본문 43쪽)이다. 이 지진에 대해 최근 윤7월 9일과 12일, 2회에 걸쳐 일어났다는 의견이 나왔다[櫻井2016]. 그렇다면 이번과 같은 전진과 본진, 혹은 본진과 여진이었을지 모른다. 어찌되었든 각각의 지역에서 다시 과거에 발생했던 지진을 다시 검토해 볼 의미는 적지 않다. 지진 재해 후 대응에 대해서도 한신·아와지 대지진 이후에도 귀중한 경험이 축적되고 있다. 그들을 활용한 대처가 진전되기를 바랄 뿐이다. 사태는 시시각각 움직이고 있다. (2016년 4월 20일)

참고문헌

c・アウエハント, 『鯰繪ー民俗的想像力の世界』, 小松和彦 외 역, 보급판, せりか書房, 1986(岩波文庫, 2013)

青木美智男, 「天保一揆論」, 『講座日本近世史』 第6卷 「天保期の政治と社會」, 有斐閣, 1981

青木美智男, 『近世非領國地域の民衆運動と郡中議定』, ゆまに書房, 2004

朝尾直弘, 『將軍權力の創出』, 岩波書店, 1994

荒野泰典, 『近世日本と東アジア』, 東京大學出版會, 1988

池内長良, 「幕府の享保飢饉における幕府領・私領への救濟」, 『歴史地理學』 145, 1989.06

池上彰彦, 「江戸火消制度の成立と展開」, 西山松之助 편 『江戸町人の研究』 第5卷, 吉川弘文館, 1978

池田正一郎, 『日本災變通志』, 新人物往來社, 2004

市古夏生, 「解題」, 『近世文學資料類從 古板地誌編』 第8卷 『江戸名所記』, 勉誠社, 1977

伊藤忠士, 『「ええじゃないか」と近世社會』, 校倉書房, 1995

岩本由輝 편, 『歴史としての東日本大震災 – 口碑傳承をおろそかにするなかれ』, 刀水書房, 2013

宇佐美龍夫 외, 『日本被害地震總覽 599-2012』, 東京大學出版會, 2013

大野瑞男, 『松平信綱』, 吉川弘文館, 2010

大平祐一, 「江戸幕府拜借金の研究ー幕藩關係の一考察」, 『法制史研究』 23, 1974.03

小鹿島果 편, 『日本災異志』, 1893(복각, 五月書房, 1982)

岡本良一・内田九州男 편, 『道頓堀非人關係文書』 下卷, 清文堂出版, 1976

笠谷和比古, 『近世武家社會の政治構造』, 吉川弘文館, 1993

笠谷和比古, 『徳川吉宗』, ちくま新書, 1995

菊池勇夫,『北方史のなかの近世日本』, 校倉書房, 1991

菊池勇夫,『近世の飢饉』, 吉川弘文館, 1997

菊池勇夫,「近世の餓死者供養について」,『供養塔の基礎的調査に基づく飢饉と近世社會システムの研究』平成16年度~18年度 科學研究費補助金研究成果報告書, 2007

北原絲子,『安政大地震と民衆ー地震の社會史』, 三一書房, 1983(제목 변경 증보,『地震の社會史 - 安政大地震と民衆』, 吉川弘文館, 2013)

北原絲子,『都市と貧困の社會史ー江戸から東京へ』, 吉川弘文館, 1995

鬼頭宏,『日本二千年の人口史ー經濟學と歷史人類學から探る生活と行動のダイナミズム』, PHP研究所, 1983(제목 변경 개정,『人口から讀む日本の歷史』, 講談社學術文庫, 2000)

岐阜縣,『岐阜縣史 通史編 近世(下)』, 1972

九鬼周造,『「いき」の構造』, 岩波文庫, 1979(초판 1930)

倉敷市史研究會 편,『新修倉敷市史』第四卷・近世(下), 倉敷市, 2003

倉地克直,「延寶・天和期岡山藩の「非人」についてー續・岡山藩の「非人」支配をめぐる二, 三の問題」,『岡山大學文學部紀要』3, 1982.12

倉地克直,『近世の民衆と支配思想』, 柏書房, 1996

倉地克直,『全集日本の歷史』第11卷「德川社會のゆらぎ」, 小學館, 2008

倉地克直,『池田光政ー學問者として仁政行もなく候へば』, ミネルヴァ書房, 2012

倉地克直,「津波の記憶」, 水本邦彦 편,『環境の日本史』第4卷「人人の營みと近世の自然」, 吉川弘文館, 2013

倉地克直,『「生きること」の歷史學ー德川日本のくらしとこころ』, 敬文舍, 2015

黒田日出男,『龍の棲む日本』, 岩波新書, 2003

桑田忠親,『太閤書信』, 地人書館, 1943(복각, 東洋書院, 1991)

兒玉幸多 외 편,『天明三年淺間山噴火史料集』上下卷, 東京大學出版會, 1989

小林亥一,『青ヶ島島史』, 青ヶ島村, 1980

古宮雅明,「富士山寶永噴火被災地の川普請と幕府の對應」,『神奈川縣立博物館研究報告(人文科學)』35, 2009.03

今田洋三,『江戸の禁書』, 吉川弘文館, 1981(복간, 2007)

齋藤誠,『震災復興の政治經濟學ー津波被災と原發危機の分離と交錯』, 日本評論
　　社, 2015

坂卷甲太・黒木喬 편,『「むさしあぶみ」校注と研究』, 櫻楓社, 1988

櫻井成昭,「大分縣の歷史地震に關する覺書ー記憶と記錄」,『大分縣立歷史博物館
　　研究紀要』13, 2012.03

櫻井成昭,「語られた歷史」,『大地の歷史と私たちのくらし』, 大分縣立先哲史料館
　　・京都大學大學院理學研究科地球熱學研究施設, 2016

佐佐木潤之介,『幕末社會論ー「世直し狀況」研究序論』, 塙書房, 1969

佐藤大介,「仙臺藩の獻金百姓と領主・地域社會」,『東北アジア研究』13, 2009.03

澤山美果子,『出産と身體の近世』, 勁草書房, 1998

寒川旭,『地震の日本史ー大地は何を語るのか』, 中公新書, 2007(증보판 2011)

新熊本市史編纂委員會 편,『新熊本市史 通史編』第3卷・近世Ⅰ, 熊本市, 2001

新熊本市史編纂委員會 편,『新熊本市史 通史編』第4卷・近世Ⅱ, 熊本市, 2003

杉本史子,『領域支配の展開と近世』, 山川出版社, 1999

鈴木則子,『江戸の流行り病ー麻疹騒動はなぜ起こったのか』, 吉川弘文館, 2012

關根達人,「津輕・南部・下北の飢饉供養塔」,『供養塔の基礎的調査に基づく飢饉
　　と近世社會システムの研究』平成16年度~18年度科學研究費補助金研究
　　成果報告書, 2007

仙臺市史編さん委員會 편,『仙臺市史 通史編』第5卷・近世3, 仙臺市, 2004

杣田善雄,『幕藩權力と寺院・門蹟』, 思文閣出版, 2003

高尾一彦,『國民の歷史』第13卷「江戸幕府」, 文英堂, 1969

高橋敏,『幕末狂亂(オルギー)ーコレラがやって來た!』, 朝日選書, 2005

田崎哲郎,『在村の蘭學』, 名著出版, 1985

田邊哲夫,「寬政地變と津波被害」,『河内町史 資料編』第3, 熊本縣飽託郡河内町,
　　1991

中央防災會議災害教訓の繼承に關する專門調査會,『一八四七善光寺地震報告書』,

2007

塚本學, 『生類をめぐる政治ー元祿のフォークロア』, 平凡社選書, 1983(講談社學術文庫, 2013)

塚本學, 『德川綱吉』, 吉川弘文館, 1998

辻達也, 「幕政の新段階」, 『岩波講座 日本歴史』 第11卷・近世第3, 岩波書店, 1963

土田衛 편, 『かなめいし』, 愛媛大學古典叢刊刊行會, 1971

哲多町史編集委員會 편, 『哲多町史 通史編』, 新見市, 2011

東京市 편찬, 『東京市史稿 市街篇』 第20, 1934(복각, 臨川書店, 1997)

內閣府(방재담당), 『一七〇三元祿地震報告書』, 2013

內閣府(방재담당), 『一七〇七寶永地震報告書』, 2014

中野三敏, 「十八世紀江戸の文化」, 中野三敏 편, 『日本の近世』 第12卷 「文學と美術の成熟」, 中央公論社, 1993

永原慶二, 『富士山寶永大爆発』, 集英社新書, 2002 (재간행, 吉川弘文館, 2015)

中村幸彦, 『中村幸彦著述集』 第8卷・戲作論, 中央公論社, 1982

永山卯三郎, 『早川代官』, 岡山縣教育會, 1929(제2쇄, 巌南堂書店, 1971)

西垣晴次, 『ええじゃないかー民衆運動の系譜』, 新人物往來社, 1973

林基, 『續・百姓一揆の傳統』, 新評論, 1971

尾藤正英, 『江戶時代とはなにかー日本史上の近世と近代』, 岩波書店, 1992(岩波現代文庫, 2006)

ひろたまさき, 「「世直し」に見る民衆の世界像」, 『日本の社會史』 第7卷, 岩波書店, 1987

深谷克己, 『百姓成立』, 塙書房, 1993

藤城信幸, 「『鵜飼金五郎文書』に記された寶永地震による野田村の被害と地盤との關係」, 『田原市博物館研究紀要』 3, 2008.03

藤田覺, 「寬永飢饉と幕政」 全2回회, 『歴史』 59・60, 1982.10・1983.04

藤田覺, 「一九世紀前半の日本ー國民國家形成の前提」, 『岩波講座 日本通史』 第15卷・近世5, 岩波書店, 1995

前川清一,「津波災害碑」,『河内町史 資料編』第1, 熊本縣飽託郡河内町, 1991

前島郁雄・田上善夫,「日本の小氷期の氣候について―特に一六六一年～一八六七年の弘前の天候史料を中心に」,『氣象研究ノート』147, 1983.03

前島郁雄,「歴史時代の氣候復元―特に小氷期の氣候について」,『地學雜誌』93-7, 1984.12

松尾美惠子,「近世中期における大名普請役―賦課方法に關連して」,『德川林政史研究所研究紀要』昭和52年度, 1978.03

水江漣子,「仮名草子の記錄性―「むさしあぶみ」と明暦の大火」,『日本歴史』291, 1972.08

峯岸賢太郎,『近世被差別民史の研究』, 校倉書房, 1996

宮田登,『ミロク信仰の研究』, 新訂版, 未來社, 1975(초판 1970)

村田路人,『近世廣域支配の研究』, 大阪大學出版會, 1995

安丸良夫,『日本の近代化と民衆思想』, 青木書店, 1974

谷田部眞理子,「赤子養育仕法について」, 渡邊信夫 편,『宮城の研究』第4卷・近世篇2, 清文堂出版, 1983

山口啓二,『鎖國と開國』, 岩波書店, 1993

横田武子,「福岡藩における産子養育制度の變遷」,『福岡縣地域史研究』15, 1997.03

吉田伸之,『近世巨大都市の社會構造』, 東京大學出版會, 1991

善積美惠子,「手傳普請について」,『學習院大學文學部研究年報』14, 1968.02

善積美惠子,「手傳普請一覧表」,『學習院大學文學部研究年報』15, 1969.02

若水俊,『江戸っ子氣質と鯰繪』, 角川學藝ブックス, 2007

새해 첫날, 새로운 해를 맞이하여 새로운 삶의 계획을 세우는 희망에 부푸는 날이다.

그러나 올해 2024년 1월 1일은 뜻밖의 사건으로 시작되었다. 같은 날 오후 4시 6분 무렵, 이시카와 현 노토 반도에서 M5.7의 지진이 발생했고, 5분도 지나지 않아 M7.6의 대지진이 일어났다. 순식간에 일어난 대지진으로 희망에 찬 새해 첫날은 악몽을 꾸는 듯했다. 인터넷을 통해 지진 관련 실황 뉴스를 들으며 이 글을 쓰고 있노라니 참으로 착잡하다.

옮긴이가 구라치 가쓰나오 교수의 『江戸の災害史 - 徳川日本の経験に学ぶ』라는 책을 번역해야겠다고 생각했을 때, 이미 본 사업단에서는 일본의 재해와 관련하여 7권의 번역총서가 발간된 상황이었기에 일본의 서적을 번역하는데 망설임도 있었다. 그러나 전근대 시대의 재해 연구는 자연재해를 중심으로 조망하는 연구가 많다는 점이 신경이 쓰였다. 어느 시대에나 자연재해와 인재는 공존했으며, 자연재해인지 인재인지 구분하기 어려울 정도로 재해가 겹쳐 발생하는 일도 드물지 않았다. 그럼에도 전근대 시대의 재해 연구는 주로 자연재해를 축으로 이루어져 왔다. 이에 자연재해와 인재를 함께 서술한 구라치 교수의 『江戸の災害史 - 徳川日本の経験に学ぶ』에 주목하게 되었다. 저자는 일본 근세사 전공자로, 전문 연구서는 물론 일반인을 대상으로 하는 교양 도서, 또 재직했던 오카야마

대학의 소재지인 오카야마 현을 중심으로 하는 지역의 역사에 관한 도서까지 폭 넓은 분야에서 저술 활동을 한 연구자이다. 이와 같은 이력을 가진 구라치 교수의 저서인 만큼, 근세 도쿠가와 일본에서 발생한 재해의 실상과 사회의 대응을 폭넓은 범위에서 이해하기 쉽게 정리하셨으리라는 믿음이 있었다. 그리고 옮긴이가 전공한 근세 시대의 재해 전반을 정리해 보고 싶다는 개인적인 욕심도 작용하여 이 책의 번역을 시작하게 되었다.

원저의 제목인『江戸の災害史 - 徳川日本の経験に学ぶ』를 직역하면『에도의 재해사 - 도쿠가와 일본의 경험에서 배운다』가 된다. '에도'란 일본의 수도인 도쿄의 옛 이름으로 도시 '에도'를 가리키는 동시에 도쿠가와 막부가 존재했던 에도 시대를 의미하는 용어이다. 그런데 일본사에 대한 지식이 전혀 없다면 '에도'가 무엇을 의미하는지, 시기인지, 장소인지 알기 어려운 제목이 되고 만다. 이에 한글판 책의 제목을『근세 도쿠가와 일본의 재해사 - 에도 시대의 경험을 배운다』로 삼았다. 책의 제목을 번역하면서부터 옮긴이의 고민은 깊어졌다. 일본이나 일본사에 관심이 있는 독자나 읽을 때 해석할 필요가 없는 역사 용어나 지명 등에 대한 설명이 필요했기 때문이다. 게다가 각주가 많아지면 대중이 읽기에 딱딱한 전문서가 될 여지도 있었기에 가능한 각주를 줄이고, 한국어로 바꾸어 쓰고자 노력했다. 그럼에도 설명이 충분하지 않은 부분이 있을지도 모르겠다. 머리 숙여 양해를 구하고 싶다.

원저에서는 구라치 교수를 근세사·민중사·문화사 전공이라고 소개하고 있지만, 그가 저술한『日本の歴史11 徳川社会のゆらぎ』나『「生きること」の歴史学』만 살펴보더라도 재해사를 전문 분야로 소개해도 과언이 아닐 만큼 재해에 관한 연구도 진척시켜 왔음을 알 수 있다. 구라치 교수가 재해에 대해 고민을 시작하게 된 계기는 1995년 한신·아와지 대지진이었다고 한다. TV를 통해 실시간으로 전달되는 현지 상황에 큰 충격을 받은 그는, 18세기 도쿠가와 일본을 중심으로 사회와 재해의 관계에 대해 고찰하고자 결심하고 『日本の歷史11 德川社会のゆらぎ』(2008)을 간행했다. 그런데 책이 출판되고 2년 정도 지난 2011년 3월 11일, 그는 더욱 충격적인 사건을 접하게 된다. 규모 M9.0의 동일본 대지진이었다. 이 동일본 대지진을 계기로 저자는 재해와 사회의 관계에 대해 다시 고민하게 되었고, 연구 시기를 넓혀 근세 도쿠가와 일본이 존재한 에도 시대 전체를 분석하여 그 결과물로 2016년에 이 책을 간행하게 되었다고 밝히고 있다. 실로 현실 문제에 깨어 있는 자세로 임하는 학자의 모습을 몸소 보여 주는 연구자라 할 수 있다.

이 책의 특징 가운데 하나는 당시 '일기'나 '일대기'와 같은 기록물만이 아닌 각종 교카나 소설과 같은 문학작품을 함께 분석하고 있으며, 칼럼을 통해 재해의 기억과 기록에 대한 화제를 제공하고 있는 점이라 할 수 있다. 이는 이 시대의 민중사·문화사 분야에 대해서도 깊이 연구해 온 구라치 교수이기에 가능한 서술이라 하겠다. 또 공양탑과 같은 유물도 검토하고 있는데, 책에서 인용된 여러 공양탑 사진 가운데에는 저자가 직접 답사하여 촬영한 사진이 포함되어 있어 눈길을 끈다. 연구의 폭이 넓을 뿐아니라 현장에 직접 가서 보고 활동하는 열정적인 연구자임을 직접적으로 느낄 수 있다. 여러 측면에서 후학들의 귀감이 되는 연구자라 할 수 있을 것이다.

이 책에서 분석하고 있는 근세 도쿠가와 막부 시기는 '도쿠가와의 평화'라고 표현할 만큼 전쟁이나 큰 전투는 발생하지 않았다. 그러나 각종 재해는 끊임없었다. 종래에 계속해서 발생해 왔던 자연재해는 물론, 경지 확대와 도시화의 진전이라는 인간의 생산 활동으로 인해 자연재해와 인재의 경계가 불분명한 재해도 적지 않게 일어났다. 이런 도쿠가와 일본의 시기를 저자는 "재해가 사회에 특별한 의미를 준 단계"라고 지적하고, "도쿠가와 일본의 재해 상황이나 그에 대한 국가·사회와 인간의 대응을 시간의 흐름에 따라" 검토하고 있다.

특히 도쿠가와 일본의 지배 구조가 재해의 대응에 미친 영향에 대해 예리하게 분석하고 있다. 도쿠가와 일본인들은 '이에'·촌이나 정·지역 결합체·영주·막부의 지배라는 중층적인 지배 아래 긴밀하게 연결되어 있었다. 그러면서도 당시 국가법이라 할 수 있는 막부법의 테두리를 벗어나지 않는 범위에서 운영의 자주성을 보장받고 있었기에, 중앙집권적인 막부의 지배 아래에서도 분산성(지역성) 역시 강한 사회였다. 그러나 시간이 흐를수록 '공공'의 공간은 확대되어 가고, 재해의 규모도 한 개인이나 하나의 촌, 정 단위로는 독자적으로 해결할 수 없을 만큼 커졌다. 한편, 거듭된 재해로 반복되어 시행된 부흥 정책으로 힘을 잃어가는 막부와 번 권력과 달리, 민중은 잇키나 우치코와시 등의 실력행사를 하거나, 지역의 리더들이 부흥에 앞장서기도 했으며, 촌의 조합과 같은 지역 사회 단위로 대응하는 적극적인 양상이 확대되었음을 지적하고 있다.

재해에 대응하면 만들어 낸 '생존' 시스템, 또 재해로 인한 피해와 교훈은 '일대기', '가와라반' 등의 기록이나 탑 건립과 같은 기억의 전승 과정을 통해 오늘날까지 전해지게 되었다. 이 책에서는 '오카게마이리'나 '에에자나이카'를 비롯한 각종 풍속과 '가와라반'이나 교카, 문학작품 등을 제시하며 민중이 재해의 고통을 해학과 익살로 극복하려고 하는 적극적인 의지를 소개하고 있다. 옮긴이의 미숙함으로 교카나 '가와라반' 등의 해석이 쉽지는 않았으나, 정치 시스템에 대한 설명 속에서 당시 도쿠가와 일본인들의 풍자나 익살스러운 면모를 느낄 수 있어 조금 더 생동감 있게 당시 사회상을 엿볼 수 있었던 것은 아닌가 싶다.

그리고 마지막으로 들 수 있는 특징으로는 구체적인 사례를 많이 소개하고 있다는 점이다. 이 책에 소개된 사례는 수도였던 에도에 국한되지 않는다. 동일본 대지진으로 인해 한국인에게도 널리 알려진 센다이, 한국과 가까운 규슈의 구마모토, 저자의 활동 지역인 오카야마에 대한 서술이 중심이긴 하지만, 비교적으로 홋카이도부터 오키나와에 이르는 전 일본 열도를 균형감 있게 소개하고 있다. 이는 바꾸어 생각해 보면 전 일본 열도에서 각종 재해가 일어났었음을 알 수 있다.

그렇다면 가까운 거리에 있는 우리나라는 과연 재해에 안전한가. 한반도 역시 더 이상 지진의 안전지대가 아니고, 백두산이 분화할 가능성도 적지 않다. 태풍과 한파, 폭설도 적지 않으며, 우리 지역만 하더라도 2023년 한해는 역대급 가뭄과 장마를 함께 경험했다. 이상 기후는 갈수록 심해지고 있는데, 이러한 자연재해만 있었는가. 전 세계를 한동안 모두 정지시켰던 코로나19와 같은 감염병의 유행, 건조한 봄이 되면 발생하는 대형 산불, 그 외에도 각종 인재가 끊이지 않고 발생한다. 그렇다면 우리는 우리 나름의 '생존' 시스템을 마련하고 있는가를 묻지 않을 수 없다. 한국의 역사적 경험에 대해 우리는 얼마나 알고 있는가. 그 방법론을 확인하기 위해서라도 지금 근세 도쿠가와 일본의 재해 양상과 그에 대한 대응이라는 역사적 경험을 되돌아볼 필요가 있다고 생각한다. 그래서 이 책이 재해가 빈발하는 시대에 우리 한국이 과연 재해를 극복할 체력이 충분한지 다시금 돌아보는 계기를 제공하는 역할을 할 수 있기를 바란다.

이상으로 후기를 마치며, 이 자리를 빌려 번역을 허락해 주신 구라치 가쓰나오 교수님과 조선대학교 재난인문학연구사업단 단장님을 비롯하여 번역 과정에서 도와주신 사업단의 교수님들, 출판사 분들, 주변 지인들에게도 감사의 말씀을 올리고 싶다.

마지막으로 올해 첫날 발생한 노토 반도 지진으로 인해 돌아가신 분들의 명복을 빈다. 아직 확인되지 않고 있는 행방불명자들의 소식이 확인되기를, 그리고 하루라도 빨리 복구 작업 시작되기를 바란다.

2024년 1월

김나영

지은이 소개

구라치 가쓰나오(倉地克直)

1949년생. 교토대학대학원[京都大学大学院] 문학연구과 박사를 수료했다.
오카야마대학대학원[岡山大学大学院] 사회문화과학연구과 교수 등을 역임,
오카야마대학 명예교수다.
일본 근세사, 민중사, 문화사 전공이다.
저서로는 『近世の民衆と支配思想』, 『性と身体の近世史』, 『近世日本人は朝鮮
をどうみていたか』, 『漂流記録と漂流体験』, 『江戸文化をよむ』, 『日本の歴史
11 徳川社会のゆらぎ』, 『池田光政』, 『「生きること」の歴史学』 등이 있다.

옮긴이 소개

김나영

조선대학교 재난인문학연구사업단 HK연구교수.
전남대학교에서 석사 학위를 받았고, 교토대학대학원 문학연구과에서 박사
학위를 받았다.
일본 근세사를 전공으로, 에도 시대 무사들의 정치 문화, 생활 모습 등에 관
심이 있다.
주요 논문으로는 「식민지 조선의 콜레라 유행과 일제의 방역지(防疫誌) 제작
에 대한 기초적 검토」, 「일본 근세 번주(藩主) 정실의 장례」, 「우와지마 번(宇和
島藩) 다테 가문(伊達家)의 혼인과 센다이 번(仙台藩) : 5대 번주 다테 무라토키
(伊達村候) 시기를 중심으로」 등이 있고, 번역자료집 『다이쇼 9년(1920) 콜레라
병 방역지』 등이 있다.

조선대학교 재난인문학연구사업단
재난인문학 번역총서 09

근세 도쿠가와 일본의 재해사
— 에도 시대의 경험을 배운다
江戸の災害史 - 徳川日本の経験に学ぶ

초판1쇄 인쇄 2024년 2월 15일
초판1쇄 발행 2024년 2월 28일

기획	조선대학교 재난인문학연구사업단
지은이	구라치 가쓰나오(倉地克直)
옮긴이	김나영

펴낸이	이대현
편집	이태곤 권분옥 임애정 강윤경
디자인	안혜진 최선주 이경진
마케팅	박태훈 한주영

펴낸곳	도서출판 역락
출판등록	1999년 4월 19일 제303-2002-000014호
주소	서울시 서초구 동광로 46길 6-6 문창빌딩 2층 (우06589)
전화	02-3409-2060
팩스	02-3409-2059
홈페이지	www.youkrackbooks.com
이메일	youkrack@hanmail.net

ISBN 979-11-6742-686-4 94300
　　　979-11-6742-222-4 94080(세트)